경험은 어떻게
비즈니스가 되는가

경험은 어떻게
비즈니스가 되는가

디지털 비즈니스 시대, 승자가 되는
경험 설계의 모든 것

브라이언 솔리스 지음 | 정지인 옮김

다른

고객을 사로잡고 싶다면
지금 경험 맵을 그려라!

"한국경제가 어렵다", "제조업이 위기다", "산업혁신이 절실히 요구된다"와 같은 말을 요즘처럼 많이 듣는 때도 없다. 심지어 제조업의 새로운 강자로 떠오른 중국과 관련해서도 여러 국제 기구에서 우려 섞인 전망을 내놓고 있다. 걱정하는 내용의 논평은 많지만 대안을 얘기하는 목소리는 듣기 어렵다. 심지어 어떤 신문은 사설에서 "정신 차려야 한다"라며 독자를 훈계하기도 했는데 답답한 상황이 아닐 수 없다.

경험 디자인은 이렇게 꽉 막혀 있는 산업 시스템을 혁신하는 돌파구가 될 수 있다. 이미 많은 기업이 사용자 경험User Experience에 주목해 고객의 마음을 사로잡는 경험을 설계하는 방법을 고민하고 있다. 최근 서비스디자인 업계는 고객이 제품이나 서비스 구매 여정에서 마주하는 미시적 경험세계에 집중하고 있다.

"기대에서 첫인상으로, 발견과 사용으로, 마지막에는 기억으로" 이어지는 고객 경험은 워낙 미묘하고 복잡하기 때문에 전체 과정을 파악해 문제점을 해결하기가 어렵다. 《경험은 어떻게 비즈니스가 되는가》는 당장 실행에 옮길 수 있고 더불어 기업 혁신에 관한 영감을 불러일으키는 해결책을 제시한다. 바로 고객 경험 맵을 그리는 것이다.

그리드와 페르소나, 시나리오, 스토리보드, 고객 여정 맵, 고객 경험 맵을 활용해 어떻게 하면 잊을 수 없고, 다시 찾고 싶은, 고객이 원하는 바로 그 경험을 설계할 수 있는지 보여준다. 막힘없이 흐르는 순환적인 고객 경험은 놀라운 마법을 선사한다. 만족스러운 경험을 공유하는 한 고객의 마지막 진실의 순간이 제품 정보를 찾는 다른 고객의 영 번째 진실의 순간과 이어지는 것이다.

이 책의 저자 브라이언 솔리스가 알려주는 것은 단지 경험의 중요성만이 아니다. 독자 여러분은 고객이 원하는 의미 있는 경험, 모든 단계에서 어디서나 한결같은 경험을 설계하는 방법을 배우게 될 것이다. 자신의 경험이 다른 사람들을 위한 경험 설계에 어떻게 방해가 되는지, 감정이입과 새로운 관점은 왜 창의성과 혁신을 촉발하는지, 경영자에게 왜 사용자 경험이 중요한지, 기업이 하는 모든 활동에서 인간 중심 디자인이 갖는 의미는 무엇인지 말이다.

누구나 항상 정보에 연결되어 있고 또 서로 연결되어 있는 상시 접속의 세계에서는, 고객 경험이 바로 브랜드다. 어떤 경험을 제공할 것인지 명확히 규정해두지 않는다면, 고객들이 경험하고, 그 느낌을 서로 공유하는 것을 그대로 손 놓고 바라볼 수밖에 없다. 막막한 시대에 이 책이 여러 경영자, 마케팅 전문가, 엔지니어, 디자이너에게 새로운 사업적 지평을 열어가는 계기가 되기를 바란다.

김광순_컨설팅·서비스디자인 전문가, (주)디맨드 대표

차례

1부

마음을
사로잡는
경험을
설계하라

이제는 경험이 브랜드다
경험이 새로운 브랜드화 작업이다
미래는 경험이다

우리가 경험할 수 있는 가장 아름다운 것은
신비로운 일들이다. 신비로움이야말로
모든 진정한 예술과 과학의 원천이다.

_알베르트 아인슈타인Albert Einstein

1 경험 설계의 가능성

**잠시 눈을 감고 한 기업의 소비자로서 마지막으로
정말 멋진 경험을 했던 적이 언제인지 생각해보라.
감정과 마음과 정신을 온통 사로잡았던 그런 경험 말이다.**

마음을 빼앗겼던 경험에서 무엇이 특별했나? 그 특별한 점을 'X'라고 부르자. 뭐라 꼭 집어 말할 수는 없지만 무언가를 정말 특별하게 만들어주는 그 무엇 말이다. 이 책은 하루 중 어느 때, 또 어느 날이든 고객에게 브랜드와 만나는 모든 경험을 잊을 수 없는 순간으로 만들어주는 바로 그것, 그 X에 관한 책이다.

수학에서 X는 답을 찾아야 하는 변수를 나타낸다. 사업에서 우리가 답을 찾아야 할 X는 고객에게 제공하고자 하는 경험이다. 물론 기업이 고객 경험Customer Experience에 초점을 맞추어야 한다는 생각에는 새로울 게 없다. 하지만 현재 우리는 경험 창출에 관한 한 새로운 시대에 접어들었고, 고객을 훨씬 더 만족시킬 수 있는 경험을 제공하는 방법을 배우지 않는 기업은 앞으로 많은 것을 잃게 될 것이다.

1998년에 B. 조지프 파인 2세B. Joseph Pine II와 제임스 H. 길모어James H. Gilmore는《하버드 비즈니스 리뷰Harvard Business Review》에 '경험 경제The Experience Economy' 시대를 예고하는 논쟁적인 에세이를 발표했다.[1] 기업

은 고객에게 기억에 남는 창의적인 이벤트를 마련해주어야 하며, 그런 경험과 거기서 남는 기억이 제품과 브랜드의 일부가 될 것이라는 의견 이었다. 파인과 길모어는 경험을 이렇게 정의했다. "한 회사가 의도적으로 자신의 서비스를 무대로, 상품을 소품으로 사용하여 고객들 개개인을 끌어들여 기억에 남을 만한 이벤트를 만들 때, 그때 생겨나는 것이 바로 경험이다."

여전히 평범함을 고수하는 기업이 많다

앞서 소개한 에세이에서 파인과 길모어는 훌륭한 예를 두 가지 들었다. 척 E. 치즈Chuck E. Cheese와 디스커버리 존Discovery Zone이 경험을 상품화하는 일에서 어떻게 선구자가 되었는지 보여주는 오래되었지만 좋은 예다. 두 회사는 어린이들이 홀딱 반하기에 완벽한 환경을 만들었는데, 이에 못지않게 중요한 또 한 가지 사실은 그곳이 부모가 자녀를 데려가는 것만으로도 아이들에게 영웅 같은 존재가 될 수 있는 장소였다는 점이다. 그러나 두 회사 모두 소비자가 변화하고 그에 따라 자신들이 제공하는 경험이 케케묵은 것이 되어가는데도 그 변화에 발맞춰 적절하게 친화도를 유지하려고 계속 노력하지 않았다.

그 이후로 고객에게 훌륭한 경험을 제공하는 것이 얼마나 가치 있는 일인지에 관해 엄청나게 많은 글이 쏟아졌다. 애플Apple은 2007년에 아이폰을 출시하면서, 동시에 바로 그 아이폰 안에 풍성한 경험을 위한 환경을 심어놓음으로써 최고의 경험을 선사하는 게 과연 어떤 것인지 탁월하게 보여주었다. 그러나 애플처럼 하자고 말하면서도, 애플의 모범을 실질적으로 따른 회사는 거의 없었다. 여전히 수익성을 높이는 데만 신경 쓰거나 멋진 경험을 포기하고 평범함을 고수하는 기업이 너무 많다. 나은 경험을 위해서라면 고객이 기꺼이 돈을 더 지불할 용의가 있다는 게 분명하게 증명되었는데도 말이다.

우리는 고객에게 기분 좋은 경험을 제공하는 일이 아주 중요하다는 것을 알고 있고, 또한 고객으로서 우리가 어떤 수준의 경험을 원하는지도 알고 있다. 그런데 왜 일단 일을 하는 상황만 되면 이러한 고객의 관점을 놓쳐버리는 걸까? 고객이 진정으로 의미 있다고 느끼는 경험을 어떻게 만들어야 하는지 아직도 이해가 너무나 부족하다.

업계에 있으면서 "고객의 경험이 새로운 경쟁우위다"라는 지당한 말을 들어보지 않은 사람이 있을까. 그런데 경험을 디자인하는 방법에 대해, 아니면 좋은 경험의 기준에 대해 누군가 실제로 정확하게 말해준 적이 있었던가. 한 회사 안에서도 부서 사이에 소통이 잘되지 않으면, 경험을 창출하는 방법에 대해 서로 다른 답을 내놓게 마련이다. 제품 담당 책임자라면 "제품 디자인을 멋지게 해야 한다"고 말할 것이고, 고객 관리 책임자라면 "다시 고객 서비스를 최우선으로 삼아야 한다"고 말할 것이다. 또 마케팅 부서에서는 창의적인 광고와 브랜딩에 초점을 맞추려 할 것이다.

이제는 경험이 상품이다

이 책에서는 고객 경험을 디자인하여 변화시키려는 접근법, 즉 인간 중심의 경험 설계를 소개한다. 이는 고객 경험을 고객의 생애주기 전체에 걸쳐 모든 접점과 '진실의 순간'에 일어나는 참여의 총합으로 정의한다. 경험 설계는 고객 여정Customer Journey에 걸쳐 고객이 원하는 감정과 결과, 능력을 만드는 기술로서 한 고객이 어떤 상품 또는 기업과 주고받는 상호작용의 전체 스펙트럼을 전략적으로 디자인하고 강화하는 과정이다.[2]

과거에는 기업이 단순히 정보와 기능을 사용하기 쉽고 능률적이며 유쾌한 방식으로 제공하는 것만으로 훌륭한 고객 경험을 창출하기에 충분했다. 그러나 이제 그것으로는 부족하다. 지금 고객들은 상품과 서비스에 대해서만이 아니라, 자신이 기업과 상호작용을 하면서 지속적으로 경험하는 일에 대해서도 점점 더 많이 요구하고 있다. 원하는 것을 얻지 못하면, 스스로 이룰 수 있는 길을 만들려고 한다.

이제는 상품보다 경험이 훨씬 더 중요하다. 아니, 사실상 **경험이 상품이다.** 또한 경험은 소비자가 적극적으로 말하는 주제가 되었을 뿐 아니라 온 세상에 그 말들이 전해지고 있다. 서로 연결되어 있는 오늘날의 경제에서 사람들은 기업과 상품에 대한 자신의 경험을 점점 더 많이 공유하고 있다. 우리는 원하는 경험을 만들고 추진하는 일에 능동적으로 참여할 수도 있고, 나쁜 경험에 대응하거나 이를 보상하기 위한 노력에 더 많은 시간을 쏟을 수도 있다. 소비자의 요구도 계속 진화하고 있다. 우리는 이제 막 시동을 걸었을 뿐이다.

브랜드가 경쟁력을 갖추려면 고객이 무엇을 원하고 필요로 하는지 잘 이해하고 고객을 더 만족시켜야 할 뿐만 아니라, 고객 자신이 무엇을 원하고 필요로 하는지 스스로 알아차리기 전에 그들의 욕구와 필요를 미리 예측할 줄 알아야 한다. 이렇게 경험을 디자인하는 것을 **선행적 경험** proactive experiences **창출**이라고 하며, 이는 급속도로 새로운 표준으로 자리 잡고 있다.[3]

예를 들어 구글Google의 네스트 홈 서모스탯Nest Home Thermostat은 집을 나설 때나 낮과 밤에 집 안에서 움직일 때 사용자가 오가는 움직임을 다 파악하고, 이에 따라 미리 방 안의 온도를 조절하여 돈을 절약하게 해준다. 이 시스템은 시간이 지남에 따라 계속 더욱더 똑똑해진다. 네스트가 제공하는 경험은 거의 눈에 띄지 않으면서도 사람을 정말 기분 좋게 해준다.

이게 다가 아니다. 네스트는 또한 전구부터 다른 가전제품까지 네트워크에 연결된 다른 기기의 허브 역할도 한다. 힘겨운 일과를 마치고 집으로 돌아와 문을 열고 들어설 때 저절로 조명이 켜지고 좋아하는 음악이 들려온다고 상상해보라.

디즈니의 매직밴드, 경험 설계의 새로운 세계

디즈니리조트와 테마파크에서 고객 경험을 향상하기 위해 디즈니Disney가 어떤 일을 하고 있는지 살펴보자. 디즈니는 매직밴드MagicBand라는 팔찌 모양의 웨어러블 컴퓨터를 만들었는데, 그 안에 장착된 정교한 기술

덕에 방문객은 여러 가지 서비스를 쉽고 자연스럽게 경험할 수 있다.

신용카드나 현금 없이도 구매할 수 있고, 공원을 드나들 수 있으며, 대기시간을 살펴보고 최소화할 수 있고, 패스트패스FastPass를 발권할 수 있으며, 호텔 문을 열 수 있고, 저녁식사를 예약할 수 있고, 개인화된 서비스를 받을 수 있다.

이는 고객에게만 좋은 경험이 아니다. 디즈니도 각 매직밴드에서 얻는 귀중한 데이터를 축적하고 종합함으로써 다음과 같은 일을 할 수 있는 새로운 방법을 찾을 수 있다.

고객의 충성도를 높이고, 수익을 증대하며, 방문객 수를 늘리고, 고객에 대한 통찰을 얻고 고객 선호도를 알아내며, 맞춤형 시스템을 통해 고객관계관리Customer Relationship Management(CRM)를 향상시키고, 운영 능률을 개선할 수 있다.

2014년 말에 디즈니는 그해 12월 27일까지 3개월 동안 미국 내 디즈니 테마파크 방문객 수가 7퍼센트 증가하면서 최고 기록을 세웠다고 발표했다.[4] 게다가 디즈니리조트 내 호텔의 객실 점유율도 8퍼센트에서 89퍼센트로 껑충 뛰어올랐는데, 이는 리조트 업계에서는 거의 만실에 가깝게 여기는 비율이다. 또한 테마파크와 리조트의 수익은 전년도 같은 기간과 비교하여 20퍼센트 증가했다고 한다.

디즈니의 매직밴드는 경험 설계의 새 시대가 가져다줄 새로운 가능성을 보여주는 훌륭한 사례다. 병원에서 환자들이 차는 환자인식 팔찌 대신 디즈니 매직밴드를 사용한다고 상상해보면 어떤 새로운 세계가 펼쳐질지 더 확연히 느낄 수 있다. 매직밴드를 개발한 디자인회사 프로그Frog의 최고크리에이티브책임자Chief Creative Officer(CCO)였던 마크 롤스턴^{Mark Rolston}은 매직밴드를 병원에서 사용하면 어떨지 자신의 새 회사인 아르고디자인^{Argodesign5}이 그리는 모습을 이렇게 설명했다.

> "지금은 많은 직원이 환자들을 이리저리 이동시키는 일을 담당하고 있다. 앞으로 비용을 줄일 생각이라면, 많은 부분이 셀프서비스로 이루어지는 쇼핑몰처럼 병원을 운영하는 상상을 해볼 수 있다. ……어떤 사람이 CT 검사를 받으러 방사선과에 가도 또 다시 수속할 필요가 없는 것이다."

이런 병원에서라면 두드러지게 눈에 띄는 것은 없지만 모든 과정이 아무 마찰 없이 매끄럽게 진행된다.

자, 이제 당신의 회사에서는 경험 설계의 새로운 시대로 진입하기 위해 어떤 일을 하고 있는지 스스로 질문해보라.

2 고객 경험은 돈이다

정말로 고객 경험을 가장 중요하게 생각하는가?
그렇지 않다면 당신은 이미 그 대가를 치르고 있다.

애플과 디즈니와 네스트는 예외적인 사례이며, 오히려 고객이 천편일률적으로 대우받고 상품과 서비스에 대해 크나큰 좌절감을 경험하는 일이 일반적이다. 질 좋은 경험을 제공하는 기업의 수가 너무 적기 때문에 고객은 그런 경험을 할 수만 있다면 더 많은 돈도 기꺼이 지불할 자세가 되어 있다. 현재 조금이라도 고객에게 감정이입을 하고 있는 회사는 엄청난 경쟁우위를 지니고 있는 셈이다. 그런데도 기업 대부분은 고객의 요구에 조금이나마 가까운 수준으로 경험의 질을 끌어올리는 것조차 제대로 하지 못하고 있다.

기업은 진심으로 고객 경험을 중요하게 생각할까

아메리칸 익스프레스American Express는 매년 글로벌 고객서비스 지표 보고서Global Customer Service Barometer Report를 발표하는데, 여기에는 고객의 정서 상태가 잘 포착되어 있다.[6] 이 책을 쓰고 있는 시점에 아메리칸 익스프레스가 파악한 바로는, 기업들이 "고객서비스에 더욱 집중하고 있다"고 생각하는 고객은 전체의 3분의 1이하였다. 이 조사는 또한 소비자 10명 중 6명이, "과거에 긍정적인 고객 경험을 한 적이 있는 회사에 더 많은 돈을 썼다"는 사실도 밝혀냈다. 여기서 그치는 게 아니다. 모든 시장에 걸쳐서, 조사에 참여한 소비자의 절반 이상이 "탁월한 서비스를 제공한다고 여기는 기업에 기꺼이 더 많은 돈을 쓸 용의가 있다"고 의견을 밝혔다.

당신은 노력해서 보람된 성과를 거두거나 무시하고 있다가 처절한 결과를 감당하거나 둘 중 하나를 선택해야 한다. 5명 중 2명 이상의 소비자가 "좋은 고객서비스를 경험했을 때 언제든 다른 사람에게 그 경험을 알릴 것"이라고 응답했다. 또한 적어도 절반의 소비자는 시기와 상관없이 "열악한 고객서비스에 대해 언제든 다른 사람에게 말할 것"이라고 대답했다.

당신도 알고 있다. 전략가나 기업 경영자 입장이 아닐 때는 당신 역시 소비자 중 한 사람이니까 말이다. 멋진 경험을 하면 당신도 사람들에게 그 경험에 대해 이야기하게 된다. 좋지 않은 경험을 했을 때도 마찬가지다. 그런데도 조사결과를 보면 대부분 기업이 고객 경험을 개선하기 위해 긴급하게 조치하지 않고 있다.

이로 인해 기업들은 톡톡한 대가를 치를 것이다. 부정적인 경험은 곧바로 수익 하락으로 연결된다. 2014년에 "형편없는 고객서비스 때문에 진행 중이던 거래나 계획했던 구매를 중단했다"고 응답한 소비자는 절반에 달했다.

테크놀로지 회사 오라클^{Oracle}이 발표한 보고서에 따르면, 대부분 기업은 경영진이 고객 경험의 중요성에 대해 강력한 신념을 갖고 있다고 말했음에도 효과적으로 조치하지 않고 있다.[7] 다양한 업계에 속한 고위 경영진 가운데 93퍼센트가 앞으로 2년간 회사가 가장 우선시할 세 가지 과업 중 하나로 고객서비스 개선을 꼽았다. 91퍼센트는 고객서비스 분야에서 선도하는 기업이 되기 위해 매진하겠다고 말했다.

그러나 조사 내용을 보면, 면담에 응한 경영진 가운데 공식적인 고객서비스 향상 계획을 실제로 추진하기 시작한 이는 37퍼센트에 지나지 않는다는 것도 알 수 있다. 바로 여기서 돈이 왔다 갔다 한다. 즉 고객 경험이 고객을 다른 브랜드로 옮겨가게 하는 원인이라고 생각한 이들은 절반에 조금 못 미치는 49퍼센트였던 반면, 나쁜 고객 경험 때문에 이미 브랜드를 바꿨다고 말한 고객은 무려 89퍼센트였다. 자! 미래는 어떤 모습일 것 같은가.

단순히 고객서비스만의 문제가 아니다. 마케팅부터 영업과 상품이 주는 느낌까지 모두 더해져 고객의 충성도를 떠받치고 있고 이 과정은 계속 순환된다. 경영자와 전략가 들은 항상 이렇게 말한다. "우리는 고객을 중심에 두어야 하고, 고객 경험을 향상시켜야만 한다!" 그러나 많은 경우 그들이 실제로 하고 있는 일을 보면 단지 조금 덜 나쁜 상품과 서비스를 디자인하는 것일 뿐이다. 그런 사람들은 고객 경험이 무엇인지 제대로 알지도 못하고 있을 가능성이 크다. 한마디로 고객 경험과 동떨어져 있다.

나쁜 고객 경험으로 인한 불쾌감은 없어지지 않는다

결국 기업 대부분이 고객 경험을 우선사항이라고 진심으로 생각하지는 않는다. 그들은 고객 경험을 이끌어간다기보다 대처해나갈 뿐이다. 주로 몇 가지 기술을 개선하고 효과적인 마케팅 방식에 중점을 두면서 현재의 관행을 조정하고 개선한다.

광고나 마케팅에 아무리 많은 노력을 쏟아부어도, 제품이나 직원과 연관된 나쁜 경험으로 인한 불쾌감은 없어지지 않는다. 사람들은 자기가 겪은 나쁜 경험에 대해 이야기할 것이고 또 다른 사람들은 그 말을 들을 것이다. 또한 사람들은 **직접 경험**도 한다. 알티미터 그룹 Altimeter Group에서 실시한 연구를 통해 나는 기업이 일반적으로 고객 경험 개선보다는 마케팅에 먼저 투자한다는 사실을 알게 되었다.[8]

비슷한 조사는 또 있다. 고객서비스 자문회사인 젠데스크 Zendesk에 따르면, 기업은 고객 경험보다는 광고에 훨씬 더 많은 돈을 쓴다. 좋은 경험을 한 고객이 직접 말로 추천해주는 것이 광고보다 훨씬 영향력이 크고 효과적인데도 말이다. 젠데스크의 연구는 또 고객의 83퍼센트가 개인적으로 아는 사람에게서 얻는 개별적인 정보를 광고보다 더 신뢰한다는 사실도 밝혀냈다.

젠데스크가 제시한 다음의 흥미로운 통계는 오늘날처럼 네트워크로 연결된 사회에서 개인이 일대일로 경험을 공유하는 것이 왜 그렇게 중요한 일인지 효과적으로 보여준다. 이는 기업이 그렇게 소중하게 여기는 순추천고객지수 Net Promoter Score(NPS)보다 훨씬 더 중요하다. 고객이 공유한 경험이 기업의 브랜드가 되고, 결국에는 어느 기업을 선택하고 어느 기업을 버릴지 그 결정에 영향을 미치기 때문이다.

　이제는 광고에 그렇게 많은 돈을 퍼붓기보다는 진심으로 경험 설계
에 투자해야 할 때다.

좋은 경험은 고객을 끌어당긴다 :)

40% 고객의 40퍼센트가 고객서비스가 좋다는 평판을 바탕으로 여러 경쟁 브랜드 가운데 구매할 브랜드를 선택했다.

55% 고객의 55퍼센트는 상품이나 가격보다는 서비스가 빼어날 때 그 기업을 추천할 마음이 생긴다.

85% 고객의 85퍼센트는 월등한 고객서비스 경험을 확실히 보장받는다면 가격을 25퍼센트까지 더 지불할 용의가 있다.

나쁜 경험은 고객을 밀어낸다 : (

82% 모든 행위에는 크기는 같고 방향은 반대인 힘이 항상 작용한다. 나쁜 고객서비스 때문에 해당 기업과 거래를 그만둔 고객이 82퍼센트였다. 이는 나쁜 경험의 한 결과다.

95% 고객의 95퍼센트는 나쁜 경험의 결과로 어떤 행동을 취한 경험이 있다.

79% 고객의 79퍼센트는 자신이 겪은 나쁜 경험을 다른 사람에게 이야기했다.

1 그 회사와 거래할 때의 위험에 대해 다른 사람에게 경고한다(85퍼센트).
2 다른 사람이 그 회사 상품을 구매하는 것을 말린다(66퍼센트).
3 분노를 표출한다(55퍼센트).
4 그 회사가 문제를 해결하기 위해 조치하기 바란다(24퍼센트).

3 미디어는 메시지다

테크놀로지 트위킹tweaking[9]**은 경험 설계가 아니다.**

2010년 오랫동안 소문으로만 떠돌던 아이패드를 마침내 소개하는 자리에서, 스티브 잡스Steve Jobs는 대형 스크린에 '테크놀로지'와 '인문교양Liberal Arts'이라고 쓰인 도로 표지판들이 교차하는 이미지를 띄워두고 그 앞에 서서 말했다. "애플의 DNA에는 테크놀로지만으로는 충분하지 않다는 생각이 담겨 있습니다. 테크놀로지는 인문교양, 인문학과 결합해야만 사람의 가슴에서 절로 노래가 솟아날 만한 결과를 낼 수 있습니다."[10]

경험 설계에서 우리가 서 있어야 할 곳이 바로 그 교차로다. 그러나 너무나 많은 기업이 테크놀로지의 길이나 디자인 중심의 길을 택한다.

**매체주의는 플랫폼의 장점을 확대하여
고객이 바라는 통합된 경험을 제공하는 일보다는
매체의 테크놀로지 자체에 과도하게 무게를 둔다.**

매체주의라는 함정

오늘날 고객 경험에 관해 말할 때는 테크놀로지에 집착하기 쉽고 심지
어 이는 자연스러운 일이기도 하다. 사람들이 흔히 빠져드는 이 함정을
나는 **매체주의**mediumism라 부른다. 이는 기업이 앱이든 소셜 미디어든 웨
어러블 컴퓨터든 이를 고객의 필요와 욕구에 맞추어 풍성한 경험을 제

공할 수 있게 조정하지도 않고서 무작정 새로운 플랫폼과 채널에 뛰어들 때 걸려드는 덫이다.

모바일 기기에서 제대로 식별되지 않거나 웹사이트로 연결되지 않는 QR 코드가 그렇고, 소셜 네트워크에서 오래되고 식상한 마케팅만 반복하는 소셜 미디어도 마찬가지며, 아무 쓸모도 제대로 된 오락적 가치도 없는 모바일 앱이 그러하다. 물론 예는 얼마든지 더 들 수 있다.

매체주의는 기업이 눈앞의 일만을 염두에 두고 디자인하고 판매하고 마케팅하게 유도한다. 기업은 고객들이 무엇을 느끼고 행동하고 공유하길 원하는지나 특정한 도구의 진정한 쓸모에 대해서는 생각하지 않는다. 떨어져 있는 점들을 연결하여 전체의 형태를 읽어내는 일을 해야 하는데 하지 못하는 것이다.

무엇이 좋은 고객 경험 설계이고 무엇이 아닌지 분명히 해보자.

좋은 고객 경험 설계란 광고도, 클릭 경로도, 한 사이트에서 버튼 놓을 위치를 결정하는 예술과 과학도, 기능의 집합도, 웹페이지에서 자극적인 색상을 잘 사용하는 방법도, 태그라인도, 포장도 아니다. 이것은 오로지 날마다 종일, 은연중에 또는 노골적으로 의미 있고 공유할 만한 경험을 디자인하고 전달하고 강화하고 창조하는 일일 뿐이다.

고객 경험에 진짜로 초점을 맞추면 어떤 변화가 일어날까.

애플의 아이팟과 아이튠즈는 음악을 즐기는 완전히 새로운 방식을 창조해냈다. 테슬라Tesla의 새 전기자동차와 그 판매와 서비스를 위한 지원모델은 절망적으로 노후화하던 자동차 산업을 변화시키고 있다. 우버Uber는 휴대전화를 통해 사람들이 함께 만들어낸 플랫폼으로 승객과 운전기사를 연결해줌으로써 낡은 택시업계를 뒤흔들어놓았다.

코카콜라, '하늘에서 온 행복'

고객 경험을 창의적으로 향상시킨 두 기업의 예를 더 살펴보자. 코카콜라 Coca-Cola는 고객 경험을 동력으로 달리는 브랜드다. 그들은 고객에게 근본적으로 행복을 전하고 싶다고 명확하게 밝혀왔다. 코카콜라 웹사이트에 가서 한 번만 클릭해보아도 행복이 바로 코카콜라의 목표라는 것을, 코카콜라가 당신 삶의 일부분이 되고 당신이 코카콜라가 만드는 경험의 일부가 되기를 바란다는 것을 느낄 수 있다.

코카콜라의 3단계 사명[11]은 다음과 같다.

1 세상을 상쾌하게 만든다.

2 낙천적이고 행복한 순간을 창조하는 영감이 된다.

3 가치와 차이를 만든다.

코카콜라가 회사의 목표를 명확히 표현하는 방식을 보여주는 아주 인상적인 예가 하나 있다. 아무도 관심을 두지 않던 싱가포르의 노동자들, 도시의 제반시설을 건설하느라 쉬지 않고 일하는 사람들을 위해 시각적인 스토리텔링을 활용해 이벤트를 기획한 것이다. 그들 중 다수는 이민 노동자여서 혹독한 작업시간 때문에 몇 주씩 가족과 떨어져 지내는 것도 감수해야 했다.

때로 고객 경험은 사람들이 회사의 사명과 목표를 떠올리게 하는 것처럼 단순한 일일 수도 있다. 그러나 동시에 고객과 관련된 의미가 있어야 할 뿐만 아니라 그들의 마음을 움직이고 설득할 수 있는 힘도 있어야 한다.

코카콜라는 '싱가포르의 보이지 않는 사람들'의 감동적인 이야기를 '하늘에서 온 행복Happiness from the Skies'이라는 제목의, 눈을 뗄 수 없이 인상적인 비디오에 담아 유튜브에서 소개했다. 그 비디오는 코카콜라가 내세운 사명과 잘 맞을 뿐

행복의 메시지를 전달하는 무인항공기

아니라 보는 이에게도 깊이 만족할 수 있는 경험을 안겨주었다.

오길비 앤 매더 Ogilvy & Mather 싱가포르 지사가 비영리단체 싱가포르 친절운동Singapore Kindness Movement과 함께 만든 그 2분짜리 영상물에 대한 특집기사가 《애드에이지 Ad Age》에 실렸다.[12] 코카콜라는 오길비 앤 매더와 싱가포르 친절운동과 협력하여, 싱가포르를 건설하고 있는 보이지 않는 이민 노동자들에게 감사의 말을 전하면서 '행복을 전달하고' 이목을 집중시켰다. 싱가포르 친절운동의 자원봉사자 수백 명은 싱가포르 시민에게 이민 노동자를 위한 응원 메시지를 써달라고 부탁하고, 직접 쓴 메시지를 들고 있는 모습을 사진에 담았다. 자원봉사자들은 그 사진을 코카콜라 캔에 묶어서, 몇 대의 무인항공기를 동원해 2만 5,000여 명의 이민 노동자에게 전달했다. 노동자들의 반응을 보면 사진에 적힌 글귀에 놀라고 감동한 기색이 역력하다. 그 메시지는 사람들이 고마워하고 있고 자신을 알아주고 인정한다는 것을 느끼게 해주었다.

오길비 앤 매더 아시아 퍼시픽의 최고크리에이티브책임자 유진 청 Eugene Cheong은 《애드에이지》와의 인터뷰에서 어떤 영감을 가지고 그

코카콜라의 '하늘에서 온 행복' 영상물 가운데 한 장면

영상물을 만들게 되었는지 들려주었다.

> "이 사람들은 공동체 안의 또 하나의 공동체입니다. 둘러친 벽으로 단절되어 있죠. ……보통은 이렇게 높은 곳에서 일을 하기 때문에 사람들과 접촉하기도 어렵습니다. ……우리는 무인항공기 기술을 적절하게 활용하면 위에 있는 그들에게 메시지를 전달할 수 있을 거라고 생각했죠. 지상에 있는 사람들에게 메시지를 전달하면서 무인항공기를 사용했다면, 기술을 잘못 이용하는 일이었을 겁니다."

같은 기사에서 코카콜라 싱가포르 지사의 통합 마케팅 커뮤니케이션 아세안 책임자 리어나도 오그래디Leonardo O'Grady는 앞으로 코카콜라가 어떤 사용자 중심의 관점을 가지고 앞으로 나아갈 것인지 밝혔다. 충분히 짐작할 수 있듯이 그들은 문화에 대한 통찰을 바탕에 두면서도 개인적으로 접근하여 코카콜라라는 브랜드에 생동감을 불어넣을 수 있는 경험에 초점을 맞추고 있다. "[코카콜라는 단순히] '우리 브랜드가 전달할 수 있는 커뮤니케이션 메시지는 무엇인가?' [질문하기]보다는, 우리 브랜드가 할 수 있는 문화적인 역할에 점점 더 깊은 관심을 쏟고 있습니다."

소비자와 유의미한 경험을 공유하라

이것이 바로 현재의 경쟁력을 키워줄 뿐 아니라 미래로 나아가는 길도 닦아주는 경험 설계의 핵심이다. 재미있는 예를 하나 더 살펴보자. 나는 열혈 축구팬이다. 당장 머리에 떠오르는 메시와 호날두, 루니 같은 우수하고 유명한 선수들은 우리 모두가 사랑하고 또한 그들처럼 되고 싶어 한다. 그러나 이 선수들이 고객의 우주에서는 그의 삶과 야심에 배경이 되는 단순한 별이라면 어떨까. 선수들이 경기하는 모습을 보거나 특정 브랜드를 광고하는 모습을 볼 때, 우리는 여전히 그 경험에서 동떨어져 있다. 유명 인사나 슈퍼스타가 광고에 나오는 모습은 멋지다. 그러나 그보다 더 멋진 건 없을까. 당신이 주인공인 광고라면 어떨까.

2014년 월드컵을 앞두고 나이키Nike는 아방가르드 악동 영화감독 가이 리치Guy Ritchie가 연출한 광고를 만들었다. 그 영상이 데려간 축구의 세계에서 우리는 스타가 되거나 최소한 일인칭 시점에서 광고를 경험할 수 있다. 처음부터 끝까지 우리 자신의 경험처럼 느낄 수 있는 것이다.

그 광고에는 '다음 단계로 넘어가라Take It to the Next Level'라는 제목이 붙었다. 영상은 대사도 내레이션도 없이, 잉글랜드의 아스널 클럽에서

나이키 축구 광고

뛰고 있는 어느 실력 있는 축구선수–그런데 그게 바로 당신 자신이다–
의 이야기를 보여준다. 당신이 고프로GoPro같은 액션 카메라를 장착하
고서 직접 경기에서 뛰는 상황을 상상해보라. 카메라에 담긴 것은 당신
이 보고 느끼는 것이다. 영상은 빠르게 지나가고 장면은 심하게 흔들리
며 우리를 화면 속으로 빨아들인다. 이는 더할 나위 없이 '경험적'이다.

이 비디오에서 우리는 당신이 프리미어리그로 올라가는 과정을 본
다. 당신이 순식간에 프로가 된 후 첫 골을 넣는 상황도 함께 경험한다.
우리가 주인공이 되는 순간이다.

오프닝 장면에서 우리는 주인공이 아마추어 선수로서 뛰는 마지막

경기를 본다. 페널티킥 기회를 얻은 그는 수비벽을 뚫고 멋지게 골을 성공시킨다. 이때 재능을 알아본 감독에게 발탁되어 아스널 클럽의 일원이 된다.

이 순간부터 우리는 그의 세계 속으로 빨려 들어가 차곡차곡 쌓이는 경력과 실패와 승리와 그가 거둔 과실을 함께 경험한다. 우리는 그(우리)의 경력이 다음 단계로 넘어가는 과정을 목격한다. 골이 들어가고 훈련을 하고 과도하게 연습하다가 구토도 한다. 경기를 뛰고, 또 훈련을 계속한다. 흥미롭게도 이렇게 고되게 노력한 보상도 누린다. 파티에 초대받고, 아름다운 새 친구들을 만나고, 사인도 해주고, 새 차를 산다.

축구 팬들에게 그는 자기 자신이다. 그는 나다. 《애드에이지》의 표현을 빌리면 그 경험은 "숨 돌릴 틈 없이 재빨리 바뀌는 가이 리치 특유의 편집으로 기록되었다. 주인공이 스타가 되는 마지막 정점에서, 아마추어 시절 동네 경기에서 페널티킥으로 점수를 냈던 바로 그때와 똑같은 상황으로, 다만 이번에는 열광하는 4만 명의 팬 앞에서 페널티킥을 시도하기 직전에 영상은 멈춘다.[13] 여기에는 온갖 재미가 다 담겨 있다. 게다가 나이키의 상품들도 잘 보이는데 이것 역시 상당히 멋지다."

여기서 나이키는 단순히 상품만 판매하는 것이 아니다. 그들은 정말로 짜릿한 경험을 팔고 있다. 가능한 것의 한계를 한 단계 높이는 동시에 에고시스템egosystem을 구축하는 인간 중심 접근법이다.

코카콜라와 나이키는 개인적인 경험만을 만들어내는 게 아니다. 그들은 소비자와 브랜드가 유의미한 경험을 공유하는 공동의 공간을 창조한다. 당신이 제품을 만들고 홍보하고 판매하는 방식의 중심에 경험이 자리 잡고 있을 때, 특별한 고객관계와 브랜드 충성도가 자라난다.

4 다른 사람의 눈으로 바라보라

**성공의 비밀이 하나 있다면, 자기 자신뿐 아니라 다른 사람의
관점에서도 매사를 바라볼 수 있는 능력이다.**

_헨리 포드Henry Ford

한 고객이 트위터에 불만사항을 올렸을 때 당신이 그 트윗을 보지 못했
다면, 그 고객의 항의는 실제로 일어난 일일까? 물론 아니다. 당신의 팔
로어들도 그 트윗을 보지 않았을 것이다. 그렇지 않은가? 그렇게 믿는다
면 당신은 미래를 위한 경쟁은 말할 것도 없고, 생존을 위한 경쟁이 아
니라 누가 더 뒤처져 있는지 경쟁하고 있는 셈이다.

무시는 디스diss다

고객조사가 필요하다는 의견에 이의를 제기하는 이들은 "고객은 자신이
무엇을 원하는지 모른다"는 말을 곧잘 한다. 고객의 행동을 바탕으로 혁
신해야 한다는 주장에는 "애플은 시장조사를 하지 않는다"는 말로 종종
응수한다. 또 언제나 인기 있는 헨리 포드의 말도 흔히 인용한다. "우리
가 고객에게 무엇을 원하느냐고 물었다면 그들은 더 빠른 말이라고 대

답했을 것이다."

그렇다. 때로는 고객은 자신이 무엇을 원하는지 모른다는 말이 맞을 때도 있다. 하지만 그들이 알 때도 분명히 있다. 아직 모르고 있다고 해도, 다른 누군가가 그것을 제공하면 곧 알게 된다. 최소한 질문조차 하지 않는다면 당신이야말로 계속 모르는 사람으로 남을 것이다. 묻는 행위는 당신의 팀이 적극적이고 지속적으로 해야 할 고객조사의 핵심이다.

행동을 관찰하는 것도 필수다. 행동하는 것과 행동하지 않는 것 모두 사실상 말보다 더 많은 것을 말해주기 때문이다. 디지털 데이터 연구 역시 단순히 빅 데이터를 분석하는 것만이 아니라 관찰하는 연구가 되어야 한다. 실제로 당신의 팀이 해야 할 일은 **디지털 인류학**이다. 이를 통해 얻는 통찰은 가장 큰 울림을 일으키는 혁신으로 이끌어줄 것이다.

헨리 포드와 스티브 잡스

잠시 헨리 포드와 스티브 잡스에게 돌아가보자. 조사를 해보아도 포드가 더 빠른 말에 관한 언급을 실제로 했다는 증거는 찾을 수 없었다. 그러나 이 지점에서 의미 있는 그의 또 다른 인용구는 실제로 그가 한 말이라는 탄탄한 근거가 있다. 1937년에 출간된 데일 카네기Dale Carnegie의 베스트셀러《데일 카네기 인간관계론*How to Win Friends and Influence People*》에 등장한 말이기 때문이다. "성공의 비밀이 하나 있다면, 자기 자신뿐 아니라 다른 사람의 관점에서도 매사를 바라볼 수 있는 능력이다." 포드는 무언가를 다른 시각에서 볼 수 있는 재능이 새로운 기회를 발견하게 해

주고 더 적절한 해법을 찾는 길을 닦아줄 것이라고 제대로 이해하고 있었다.

잡스는 어떨까? 우선 그는 **누구와도 견줄 수 없는 스티브 잡스**였다. 당신의 팀에 그처럼 물불 가리지 않는 비전과 완벽을 향한 추진력을 정말로 지닌 사람이 있는가? 이는 그저 수사적인 질문일 뿐이다. 그 답은 우리 모두 알고 있으니까 말이다. 그러나 잡스는 실제로 고객행동에 관한 정보에 가치를 두지 않는다고 말한 적이 없다.

2008년 3월《포천Fortune》에 실린 기사에는 "우리는 시장조사를 하지 않는다"는 말과 "내가 10년 동안 고용한 자문회사는 딱 한 군데였다. [애플 매장을 열 때] 게이트웨이Gateway와 같은 실수를 하지 않도록 그들의 소매유통 전략을 분석하기 위해서였다"라는 잡스의 말이 인용되어 있다.

그러나 잡스가 소비자의 바람과 행동에서 영감을 받지 않았다는 것은 부정확하고 경솔한 말이다. 잡스가 많은 기회를 발견한 것은 면밀하게 관찰한 결과라는 사실이 널리 알려져 있다. 아타리Atari의 브레이크아웃Breakout 게임도, 애플의 첫 개인 컴퓨터도, 그래픽 사용자 인터페이스Graphical User Interface(GUI)나 매킨토시 마우스도, 디지털 뮤직 플레이어나 태블릿도 잡스가 발명한 게 아니다. 그러나 그에게는 인간의 행동과 욕망을 이해하고, 그 욕망을 잘 만족시킬 수 있으며 어쩌면 기존 업계를 완전히 무너뜨릴 수도 있는 테크놀로지의 트렌드를 정확하게 집어낼 줄 아는 탁월한 재능이 있었다.

그가 정식으로 시장조사를 하지 않았을지는 모르지만, 고객과 자신이 그들에게 제공하고 싶은 경험에 관해 늘 집중적으로 생각했던 것만은 무엇보다 분명하다. 오늘날에도 애플은 고객 경험과 피드백에 꼼꼼

**인생이란 다시 겪어볼 가치가 있는
경험을 하며 사는 것이다.**

_스티브 잡스에 대한 찬사

스티브 잡스
1955년~2011년

하게 신경 쓴다. 애플이 제품을 개발하고 마케팅을 하는 방법에 관해 지나치게 말을 아끼기는 하지만, 톰 우드Tom Wood는 애플이 실제로 고객에게 주의를 기울이고 있다는 것을 알게 되었다. 그는 애플의 개인정보 정책에서 다음의 문장을 찾아냈다.

> 우리가 개인정보를 사용하는 방식:
> 우리는 애플의 제품과 서비스, 고객 커뮤니케이션을 개선하기 위한 검사와 데이터 분석, 조사 등의 내부목적에 개인정보를 사용할 수 있다.

여기서 애플은 고객을 위해 더 좋은 제품을 만드는 데 그들의 개인정보를 사용한다고 말하고 있다.

그들은 배운다. 그들은 혁신한다. 경험은 계속된다.

2부

본성 VS 양육

경험 설계는 공감에서 시작된다

**가장 명백하고 중요한 현실은 대개
가장 알아보기 어렵고 말하기 어렵다.**

_데이비드 포스터 월리스 David Foster Wallace

1 디지털 고객의 출현

이제 모든 게 달라졌다.
당신의 디지털 고객은 공교롭게도 나르시시스트다.
이건 좋은 일이다!

기업이 경험을 만드는 방식을 바꾸려면 경험이 어떤 것이고 또 어떤 것이어야 하는지부터 정의해야 한다. 여기서 우리를 방해하는 요소는 우리가 세상을 보는 방식이다.

　　많은 경영자가 그러하듯 사람들이 자신과 비슷한 사람들로만 둘러싸여 있을 때, 그들이 함께하는 일은 자신들이 공유하는 관점과 사고방식을 바탕으로 하기 쉽다. 우리의 개인적, 직업적 경험은 사업적인 판단을 내릴 때 엄청난 가치를 지닐 수도 있지만, 편견을 심어 우리 자신의 발목을 잡을 수도 있다.

고객은 무조건 멋진 경험을 기대한다

유의미한 경험을 창출하는 일의 비결은 **감정이입**, 그러니까 다른 사람의 감정을 이해하고 함께 느낄 수 있는 능력이다. 다른 사람의 눈으로 세상

"수익이 계속 떨어지고 있습니다. 관리자들도 고객이 계속해서 멍청한 최신 기술로 옮겨가고 있고 예전처럼 우리 말을 듣지 않는다고 하더군요. 예산을 삭감해야 할 것 같아요.
또 고객이 우리 말을 귀담아 듣도록 더 크게 말해야겠어요. 우리 봉급이 이제 막 인상됐잖아요."

을 볼 수 있는 것은 대단한 경쟁우위다. 이러한 잘 통제된 능력을 제대로 갖추고 있는 기업이 극히 드물기 때문이다.

소설가이자 에세이스트인 데이비드 포스터 월리스David Foster Wallace는 2005년에 케니언 대학 졸업식 연설에서 이렇게 말했다. "가장 명백하고 중요한 현실은 대개 가장 알아보기 어렵고 말하기 어렵다."

다른 사람의 시각으로 바라보는 일에 어떤 가치가 있는지 간단히 파악하려면, 네트워크로 연결된 삶을 살고 있는 고객을 생각해보면 된다. 그들에게 스마트폰은 '제2의 스크린'이 아니라 제1의 스크린이다. 디지털 생활을 하는 이들은 손가락으로 화면을 쓸어 넘기는 스와이프 동작과 두 손가락을 벌렸다 오므렸다 하는 핀치 동작으로 자연스럽게 스크린과 상호작용을 한다.

그러나 우리는 디지털 사이트에서 고객을 어떻게 맞이하는가? 우리는 그들에게 클릭하고 스크롤하게 한다. 두 손가락을 벌리는 동작을 할 때는 다음 단계로 넘어가기 위해 클릭할 버튼의 크기를 키울 때뿐이고 스와이프를 할 때는 전체 페이지를 볼 수 있도록 페이지를 옆으로 움직일 때뿐이다. 다른 종류의 스크린에 맞추어 디자인한 페이지라서 스와이프를 하지 않으면 전체를 볼 수 없는 경우에 말이다.

이는 자연스럽지도 않거니와 멀티스크린을 사용하거나 이 채널 저 채널 옮겨 다니지 않고 스마트폰만으로 필요한 작업을 다 하고 싶어 하는 고객을 전혀 고려하지 않고 있다. 기업들은 일련의 새로운 기기에 대해 완전히 직관적이고 자연스러운 무언가를 창조하거나 혁신하기보다는 오랫동안 내려오는 디자인 철학과 시스템에 적응하는 쪽을 선택함으로써, 고객에게 자신들이 만들어놓은 여정에 순응하고 따라오도록 강요하고 있다.

이제 모든 게 달라졌다. 당신의 디지털 고객은 공교롭게도 나르시시스트다. 이건 좋은 일이다! 디지털 고객이 우리가 지난 몇 십 년 동안 알고 있던 전통적 고객과 어떻게 다른지 관찰해보면, 그들이 무조건 멋진 경험을 기대한다는 사실을 알 수 있다. 당신의 디지털 고객은 어쩌다 보니 나르시시스트가 되어가고 있다(물론 이는 호의적인 관점에서 하는 말이다). 디지털 생활을 누리면서 자신의 디지털 에고시스템에서 중심이 된 것이다. 그들은 온라인으로 더 많은 정보를 공유하고, 과거의 아날로그 고객보다 훨씬 많은 피드백을 받는다.

그들은 늘 접속되어 있고, 태연하게 멀티태스킹을 하며, 매일 여러 개의 스크린을 보면서 생활한다. 디지털 세상에 접속되어 있는 당신의 고객은 그럴 수밖에 없다. 그들로 하여금 자신의 세상을 자신의 방식으로 공유하게끔 부추기는 것이 소셜 모바일 네트워크의 본질이다.

당신이라면 그들을 위해 어떤 경험을 설계하겠는가? 당신은 그들을 **이해하거나** 그들이 **되어야** 한다.

날마다 변화하는 디지털 고객

접속된 고객은 오늘만 다른 것이 아니다. 그들은 디지털 기술이 발전해 감에 따라 계속 변화한다. 대부분의 기업은 고객이 제품을 사용하는 맥락과 각 접점에서 그들이 하게 되는 경험에 대해 시간을 들여 깊이 생각하고 이해하려는 노력도 없이, 고객의 여정을 자신들 뜻대로 이끌어가려는 '브로드캐스트broadcast' 접근법을 취하고 있다. 불행히도 과거의 유산을 바탕으로 고객 경험을 디자인하고 있는 기업이 많은 것이다. 우리는 이미 알고 있는 것과 과거에 일하던 방식을 고수한다. 수많은 고객이 접속된 생활을 하기 이전의 과거에 사용하던 언어와 기술과 과정을 가지고 고객과 대화를 나누고 있다.

이제는 우리가 갖고 있던 것을 모두 버리고, 시대를 대표할 뿐만 아니라 접속된 고객의 선호와 행동과 열망을 충족하는 새로운 경험을 처음부터 다시 창조하거나 발명해야 할 때다. 그러기 위해서는 고객이 무엇을 선호하고 기대하며 어떻게 행동하는지 이해해야 한다.

이렇게 태어났다: 본성 VS 양육

2011년에 한 살짜리 아기의 모습을 담은 동영상 하나가 유튜브에서 크게 인기를 얻더니 많은 테크놀로지 블로그로 순식간에 퍼져나갔다.[1] 프랑스 텔레콤 브랜드 오랑주Orange의 자회사인 오랑주발레Orage-Vallee의 CEO 장루이 콩스탕자Jean-Louis Constanza가 올린 비디오[2]로, 한 살 된 그의 딸이 아이패드를 가지고 노는 장면이 담긴 동영상이었다. 아이가 손가락으로 핀치와 줌과 스와이프를 하는 동작이 오싹할 정도로 자연스럽고 직관적이다. 콩스탕자는 딸 아이가 디지털 기기가 아닌 것을 다룰 때 어떻게 하는지 보면 재미있을 거라고 생각했다.

그래서 아이에게 잡지를 줘보았다. 아이는 인쇄된 잡지에 손가락을 대고 핀치와 스와이프 동작을 했다. 하지만 실망스럽게도 잡지는 말을 듣지 않았다. 아이는 곧 답답해하면서 잡지를 던져버렸다.

이 어린아이는 '디지털이 제일 먼저digital first'인 세계만을 알게 될 것이다. 이전 세대는 디지털 혁명이 전개되는 과정을 뒤따라가며 배워야 했고 끝까지 '아날로그가 먼저'인 사람들로 남을 테지만, 이 아이와 같은 고객은 **아날로그**가 무엇을 의미하는지 따로 배워야만 알 것이다. 이는 곧 오늘날의 고객관계관리 시스템과 웹사이트, 이메일, 콜센터, 오프라인 소매유통뿐 아니라, 사업을 운영하는 비전과 방법론, 측정기준까지도 접속된 세계의 고객과 통할 수 없게 만들어진 것임을 의미한다.

오랑주발레의 CEO 장루이 콩스탕자가 올린 비디오. 한 살 된 그의 딸이 아이패드를 가지고 노는 장면이 담겨 있다.

동영상 마지막에 콩스탕자가 한 이야기는 나를 포함해 그것을 본 500만 명의 사람들에게 명확한 메시지를 전달했다. "한 살 된 내 딸에게 잡지는 고장 난 아이패드다. 아이에게는 앞으로도 평생 그럴 것이다."

이것도 이미 몇 년 전의 일이다. 지금의 생활을 생각해보라. 우선 아날로그로 사고하고 세상을 바라보는 수많은 경영자는 시대에 뒤떨어진 관점과 철학, 과정, 그리고 이를 뒷받침하는 테크놀로지를 기반으로 전략을 정의하고 로드맵을 개발하고 관리하며, 웹사이트와 애플리케이션, 영업과 서비스 프로그램, 소셜과 모바일 프로젝트, 고객충성도를 위한 기획 등 핵심적인 접점을 디자인한다. 한마디로 우리는 지금 새로운 기회를 가지고 우리가 언제나 해왔던 방식으로 일하고 있다.

모바일 기기는 개인용 컴퓨터와 같은 기능과 완전히 새로운 일을 수행할 능력이 **있지만** 아직도 대체로 기능과 내용이 한정적인, 데스크톱 컴퓨터의 '축소' 버전 정도로 취급된다. 접속된 고객의 관점에서 보면 모바일 디자인은 달라야 한다. 스와이핑부터 스프레딩까지, 핀칭부터 태핑 앤 홀딩까지, 사용자는 그들이 사용하는 **각각의** 모바일 기기에서 직관적으로 페이지를 탐색하고 자신의 행동과 열망이 반영된 자연스럽고 직관적인 여정을 제공받기를 기대한다.

웨어러블 컴퓨터와 스마트워치, 사물인터넷의 등장은 비즈니스 세계가 전통적인 접근법을 벗어나 더 진화할 수 있는 완전히 새로운 가능성을 빠르게 불러들이고 있다.

2 스큐모피즘

**옛것의 편안함은 새로운 것의 짜릿함에
자리를 비켜줘야 한다.**

훌륭한 소비자 경험을 창조하려면 단순히 고객이 원하는 것을 그들이 원할 때 그들이 원하는 방법으로 제공하는 것으로는 충분하지 않다. 기업은 대단히 독특하고 무척이나 매력적이어서 일단 한번 접한 뒤에는 그것 없이는 살 수 없는 새로운 무언가를 만들어 제공할 수도 있어야 한다.

오늘날 고객 경험 디자인이 직면한 아주 큰 문제점 하나는, 지금과는 다른 시대에 다른 유형의 고객을 대상으로 사업을 하던 방식에 맞춘 과거의 철학과 시스템에 아직도 너무 긴밀하게 얽혀서 빠져나오지 못하는 경우가 많다는 것이다. 고객과 그들의 행동과 가치관이 어떻게 변화하고 있는지 이해하지 못하고, 우리가 제공하기를 원하는 것 – 사람들에게 정말로 중요하게 여겨질 무엇 – 에 관한 더 크고 더 대담한 비전을 갖추지도 못한 채 그저 언제나 해왔던 방식으로 사업을 운영하고 있다.

만물인터넷의 세계를 상상해보자

분명한 것은 오늘날 제시되는 정보의 대부분이 지금과는 참여하는 방식이 상당히 달랐던 시대에 맞춰 디자인되었다는 점이다. 텔레비전부터 데스크톱과 노트북 컴퓨터까지, 화면 크기가 작아지고 휴대하기가 점점 편해지면서 정보 디자인도 계속 진화해왔다. 현재 멀티스크린 문제에 대한 가장 유망한 해법은 반응성과 적응성이 뛰어나게 디자인하는 것이다. 스마트폰으로 보든 태블릿으로 보든 노트북이나 텔레비전으로 보든 상관없이 각양각색의 방문자들이 편하게 사용할 수 있도록 콘텐츠가 다양한 크기에 맞춰 저절로 조절될 수 있게 말이다.

개발자들 사이에서는 모바일 기기를 위한 디자인이 최우선 과제가 되었으며, 대부분의 브랜드 사이트는 작은 화면에서도 편하게 사용할 수 있도록 디자이너가 일종의 개조 작업을 진행하고 있다. 그러나 페이지의 기술적인 부분이 문제가 아니라면 어떨까? 진짜 어려운 과제는 브랜드 사이트에 담긴 내용 자체와 고객이 거기에 마음이 움직일지 아닐지 여부라면? 태어나서부터 디지털 환경에서 성장했거나 네트워크에 접속된 생활에 익숙한 고객에게 문화적으로 공감을 얻지 못한다면?

이제 스마트폰과 태블릿을 넘어서, 스마트워치와 가전제품, 자동차, 웨어러블 기기, 홈 디바이스, 만물인터넷Internet of Everything(IoE)의 전체 세계를 상상해보자. 정보통신 회사인, 시스코Cisco는 만물인터넷을 사람, 프로세스, 데이터, 사물을 모두 인터넷에 연결하여 네트워크 연결에 이제껏 없던 중요한 의미와 가치를 부여하는 것이라고 정의한다.[3] 매체를 디자인하는 것은 경험을 디자인하는 것과는 다르고, 당신이 디자인하는 매체의 유형은 계속해서 진화할 것이다. 그러니 매체 그 너머를 생각하는 것이 좋다.

어떻게 사고해야 할까? 회사 웹사이트를 예로 들어보자. 오늘날의 접속된 고객 사이에서 웹사이트의 용도가 무엇인지 자문해보라. 1990년대 이후로 웹사이트의 역할이 다시 제대로 논의된 적이 없다. 세월이 지나는 동안 웹사이트는 프랑켄슈타인의 괴물 같은 존재가 되었다. 각각의 페이지는 고객이 필요해서가 아니라 각기 다른 사업 분야와 기능에 맞춰져 있다. 웹사이트의 카피는 정말 누구를 위한 것일까? 아마도 그 카피나 프로젝트를 승인하는 사람의 마음에 들도록 쓰였을 가능성이 크다.

평균적인 10대 아이들은 겨우 몇 초밖에 집중하지 못하고 이내 모바일 기기에 손을 뻗는, 오늘날 같은 실시간의 세계에서 웹페이지가 달성해야 하는 목적은 무엇일까. 마우스로 클릭하고 스크롤하는 디자인 철학에서, 우아함과 단순함을 최우선으로 생각하며 스와이핑과 핀칭, 주밍 등 손동작이 사용자 상호작용의 성격 자체를 바꿔놓은 디자인 철학으로 옮겨갔을 때, 웹사이트가 실제로 제공하거나 가능하게 할 수 있는 일은 무엇일까.

당신은 상호작용의 역학을 바꿀 수 있을 뿐만 아니라, 더욱 자주 접속되어 있고 인내심은 더 떨어지는 방문자를 만족시키기 위해 웹사이트의 기능까지 완전히 바꿀 수 있다. 어떤 테크놀로지가 작동하고 있는지는 눈에 띄지 않게 뒤에 감추고 경험을 전면에 부각하는 자연스럽고도 유연한 상호작용을 제공할 수도 있다. 데스크톱 컴퓨터에서 보는 웹사이트는 더 작은 화면에서 하던 경험을 확장해놓은 게 될 것이다. 예전과는 선후가 바뀐 것이다. 이뿐 아니다. 웹사이트는 이야기와 이미지를 결합하여 몰입의 경험을 제공함으로써 방문자와 강력한 유대를 형성할 수도 있다.

미래의 모습이 지나치게 친숙하다

고객 경험을 디자인하는데 디지털을 가장 먼저 생각하지 않는다면, 당신은 불가피하게 다른 시대의 해법을 따르게 된다. 이에 대해 **스큐모피즘** Skeumorphism[4]보다 더 적절한 예는 찾을 수 없다. 이는 디지털 세계의 물건도 물리적 세계에 존재하는 그 등가물과 비슷하게 생겨야 한다는 주장이다. 파일 폴더나 이메일 아이콘은 사람들이 새로운 영역으로 쉽게 넘어가도록 디지털 이전 시대의 버전처럼 보이게 디자인되었다.

52쪽의 예들을 보면서 현실도 파악할 겸 한번 웃고 넘어가자. 대부분은 원래 오리건 주 포틀랜드에 기반을 둔 웹 기술 전문가이며 개발자이자 교수인 스콧 핸셀먼Scott Hanselman이 공유한 것이다.[5] 여기에 몇 가지를 덧붙였다.

당신은 언제 마지막으로 디스켓을 사용했나? 어린 소비자들은 아마 디스켓이 뭔지도 모를 것이다. 3D 프린터로 디스켓 모양을 출력해준다면 그들은 아마 당신이 '저장' 아이콘을 출력했다고 생각할 것이다. 클립보드는 복사와 붙여넣기 기능을 상징한다. 마지막으로 실제 클립보드를 사용한 게 언제인지 나는 기억나지 않는다. 당신은 어떤가.

북마크는 온라인 콘텐츠를 저장하는 행위를 나타낸다. 북마크 중에는 내 킨들과 비슷한 크기도 있다. 보이스메일 아이콘은 무엇인지도 잘

모르겠다. 테이프롤인가? 110 필름 롤? 전화 아이콘은 1950년대 수화기를 닮았다. 돋보기를 사용해 파일을 찾는다? 그럴 수도 있겠다. 고등학교 생물시간 이후로 돋보기는 만져본 적도 없지만 말이다.

우리 중에는 폴라로이드와 코닥 카메라 시절을 그리워하는 이들도 많겠지만, 디지털 네이티브 세대는 대부분 전화로 사진을 찍는다. 음성인식은 1930년대에 쓰던 리본 마이크로폰과는 확실히 관련이 없다. '카본 복사'가 아이콘 디자인에 영감을 주었다는 사실은 말할 것도 없고, 아직 우리 언어에 사용되고 있는 것도 정말 이해할 수 없다.

필름 스트립보다 디지털 비디오를 더 잘 설명해줄 수 있는 게 정말 없는 걸까? 주소록은 오래전에 사라졌을 뿐 아니라, 디지털 기술이 그럴 만한 이유가 있어서 제거해버린 정보조직 방식을 나타낸다. 하지만 무엇보다 웃긴 건 바로 모래시계 아이콘이다.

기억 속에 뿌리박힌 경험을 디자인하는 것은 백미러를 보면서 앞으로 주행하는 것과 비슷하다. 나도 텔레비전 채널을 바꾸거나, 뒷면의 음악을 듣기 위해 33회전 음반을 뒤집으려고 자리에서 일어나던 것을 기억할 만큼 충분히 나이를 먹었다. 연필과 카세트테이프 사이의 협조관계도 잘 기억하고 있다. 내가 아무리 그것에 대해 정다운 추억을 갖고 있다고 해도 오늘날 사람들의 경험에 이를 포함시켜야 하는 것은 말이 되지 않는다. 그때는 그때였을 뿐이다. 지금은 지금이다.

이제 리모컨에 대해 잠시 얘기해보자. 어린 시절 소파나 마룻바닥에 앉아 있다가 벌떡 일어나 텔레비전 앞으로 달려가 다른 프로그램을 보기 위해 재빨리 채널 손잡이를 돌리던 일을 기억한다. 이게 최초의 채널 서핑 방식이었다. 나와 같은 세대에게 리모컨은 축복처럼 소중했다.

반복 VS 혁신

'레이지 본'이라 불리던 최초의 텔레비전 리모컨은 1950년에 제니스가 개발했다. 유선 리모컨이었다.

1970년대에도 리모컨 버튼 수는 꽤 적었다.

최초의 리모컨이 나오고 25년 뒤 적외선 기술이 도입되었다. 1985년에 필립스에서 최초의 통합 리모컨이 나왔다.

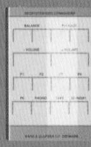

1950년

1970년대

1985년

혁신 ——— 반복 — 직관성이 사라지고 텔레비전 작동이 기술이 됨

1965년

1980년대

초음파를 사용하여 작동을 개선한 제니스 스페이스 커맨더 600이 1965년에 나왔다.

케이블 텔레비전의 성장과 함께 리모컨은 어디서나 볼 수 있는 물건이 되었다. 긴 메뉴 목록을 훑을 수 있는 기능이 필수였다.

이제 리모컨은 이미지, 오디오 및
비디오 파일을 컴퓨터에서
텔레비전으로 불러올 수 있다.

리모컨 기능을 하는 앱이 있다.
최초의 리모컨 앱은 옛 리모컨
모양을 흉내 냈지만 지금은
직관적인 디자인이다.

2000년대

2015년

혁신

1990년대

2010년

미래

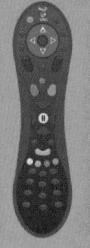

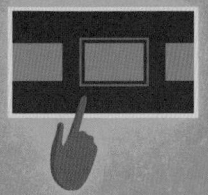

티보는 1999년에 생방송
텔레비전 프로그램을 녹화할
수 있는 최초의 리모컨을
생산했다.

티보 슬라이더 같은 리모컨은
전화와 게임 컨트롤러에서
디자인을 빌려오면서 점점 더
세련된 모양으로 발전했다.

텔레비전은 스마트폰이 되었다.
손동작만으로 텔레비전을 조종할
수 있는 신기술이 나오면서
하드웨어가 불필요해졌다.

그러나 지난 60여 년 동안 리모컨의 진화는 평범함 그 자체였다. 채널을 탐색하는 혁신적인 방식을 구상하는 대신 우리는 여기서도 과거가 그어놓은 한계 안에서만 움직였다. 1950년대에 제니스Zenith가 버튼이 두 개 달린 최초의 리모컨을 개발했다. 이름은 '레이지 본Lazy Bone(게으름뱅이)'이었다. 1960년대에는 제니스 스페이스 커맨더라는 사각 리모컨이 나오면서 버튼이 두 개에서 네 개로 늘어났다.

1970년대에는 지금까지 쓰이는 좀 더 폭이 좁아진 리모컨이 등장했고, 이때부터 버튼은 점점 더 많아졌다. 새로운 단계로 발전할 때마다 디자인은 점점 더 복잡해지고 점점 더 직관적인 것과는 거리가 멀어졌다. 디자이너들이 혁신하지 않고 반복만 했기 때문이다. 익숙한 것이 새롭고 더 나은 길을 막고 있었던 셈이다.

화면에서 채널을 탐색하는 경험도 나아진 게 없고, 사실은 점점 더 복잡하고 혼란스러워지고 있다. 1971년에 발행된 주간지 《TV 가이드TV Guide》[6]의 한 쪽과 오늘날 인기 있는 한 케이블 방송의 편성표 스크린 숏[7]을 비교해보자.

이런 비판을 하면 소비자가 아직 변화를 받아들일 준비가 되어 있지 않다고들 항변한다. 물론 기술혁명이 일어날 때마다 옛것을 고수하는 사람들은 과거의 방식에 완전히 만족한다고 말한다. 그러다가 어느 날 갑자기 더 이상 만족할 수 없게 되는 것이다. 그렇게 새롭고 더 좋은 것이 얼마나 훌륭한지 눈뜨고 나면, 과거를 돌아보며 "한때 우리가 저렇게 했었다니 믿을 수가 없군"이라고 말한다.

지금 당신은 텔레비전 경험에 얼마나 만족하는가? 최신 기술과 상호작용을 할 수 있는 방식으로 더 편리해지면 좋겠다고 생각하지 않는가?

		7:30	8:00	8:30	9:00	9:30	10:00	10:30
SAT	ABC	Local	Getting Together	Movie of the Weekend			The Persuaders	
	CBS	Local	All in the Family	Funny Face	New Dick Van Dyke Show	Mary Tyler Moore Show	Mission: Impossible	
	NBC	Local	The Partners	The Good Life	NBC Saturday Night at the Movies			

		7:30	8:00	8:30	9:00	9:30	10:00	10:30
SUN	ABC	Local	The FBI		The ABC Sunday Night Movie			
	CBS	The CBS Sunday Night Movies				Cade's County		Local
	NBC	The Wonderful World of Disney		Jimmy Stewart	Bonanza		The Bold Ones	

		7:30	8:00	8:30	9:00	9:30	10:00	10:30
MON	ABC	Local	Nanny and the Professor	Local	NFL Monday Night Football (to be replaced by movies after Jan. 24)			
	CBS	Local	Gunsmoke		Here's Lucy	Doris Day Show	My Three Sons	Arnie
	NBC	Local	Rowan and Martin's Laugh-In		NBC Monday Night at the Movies			

		7:30	8:00	8:30	9:00	9:30	10:00	10:30
TUE	ABC	The Mod Squad		Movie of the Week			Marcus Welby, M.D.	
	CBS	Glen Campbell Goodtime Hour		Hawaii Five-O		Cannon		Local
	NBC	Ironside		Sarge		The Funny Side		Local

1971년《TV 가이드》의 한 쪽

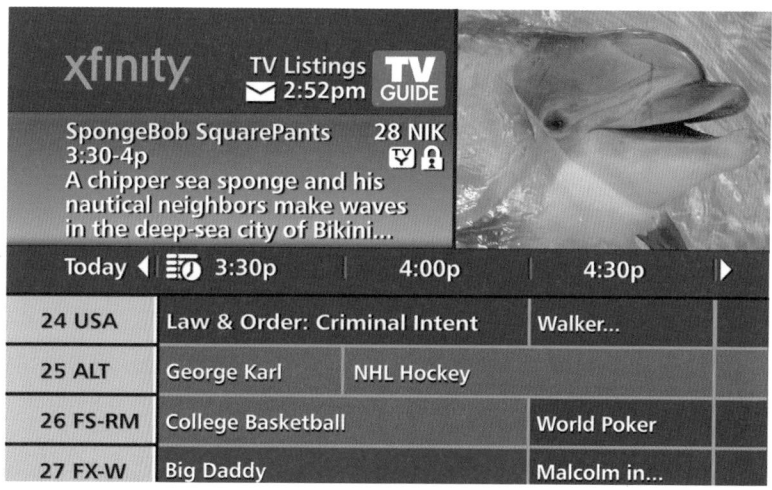

오늘날 인기 있는 케이블 방송의 편성표

적어도 이 분야에서는 희망이 있다. 마침내 어느 기민한 앱 디자이너가 대담하게 앞으로 나아가기로 결심한 덕분에 이제는 스마트폰 리모컨 애플리케이션이 나와 있다.

디지털 네이티브 세대가 처음 텔레비전을 보면, 그 앞으로 걸어가 채널을 바꾸려고 유리 화면에 손을 대고 오른쪽 왼쪽으로 밀거나 메뉴를 작동시키려고 아래위로 민다. 말할 필요도 없지만, 그들은 언제나 접속되어 있기를 바란다.

왜 당신은 아이폰을 얼굴에 대고 있는가?

우리가 아직도 아이폰이나 안드로이드폰을 '폰'이라고 부르는 것 자체가 웃긴 일이다. 사용자 대부분이 휴대폰을 앱이나 문자메시지, 인터넷 브라우저로 사용하는 것에 비해 전화로 사용하는 시간은 극히 적다. 현재 세계적으로 대부분의 사람이 PC보다 스마트폰을 더 오래 사용하지만, 그중 누군가에게 전화를 거는 데 사용하는 시간은 얼마 되지 않는다.

비즈니스 프로세스 아웃소싱을 하는 글로벌 기업 텔레테크^{Teletech}는 "서비스 문제를 전화로 해결하는 게 더 낫다고 생각하는 소비자는 28퍼센트밖에 안 된다"고 보고했다. 온라인에 접속하고 있는 고객은 회사가 다른 방법을 전혀 제공하지 않을 때만 전화를 건다. 결국 어쩔 수 없이 고객서비스 센터에 전화를 걸기는 하지만, 이미 그 전에 이 방법밖에 없다는 사실 자체가 고객에게는 부정적인 경험이다.

20억 명 이상의 소비자가 온라인에 접속하고 있다.

서비스 문제를 전화로 해결하는 편이 더 좋다는 사람은 28퍼센트뿐이다.

내일을 디자인하라. 바로 오늘!

디즈니랜드나 월트디즈니 월드리조트에 있는 매직킹덤파크에 가보았다면, 투모로랜드에서 미래로 이동해보았을 것이다. 1955년에 구상된 투모로랜드가 1986년의 세계를 상상했다는 것을 아는가?[8] 그러나 오늘날에도 투모로랜드는 여전히 미래 세계처럼 느껴진다. 이는 당연한 결과다. 2055년의 세계로 대대적으로 재정비했기 때문이다. 브랜드도 마찬가지다. 앞날에 대한 포부와 유의미성을 잃지 않도록 언제나 자신을 재발명해야 한다.

디즈니랜드가 단순히 새로운 놀이기구를 설치하고 겉모습을 단장하고 직원들의 의상만 바꾸었다면, 방문객은 그곳에서 하는 경험에 싫증을 느꼈을 것이다. 당신의 회사와 회사가 제공하는 경험도 똑같다. 당신의 로드맵은 이미 경로를 이탈해 있다. 과거의 유산을 고수하는 것은 우리가 아는 것이기 때문만이 아니라, 그렇게 하면서도 여전히 수익을 올리고 있기 때문이다. 하지만 접속된 채 살아온 고객이 과거의 유산을 공유한 고객보다 더 많아지면 어떤 일이 일어날까? 변화는 이미 일어났거나 일어나고 있다.

우리는 점진주의에 만족하고 안심하도록 자신을 속여왔다. 그러나 이제 실질적으로 재발명을 해야만 하는 시점에 도달했다. 비즈니스와 디자인이 만나는 지점에서 당신도 훌륭한 경험을 만들 수 있다.

상상력이 활개를 치고, 전체 판도를 바꾸며, 잊을 수 없고, 기능적이며, 의미 있고, 공유할 수 있고, 실행 가능하고, 기기와 화면이 사용자에게 직관적이며, 그 순간 어떤 스크린을 사용하고 있든 상황정보에 맞게 소비자의 마음과 의도에 유의미한 훌륭한 경험 말이다.

그러려면 근본적인 정신에서, 브랜드의 본질에서, 제품에서, 제품의 생태계에서, 마케팅에서, 클릭 경로에서, 서비스에서, 보상에서, 디지털 고객을 바라보는 관점에서 신선한 접근법이 필요하다.

경험은 늘 파릇파릇하다.

3 비즈니스, 디자인을 만나다

고객의 눈으로 바라보면
아주 놀라운 게 보일 것이다.

비행하는 경험을 좋아하는 사람이 있다면 손을 들어보시라. 많은 항공 사는 진실을 깨달은 순간마다(우선 진실을 깨닫는 순간이 있기나 하다면) 다 양한 이유와 방식으로 긍정적인 경험을 제공하는 데 실패한다. 항공사 는 이곳에서 저곳으로 사람을 옮겨주는 서비스를 제공하지만, 그 과정 에서 편안함과 전체적인 비행 경험의 질을 떨어뜨리면서 자기네 돈을 아낀다.

아메리칸 에어라인이 받은 공개편지

고객 경험을 개선하면 크게 득을 볼 수 있는 기업이 바로 항공사다. 그 런데 아메리칸 에어라인American Airlines은 한 고객의 훌륭한 제안에 대 해 아주 전형적이면서도 기묘한 반응을 보였다. 아메리칸 에어라인을 이용한 더스틴 커티스Dustin Curtis는 사용자 인터페이스 디자이너였다.[9]

2009년에 그는 아메리칸 에어라인에 공개편지를 띄워 당사 웹사이트인 AA.com에서 겪은 형편없는 사용자 경험에 대해 불만을 표현했다. 이 이야기는 수많은 브랜드가 웹사이트 디자인 개편뿐 아니라 상품개발과 고객서비스 그리고 그 사이에 있는 모든 요소를 개선해야 할 필요성을 제대로 파악할 수 있을 때까지 얼마나 많은 시간이 걸리는지 여지없이 보여준다.

더스틴이 편지를 보낸 시점에 AA.com은 63쪽 위 스크린 숏과 같은 모습이었다. 그는 항공권을 사려고 한 뒤 항공사에 의견을 내야겠다고 생각했다.

> "최근에 저는 귀사의 웹사이트 AA.com에서 항공권을 예매하다가 끔찍할 정도로 불쾌한 경험을 했습니다. 다시는 아메리칸 에어라인으로 비행하지 않겠다고 맹세했을 정도로 나쁜 경험이었죠. ……제가 만약 아메리칸 에어라인처럼 명성과 역사를 자랑하는 회사를 운영하고 있고, 지금 귀사처럼 고객에게 형편없는 경험을 제공하는 웹사이트를 가지고 있다면 무척 면목이 없을 겁니다. 아니, 몹시 창피할 겁니다. 당신네 CEO인 제라드 J. 아피Gerard J. Arpey는 고객을 이런 식으로 대하는 걸 어떻게 정당화하고 있는 거죠? 왜 당신네 이사회는 이런 일을 승인한 겁니까? 귀사의 웹사이트는 고객에게 못 할 짓을 하고 있고, 귀사가 수익을 높일 가능성을 제한하고 있으며, 모든 사이트 방문자에게 귀사의 브랜드와 이미지를 영원히 망쳐버리고 있습니다."[10]

하지만 불평하는 일은 쉽다. 내가 더스틴의 편지에서 특기할 만하다

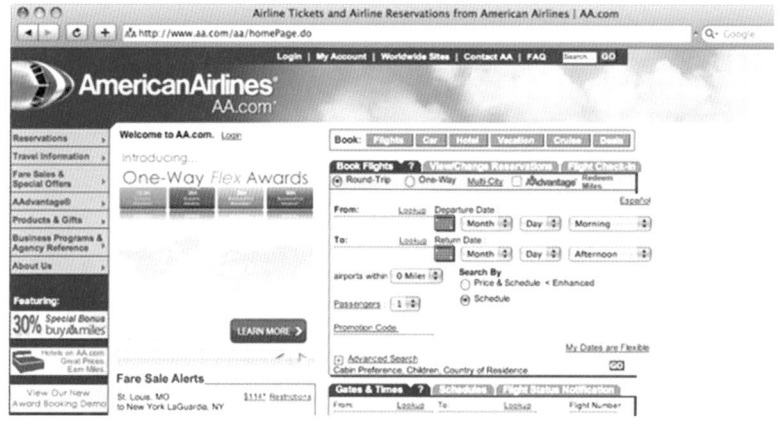

더스틴이 편지를 보낸 시점의 AA.com

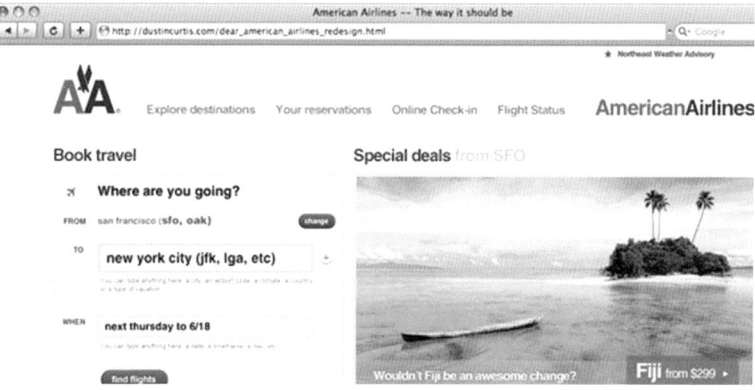

더스틴의 제안

고 본 것은 그가 자기 시간을 내서 더 나은 사용자 경험을 위한 디자인
을 제안했다는 점이다. 그 디자인은 63쪽 아래 스크린 숏이다. 더할 나
위 없이 단순하고 깔끔하고 쓰기 편하다.

　일은 더욱 놀랍고도 흥미진진하게 전개되어 더스틴은 아메리칸 에
어라인의 한 직원에게서 이메일 답장을 받는다. 이 일이 놀랍다고 말한

이유는, 우리가 아직도 어느 회사에서 어떤 종류의 것이든 답변을 받는 일 자체가 매우 특별하게 여겨지는 시대에 살고 있기 때문이다. 흥미진진하다고 한 것은 그 대답의 성격 때문이다. 답장을 보낸 사람은 항공사의 디자이너였다.

"저는 제 업무능력이 그럭저럭 쓸 만하다고 생각하고 싶습니다. 여기서 함께 일하고 있는 동료들도 모두 꽤 훌륭하고요. AA.com 디자인의 문제는 저희의 능력(또는 당신이 공개편지에서 지적한 것처럼 능력의 부족)보다는, 아메리칸 에어라인에서 통용되는 문화, 프로세스와 더 크게 관련되어 있습니다.

AA.com 운영은 품질보증과 상품기획, 사업분석, 코드개발, 사이트 운영, 프로젝트 기획, 사용자 경험 등을 포함한 여러 다른 부서에 골고루 퍼져 있는 최소한 200명은 되는 직원이 나누어 담당하고 있습니다. 많은 사람이 사이트에 손을 대고 있고, 사이트에서 콘텐츠와 기능을 어떤 방식으로 제시하는지에는 더 많은 사람의 기득권이 걸려 있지요.

……당신이 공개편지에서 잘 보여주었듯이, 근사해 보이는 사이트를 만드는 데는 몇 시간 걸리지 않습니다. 디자인 자체는 그 일에서 전혀 어려운 부분이 아닙니다. 수많은 외부인이 정말로 이해하지 못하는 것도 바로 그 점일 겁니다. 그들 상당수는 사실상 규모가 작고 일단 과제를 완수하는 일을 중시하는 조직에 속해 있기 때문이지요. 그러나 저희처럼 대기업 수준의 상황에서 일하는 사람들은 디자인 변경만 하려고 해도 견고히 버티고 서 있는 타성을 넘어서야 한다는 걸 깨닫지요."

변화는 공통의 비전에 따라 일을 개선할 수 있도록 인력을 배치하는 일에서 시작된다. 아메리칸 에어라인의 디자이너는 이를 그토록 어렵게 만드는 핵심적인 문제를 정확하게 지적했다.

"아메리칸 에어라인의 인터랙티브 마케팅 부문은 요금할인과 특가판매를 기획하고 실행하며(그 과정에서 저희 팀의 의견은 묻지 않습니다), 출판 부문은 저희 팀과 별 의견 교환 없이 자기들 뜻대로 내용을 결정합니다. ……아, 그리고(어째서인지 사이트 한구석에 조그맣게 자기들만의 영역을 차지하고 있는) A어드밴티지팀이나(대단히 자치적으로 각자 사이트를 운영하는) 해외 사이트도 잊으면 안 되겠죠. ……어쨌든 제가 하려는 말은 AA.com이 각자 수많은 관심사에 파고드는 수많은 촉수가 모여서 운영하는 거대한 조직적 사업이라는 겁니다. 어떤 기준으로 보더라도 결코 소규모의 일이 아니죠."

그렇다. 절대 작은 일이 아니다. 하지만 일단 디자인 단계에서 경영진을 향해 대화의 물꼬를 트면 이는 **가능하다.** 경영자는 테크놀로지나 디자인에 관해 이야기하지 않는다. 그들은 수익과 성과를 말한다. 그들은 투자자와 주주를 향해 말한다. 아메리칸 에어라인의 고객 더스틴은 단순히 진실을 알린 것이다. 바로 이것이 집단적 동의 없이, 또는 전체적인 고객 경험을 개선하거나 통합하려는 노력도 없이 마음대로 힘을 휘두르는 세력이 고객과의 접점에 자리 잡고 있을 때 일어나는 일이다.

이렇게라도 공적으로 의견을 교환했으니 아메리칸 에어라인의 디지털팀 전체가 그간의 접근법을 재고했을 거라고 짐작할 것이다. 하지만

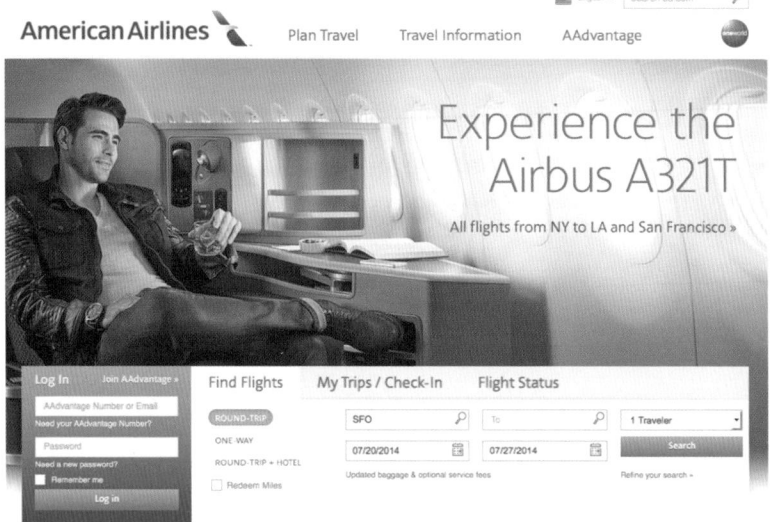

새로운 AA.com

천만에. 아메리칸 에어라인은 기밀유지 협약을 어겼다며 그 디자이너를 해고했다.[11]

거기서 한발 더 나아가 아메리칸 에어라인 대변인이 내놓은 공식 답변에는 다음과 같은 내용이 포함되어 있다.

아메리칸 에어라인 고객의 90퍼센트 이상이 [당시의] AA.com에 대해 '좋다' 또는 '훌륭하다'라고 평가했다.[12] 우리는 웹사이트에 대해 수시로 피드백을 받고 있다. 더스틴 커티스 씨의 의견을 포함하여, 우리가 받는 모든 의견을 가치 있게 여기며 이에 대해 숙고한다.

그런데 진짜 놀라운 일은 아메리칸 에어라인이 실제로 더스틴의 피

훌륭한 디자인이란 당신의 제품을 사용하는
사람들의 모든 수고를 덜어주는 것이다.

_리베카 콕스Rebekah Cox[13]

드백을 유용하다고 여겼다는 거다. 새로운 AA.com의 디자인이 어디서 본 것 같지 않은가?

위험을 각오하고 주차하시오

아무리 좋은 의도를 갖고 경험 디자인을 한다고 해도, 진심으로 고객의 입장에서 생각하지 않으면 의도와는 심각하게 어긋나는 결과를 초래할 수 있다. 뉴욕 시에서 대대적으로 실시한 주차 표지판 디자인 변경 사례를 살펴보자.

때로 나는 주차 표지판이 주차를 해도 될 때와 안 될 때를 알려주려고 디자인된 것인지 아니면 이걸 도저히 알아내지 못하게 하려고 디자인된 것인지 진심으로 궁금할 때가 있다. 아무래도 후자인 것 같다. 어쨌든 시 당국은 주차 규제를 강화함으로써 상당한 세금을 걷으니 말이다. 뉴욕 시는 확실히 주차 사기를 치는 아주 악명 높은 도시 중 하나다. 《패스트컴퍼니 디자인*FastCompany Design*》의 한 기사[14]에 따르면 잘 알려져 있듯이 뉴욕에서 주차를 한다는 건 돈이 많이 들고 어딘가 구리고 위험한 일이다. 게다가 화가 치밀 정도로 이해하기 어려운 주차 표지판 때문에 늘 어느 정도 어림짐작에 의지해야만 한다.

뉴욕 시는 이런 상황을 개선하겠다는 대담한 결정을 내리고 디자인 회사 펜타그램*Pentagram*을 고용하여 사용자 친화적인 표지판을 만드는 일에 착수했다. 《애드위크*Adweek*》는 그 소식을 이렇게 전했다. "적절한 선택인 것 같다. 펜타그램은 악마의 상징이고, 주차하려는 사람들에게

맨해튼은 말 그대로 지옥이 되기 십상이니 말이다."[15]

새 표지판은 글자 수가 140자 이하로 줄었는데, 이는 장황한 옛 표지판의 거의 절반 수준이다. 교통국 발표문에 따르면 '오랫동안 문구를 명확하게 하자고 주장해왔다'는 시의원 대니얼 거로드닉Daniel Garodnick은 "미드타운의 주차 표지판을 보고 헷갈리던 시절은 지나갔다"라고 말했다.[16]

개선된 새 표지판은 글자 수가 140자로 제한되는 트위터 이용자들이 좋아할 것 같기는 하다. 그런데 정보를 제시하는 방식은 여전히 많이 보던 형식이다. 스큐모피즘을 기억하는가? 새로운 표지판이 정말로 사용하기 편하고 직관적인 방식일까, 아니면 단순히 예전 것을 반복한 것일까?

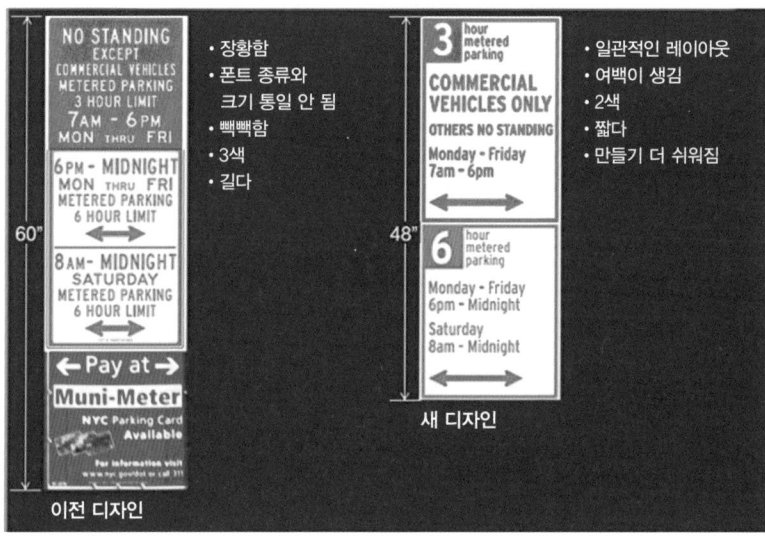

개선 전후 뉴욕 시 주차 표지판[17]

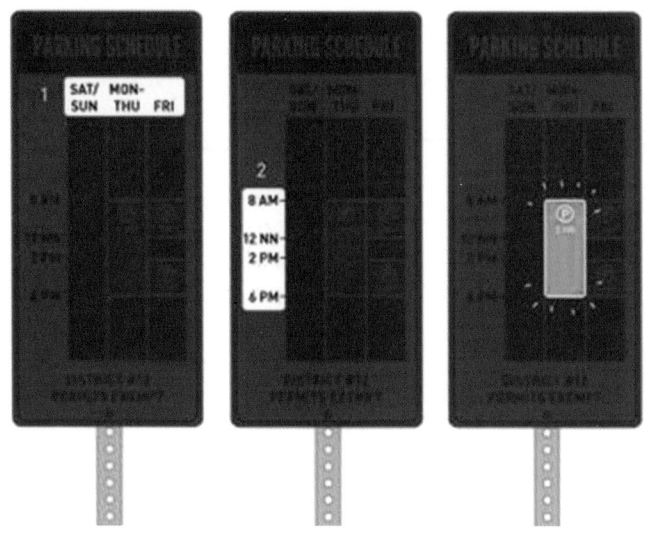

실리언텡의 더 단순하고 명료한 주차 표지판18

니키 실리언텡Nikki Sylianteng이 디자인한 표지판을 보자.[19] 현재 브루클린에서 활동하고 있는 디자이너 실리언텡은 LA에 살던 당시 주차위반 딱지라면 지긋지긋할 정도로 받았다. 그녀는 훨씬 단순하고 명료한 그야말로 혁신적인 표지판을 만들었다. 실리언텡의 표지판에서는 텍스트보다는 시각 요소가 중요한 일을 다 한다.

실리언텡은 《와이어드Wired》와의 인터뷰에서, '여기에 주차해도 될까? 얼마 동안 할 수 있을까?'라는 두 가지 핵심 질문에 답하는 모든 정보를 텍스트를 기반으로 하지 않고 시각적인 설명에 담아냈다고 말했다. "표지판을 볼 때 머릿속에서 구성한 것을 시각적으로 표현한 것뿐이에요."

실리언텡은 새로 디자인만 한 것이 아니라, 맨해튼과 브루클린 곳곳

에 독자적으로 표지판을 걸면서 주차
표지판계의 로버트 뱅크시Robert Banksy
가 되었다. 시의 공식 표지판 아래에
라미네이팅 코팅 처리를 한 자신의
표지판 디자인을 걸고, 그 밑에 운전
자들이 코멘트를 남길 자리를 마련해
두었다.

"친구 하나가 그걸 기능적 그라피
티라고 하더군요."

대중은 그녀의 디자인을 지지하는
것 같다. "정말 근사해요. 시장은 당
신을 고용해야 해요!"라는 코멘트도

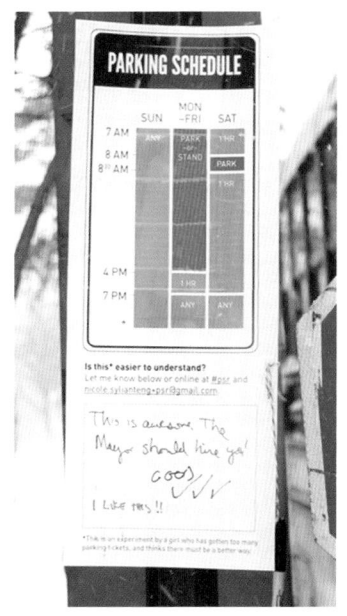

거리에 걸린 실리언텡의 표지판

달렸다. 이는 중요한 게 무엇인지 효과적으로 보여주는 사례다. 그러나
경험 설계자가 고객 참여 세계의 로빈 후드가 된다는 것은 어째 좀 씁쓸
하다.

4 진실의 순간들

**한 고객의 마지막 진실의 순간은
다른 고객의 영 번째 진실의 순간이 된다.**

경험 설계란 고객 여정 전체에 걸쳐서 고객이 바라는 감정과 결과와 능력을 만들어 주는 기술이다. 사람들이 경험하고 공유하기를 바라는 고객 경험을 창출하는 일은 경험을 통한 브랜딩의 문제이기도 하지만 동시에 디자인과 서사, 사용자 경험을 잇는 스토리텔링의 문제이기도 하다.

대부분의 기업은 기존 고객을 보유하는 것보다는 새로운 고객을 확보하는 일에 치우쳐서 불균형하게 자원을 배분하고 있다. 어떻게 마케팅을 하고 광고하는지, 어떻게 고객지원과 서비스, 뉴스레터, 이메일을 처리하는지 비교해보면 기업이 고객과 관계를 구축하고 신뢰를 쌓으려고 애쓰기보다는 고객을 자신의 브랜드 영역 안으로 끌어들이려고 훨씬 더 노력하고 있음을 알 수 있다.

소비자로서 고객 여정 바라보기

고객 경험은 고객이 당신에게 다가갈 때 시작되는 것도 아니고 거래가 성사되었다고 끝나는 것도 아니다. 고객 여정을 무한 루프로 표현한 오라클의 설명은 적절하다.

소비자로서 고객 여정을 경험할 때는 잘 작동하거나 작동하지 않는 것이 무엇인지 잘 보인다. 그런데도 일단 영업과 서비스를 하는 입장이 되면 다시 이러한 관점을 놓쳐버리는 경향이 있다. 바로 그렇기 때문에 오라클이 고객 여정의 각 단계에 붙인 설명이 더욱 마음에 든다. 고객의 관점에서 감정이입을 하고 있기 때문이다.

구매: 마케팅과 판매

1 필요

2 조사

3 선택

4 구매

소유: 지원과 서비스

5 취득

6 사용

7 유지

8 추천

오라클이 제시한 고객 여정

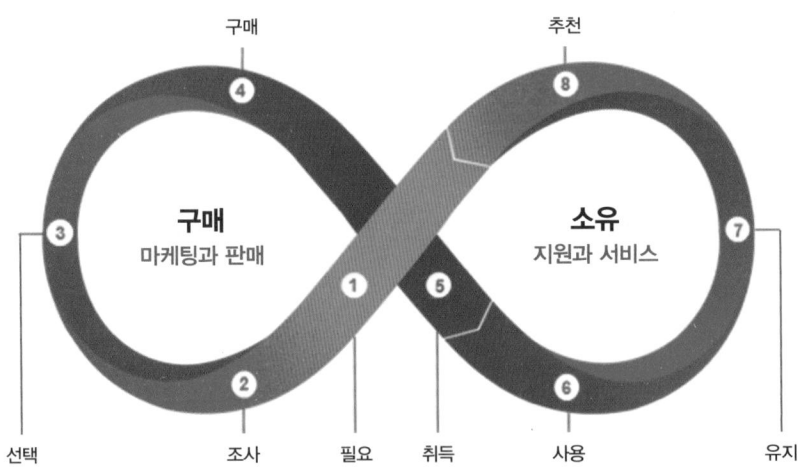

네 가지 진실의 순간

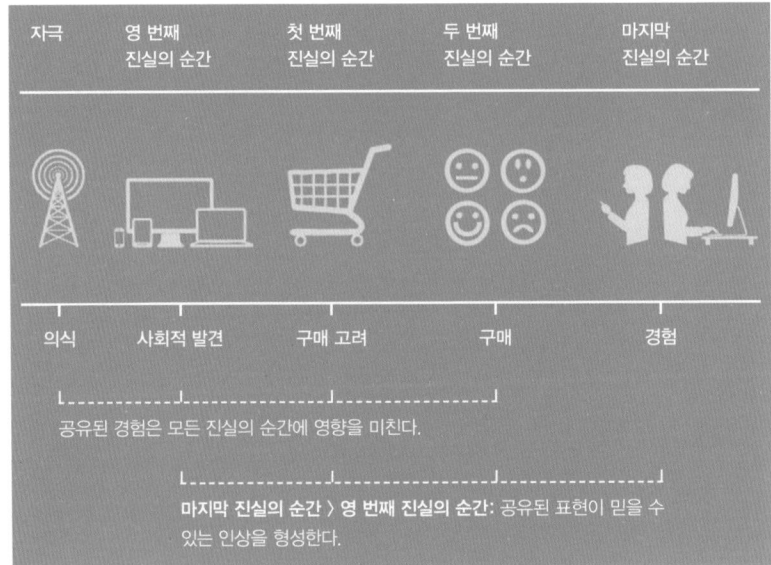

네 가지 진실의 순간을 위해 디자인하라

이전에 출간한 《무엇이 비즈니스의 미래인가: 고객 경험을 창출하는 방식을 바꿔라*What' the Future of Business: WTF*》[20]에서 나는 새로이 접속된 고객 여정을 테크놀로지와 공유된 경험으로 연결하는 일련의 역동적인 순간들, 바로 '네 가지 진실의 순간'으로 나누었다.

고객이 사용하는 다양한 종류의 화면과 관심을 기울이는 이유에 대한 다양한 상황 정보, 유연하고 자연스러우며 만족스러운 경험을 제공하기 위해 당신이 갖고 있거나 갖고 있어야 할 채널을 염두에 두고서 진실의 순간에 대한 설명을 읽어보라.

- 영 번째 진실의 순간Zero Moment of Truth(ZMOT): 구글이 도입한 개념이다. 사람들이 자신이 원하는 것을 검색해보는 순간으로, 구글이 크게 관심을 갖고 있다. 온라인 검색이야말로 사람들이 무언가를 검색하는 가장 흔한 방법이기 때문이다.
- 첫 번째 진실의 순간First Moment of Truth(FMOT): 프록터 앤드 갬블(P&G)이 처음 제시한 개념이다. 사람들이 상품을 보고 첫인상을 형성하는 순간이다.
- 두 번째 진실의 순간Second Moment of Truth(SMOT): 사실 이는 한순간이 아니라, 사람들이 상품을 느끼고 생각하고 보고 듣고 만지고 냄새 맡고 때로는 맛보는 순간의 집합이다. 또한 이 관계에서 고객이 하는 노력을 회사가 지원하는 방식도 포함한다.
- 마지막 진실의 순간Ultimate Moment of Truth(UMOT): 이때는 고객이 당

신의 상품이나 서비스에 대한 경험을 바탕으로 자신의 콘텐츠를 만들고, 앱이나 유튜브, 아마존 등 소셜 커뮤니티와 네트워크에서 다른 사람이 볼 수 있도록 그 내용을 공개하는 때다.

사람들이 이렇게 행동하는 이유는 자신을 표현하고 다른 사람에게 정보를 제공하고 싶은 마음 때문이다. 이는 대단히 소중하며, 소비자가 결정을 내리는 과정에서 정말 열심히 찾는 것은 바로 이런 종류의 정보다. 어느 네트워크에서나 정보를 찾는 사람은 앞선 사용자 경험을 발견할 수 있다. 바로 이 때문에 한 고객의 마지막 진실의 순간은 다른 고객의 영 번째 진실의 순간이 된다.

물론 모든 일이 이렇게 단선적으로 진행되지는 않는다. 고객은 다양한 기기와 채널을 오가고, 여정에 들어섰다가 빠져나가기도 한다. 변하지 않는 것은 그들이 행동하는 의도다. 동시에 '그 경험'은 피할 수 없다. 영 번째 진실의 순간부터 마지막 진실의 순간 사이에서 고객은 감정과 감각에 불을 붙이는 일련의 단계를 거친다. 현재 대부분의 기업과 브랜드에서는 이 단계들이 제대로 이어지지 않거나 조화롭지 않다.

구글에 따르면 스마트폰 사용자의 91퍼센트는 똑같은 일을 한다. 즉 어떤 작업을 하는 도중에 필요한 정보를 스마트폰으로 검색하는 것이다. 실제로 온라인 소비자의 69퍼센트는 한 기업이 보내는 메시지의 수준과 타이밍과 관련성이 그 브랜드 이미지에 영향을 미친다고 말했다. 구글의 조사는 사람들이 미디어를 소비하는 방식이 근본적으로 변화했다고 말한다. 구글의 광고 및 상거래 담당 부사장 스리다르 라마스와미 Sridhar Ramaswamy는 《월스트리트 저널 Wall Street Journal》에서 이렇게 설명했다.

> "옛날에 예측할 수 있고 주기적이던 미디어 사용기간은 종일 돌발적으로 수없이 이루어지는 짧은 디지털 활동으로 대체되었다. 옛 모델은 같은 레스토랑에서 4단계로 이루어진 코스요리를 먹는 것이었다. 오늘날의 모델은 도시 곳곳에서 한입 크기의 간식을 끊임없이 먹는 것과 마찬가지다."

사람들은 말하려 하고 들으려 한다

이 접속 소비주의의 새로운 시대에, 작가 마야 안젤루Maya Angelou의 명쾌한 말을 떠올리지 않을 수 없다.

> "나는 깨달았다. 사람들은 우리가 한 말을 잊고, 우리가 한 일을 잊지만 우리가 준 느낌은 결코 잊지 않는다는 것을."

나는 지난 20년간 상당 기간을 테크놀로지가 인간의 행동에 어떻게 영향을 미치고 또한 어떻게 산업을 무너뜨리는지 연구해왔다. 그간 배운 가장 심오한 교훈 하나는 우리가 사람들에게 안겨준 느낌은 사람들 사이에서 전달되며 소비자가 결정을 내리는 데 영향을 미친다는 것이다.

사람은 뭔가를 정말 좋아하면 그 사실을 다른 사람에게 알린다. 뭔가를 정말 싫어해도 마찬가지다. 경험이 너무 수동적이거나 아무런 영감도 주지 못해서, 사람들이 따분해하거나 아무 반응도 일으키지 않는 건 최악의 경우다. 사람들은 누군가 자기 시간을 내서 어떤 경험을 공유하면, 다른 사람을 돕거나 경고하거나 정보를 알려주려고 그렇게 한다고 믿는다.

만약 당신이 매 순간을 그 전 순간의 토대 위에 쌓아나가며, 고객의 의도와 원하는 결과가 일치하도록 경험을 디자인할 수 있다면 어떨까. 나아가 사람들이 생각하고 공유하는 것을 디자인할 수 있다면 어떨까.

바로 이것이 경험 설계다.

고객은 매일 경험을 공유하고 있다

검색은 여전히 무언가를 찾는 과정에서 자연스러운 단계다. 그러나 전통적인 검색은 이제 이야기의 한 부분밖에 차지하지 못한다. 많은 연구가 소비자는 자신과 같은 다른 소비자를 가장 신뢰한다는 것을 증명해왔다. 그들은 광고를 믿지 않고 동료 소비자를 더 신뢰한다.

지금은 공유된 경험 – 소셜 네트워크와 커뮤니티, 앱 등을 통해 전해지는 – 이 궁극의 페이지랭크 역할을 한다. 검색의 미래는 분산되어 있다. 이러한 분산은 앱, 소셜 네트워크, 유튜브와 같은 동영상 채널, 핀터레스트Pinterest 같은 이미지 네트워크에서 현재 일어나고 있다. 영 번째 진실의 순간은 그 어느 때보다 더 중요해졌고, 검색보다도 그 역할이 더 커졌다. 이는 이전의 경험을 바탕으로 그 위에 각각의 경험을 쌓아나가며 다가올 경험을 촉진하는 아주 작은 경험에 관한 일이다.

유튜브가 두 번째로 거대한 검색엔진이라는 통계는 대부분 들어보았을 것이다. 왜 이렇게 된 것일까? 접속된 고객은 단순히 정보만 찾는 게 아니기 때문이다. 그들은 더욱 풍성한 내용을 찾고 있다. 당신도 어떤 제품의 사용법을 배우려고 사용 안내서를 읽기보다는 동영상을 찾아본 경험이 있을 것이다. 또한 구매를 결심하기 전에 사람들이 그 제품을 어떻게 생각하고 사용하는지 들어보려고 동영상을 찾아보기도 했을 것이다. 애스크 유어 타깃 마켓Ask Your Target Market이 발표한 조사결과에 따르면, 소비자의 95퍼센트는 자신에게 필요한 콘텐츠를 찾을 때 유튜브와 구글을 모두 사용한다.[21] 유튜브와 어플리케이션, 블로그, 포럼은 웹페이지가 아니라 공유된 경험을 찾기 위한 검색엔진이다.

공유된 경험은 마케팅의 핵심이 되었다. 공유된 경험을 쓸 만한 검색결과로 만들기 위해서는 적절한 포맷과 채널을 구축해야 한다. 구글이 검색 알고리즘을 진화시키고 있는 것은 바로 이 때문이다. 검색 알고리즘은 검색엔진 최적화도구Search Engine Optimizer(SEO)부터 검색행동 추적과 웹사이트 개념까지 모든 것을 변화시키고 있다. 경험의 교환을 촉발하기 위한 방법을 반드시 배워야 한다. 마지막 진실의 순간은 발견 가능성과 브랜딩, 영향력의 미래를 상징적으로 보여준다.

고객은 매일 비디오나 블로그 포스트, 리뷰, 트윗, 상태 업데이트 등의 형태로 자신의 경험을 공유하고 있다. 이런 콘텐츠는 온라인에 머물면서 점점 더 자라나 기업과 상품에 관해 색인화할 수 있고 검색할 수 있으며 상당히 영향력 있는 정보의 보고가 된다. 고객은 매일 이런 종류의 콘텐츠를 검색하여 결정을 내리는 데 참고하고 있고, 그 결과 현재 당신이 투자하고 있는 전통적인 마케팅 접점은 쓸모없어지고 있다. 검색엔진 최적화 도구와 브랜딩, 영업은 바로 이런 콘텐츠와 경쟁하고 있고, 머지않아 어느 시점에는 아무리 창의적이거나 공격적이라 해도 전통적인 마케팅은 공유된 경험에 완전히 압도될 것이다.

아주 자그마한 경험 또는 구글의 표현으로는 미시적인 순간micro-moments이 하나하나 모여 이루어진 고객 한 명 한 명의 여정은 이렇게 공유할 만한 경험으로서 유사한 콘텐츠를 집적하는 데 기여한다. 그리하여, 알맞은 시간과 장소에서 알맞은 기기를 통해 사람들을 실시간으로 안내한다.[22]

> 의도로 충만한 이 순간은 '내가 ……을 하고 싶은 순간'이다.
> 내가 ……에 대해 더 알고 싶은, 내가 ……로 가고 싶은,
> 내가 ……를 하고 싶은, 내가 ……를 사고 싶은 순간 말이다.

오늘날 고객 여정의 다양한 지점에서 고객과 접촉하려고 시도하는 사람들 중에서도, 이러한 미시적인 순간을 놓고 경쟁한다면 고객에게 얼마나 크게 영향을 미칠 수 있는지 깨닫지 못한 이가 너무 많다. 게다가 오늘날에는 경험을 찾고 나누는 수많은 일에 브랜드가 전혀 또는 거의 개입하지 않고 있다. 지금 그 일들은 고객 사이의 자체 동력으로 이루어지고 있다.

무시 + 오만 → 무의미한 존재로 전락

진실은 고통과 놀라움을 안겨줄 수도 있다. 그러나 우리는 인식된 모든 것이 현실임을 안다. 중요한 것은 공유된 경험에 대해 방어적인 태도로 반응하지 말아야 한다는 것이다. 이는 당신에 대한 공격으로 되돌아온다.

케이블 방송이나 통신 서비스를 해지하려고 시도해본 적이 있는가? 사실 이는 고객지원 센터에 전화를 걸어 도움을 청하는 것보다 훨씬 더 고통스러운 일이다. 이런 사실은 아주 많은 것을 시사한다. 인터넷, 휴대폰, 케이블 방송, 위성 라디오, 소프트웨어 또는 헬스클럽과 같은 서비스를 해지하려 할 때는 상담원이 고객보유 전문가에게 전화를 돌려주는데, 이들의 목표는 우리에게 오류가 있음을 인정하게 하는 것이기 때문이다. 이것이 바로 고객 경험을 망치는 경험 설계의 전형이다.

고객 두 사람이 컴캐스트 케이블 방송 서비스를 해지하려다가 이런 고객보유 전문가에 걸려들었을 때 일어난 악명 높은 소동을 보자. 그중 한 사람은 IT 분야 전문 방송인 베로니카 벨몬트^{Veronica Belmont}이다. 베로니카를 '접속된' 사람이라고 표현하는 것은 엄청나게 축소해서 말하는 것이다.

베로니카와 남편 라이언 블록^{Ryan Block}은 컴캐스트 서비스를 해지하기로 하고 전화를 걸었다. 10분 동안 통화를 하면서 도저히 말이 통하지 않는 상황에 좌절감을 느낀 베로니카는 남편에게 수화기를 넘겼다. 블록은 AOL^{America Online}의 테크놀로지 블로그 네트워크인 《인게지트^{Engadget}》의 편집장을 지냈고 'gdgt'라는 커뮤니티 사이트의 창립자 중 한 명이다. 그는 통화내용을 녹음했고, 베로니카가 그 녹음파일을 트

위터에 올렸다. 당연히 그 녹음파일은 급속도로 전파되었다.[23]

컴캐스트는 고객보유 전문가를 '탐정, 조력자, 분쟁 중재자, 협상가가 똑같은 비율로 섞여 있는' 직책이라고 표현했다. 컴캐스트 고객보유 전문가의 직무설명서를 보자.[24]

고객은 여러 이유로 더 낮은 단계의 엑스퍼니티Xfinity 서비스로 바꾸거나 아니면 서비스를 다른 회사로 바꿔야겠다고 생각할 수 있다. 당신이 할 일은 엑스퍼니티가 수시로 변하는 그들의 요구를 더 잘 충족시킬 수 있다고 설득하여 그들이 우리 울타리 안에 계속 머물게 하는 것이다.

컴캐스트뿐 아니라 너무나 많은 기업이 고객의 경험과 만족 또는 그들과의 관계에 초점을 맞추는 것이 아니라, 고객이 원하지 않는 서비스를 유지하도록 강제하는 것을 중심으로 모든 부서를 구성해왔다.

 이번 주에 @RYAN과 내가 컴캐스트 서비스를 해지하려고 전화를 걸었더니 벌어진 상황: SOUNDCLOUD.COM/RYANBLOCK-10/…….

컴캐스트는 트위터를 통해 사과했다.

 "@RYAN 우리는 이번에 생긴 일에 대해 미안하고 부끄럽게 생각합니다. 반드시 개선할 생각입니다. 우리가 고쳐야 할 게 많군요."

블록은 이렇게 대답했다.

 "@COMCAST 신속히 처리하겠다는 게 회사의 문화와 정책을 철저하게 재검토하는 일이기를 바랍니다. 그 직원을 해고하는 게 아니라요."

컴캐스트의 고객 경험 담당 부사장 톰 캐린샥Tom Karinshak도 회사 웹사이트에 공식사과문[25]을 올리고, "우리 직원이 그들과 의사소통한 방식은 용납할 수 없고 우리가 고객서비스 담당 직원을 교육한 방식과도 일치하지 않는다"라고 말했다. 아니나 다를까, 비난의 화살은 고객보유 업무에 대한 회사의 문화나 기준이 아니라 그 직원을 향했다.

그러나 그 직원이 혼자 돌출 행동을 한 것은 아니었다. 이 일과 관련하여 컴캐스트에서 고객 담당 책임자를 지낸 로런 브루스Lauren Bruce가 《블룸버그Bloomberg》에 들려준 말에 따르면 말이다. "고객이 이사를 가는 경우만 아니라면 고객보유 기술을 사용하도록 지시합니다."[26] 내가 이 장을 쓰기 시작한 이후로도 이런 시나리오는 계속 진행 중이고 각 사례는 이만큼 또는 이보다 더 지독하다.

참으로 추한 일이다. 이것이 최악의 사례도 아니다. 기업은 고객이 나쁜 경험을 하고 이를 매일 전 세계를 향해 공유하도록 방치하고 있다. 여러 가지 노력을 조정하여 고객 경험을 향상시킨다면 영 번째 진실의 순간에서 발견한 내용이 새로운 채널에 나타나도 놀라는 일은 없을 것이다.

3부

막힘없는
경험이
답이다

경험에 생명을 불어넣어라
그 경험을 관리하라
당신이 바로 경험 설계자다

고객 경험의 여정을
생명의 순환주기이자
신뢰의 순환주기가 되도록 만들어라.

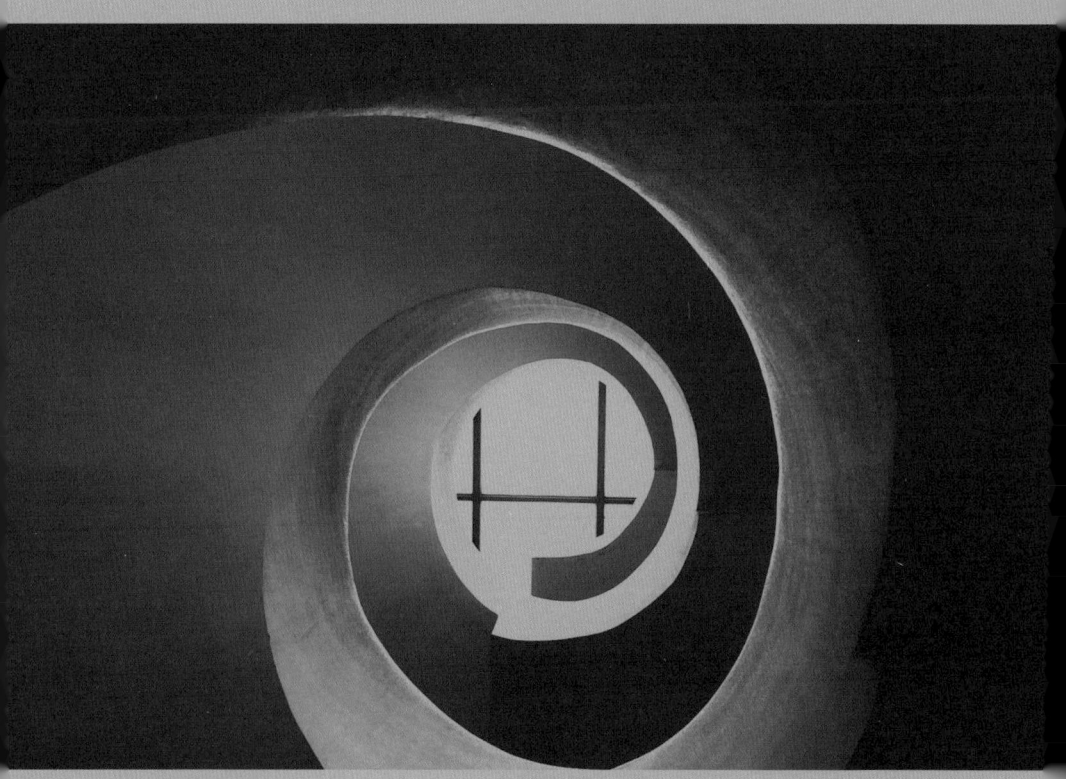

1 고객 여정은 단선적이지 않다

고객은 자신에게 맞는 여정을 찾아 <u>스스로</u> 길을 뚫고 있다.
이 문제를 해결하는 기업은 상당한 경쟁우위를 얻을 것이다.

지난 수년간 세계적으로 유명한 몇몇 브랜드를 포함하여 여러 기업의 경영진과 많은 대화를 나누어왔다. 그들이 앞으로 고객과의 관계를 어떻게 만들어나갈 생각인지 좀 더 잘 이해하기 위해서였다. 나는 "고객 경험은 누구 담당이죠?"라는 단순한 질문부터 던지는데, 그럴 때 그들이 내놓는 대답은 혼란과 정치적 관계, 좌절과 기회가 복잡하게 얽힌 거미줄 같다. 그러나 이는 좋은 일이다. 내 질문에 대한 답은 **모든 사람**이기 때문이다. 이제 다음 단계는 진정한 경험 설계를 가로막고 있는 장해물을 제거하는 것이다. 가장 큰 장해물 가운데 하나는 각 부서와 그들이 담당하는 직무가 서로 소통하지 못하게 고립되어 있다는 점이다.

고객을 직접 상대하는 부서들이 서로 대화를 나누지 않는다

고객 경험 전략가들은 대체로 고립적으로 구획된 부서에 나뉘어 개별적으로 활동한다. 이러한 구조에서는 필연적으로 고객 여정에서 마찰이 발생한다. 부서들은 서로 다른 표준과 측정기준을 고수하고, 각자의 접점을 서로 다르게 디자인하고 관리한다. 이 때문에 고객 경험을 위한 작업의 담당, 책임, 투자수익Return On Investment(ROI)을 증명하기가 어려워진다. 고객을 직접 상대하는 부서들이 서로 대화를 나누지 않는 것이다.

마케팅팀은 상품개발팀과 대화하지 않고, 디지털팀이나 웹팀은 대기행렬 시스템을 통해 고객과만 대화한다. 이메일팀은 웹팀과 협력하지 않고, 소셜 미디어팀은 고객지원팀과 함께 일하지 않는다. 고객지원 에이전시와 컨설턴트는 주요 이해 당사자나 경영진과 접촉할 수 없다. 광고팀은 홍보팀이나 마케팅 커뮤니케이션팀과 상의하지 않는다. 사용자 경험팀은 제품개발팀, 소셜 미디어 전략팀, 고객서비스팀과 의논하지 않는다. 고객서비스팀은 사용자 경험팀이 존재하는지조차 모른다. 모든 이들이 정보통신 기술의 가치를 무시하는 것 같다.

나는 이런 상황을 플롭flop[농구에서 상대방에게 파울 판정이 나도록 일부러 넘어지는 행위_옮긴이]이라는 스포츠 용어로 표현한다. 이는 사람들이 무지나 틀에 박힌 습관 때문에 몸을 움츠리고 해야 하는 일을 무시하는 것이다. 평범함을 넘어설 수 있는 기회, 새로운 기회를 만들어나갈 절호의 시기인데도 말이다. 더 나쁜 것은 이런 일로 누군가를 희생양으로 삼거나, 모두가 나서서 해결해야 할 문제를 두고 어느 한 사람을 지목하여 해결하지 않았다고 비난하는 일이다.

이런 일은 **클러스터 퍼널**cluster funnel[깔때기 형태로 나아가는 복잡하게 얽혀 있는 고객 여정 회로_옮긴이]을 만들어내고, 이는 자동적으로 혼란을 불러온다. 클러스터 퍼널은 다음 그림과 비슷한 모양일 것이다.

실제
고객 여정

보다시피 엉망진창이다. 잘 생각해보라. 아마 당신 회사의 고객 여정도 바로 이렇게 디자인되었고 비슷하게 작동하고 있을 것이다! 고객 생애주기 전체에 걸쳐 당신이 고객과 상호작용을 하는 모든 방식에 대해 생각해보라. 오늘날 이러한 상호작용은 대체로 오프라인에서 일어나고, 고객 경험에 대한 작업표준도, 고객 경험의 어느 지점에서 문제가 생기는지 파악하는 시스템도 없이 이루어진다.

이 책을 읽은 후에 당신이 할 일은 고객 경험의 여정이 '생명의 순환주기'로서 작동하는 동시에 신뢰의 순환주기도 만들 수 있도록 클러스터 퍼널을 다시 구상하는 것이다. 지금은 일단 많은 기업이 고객에게 과거의 유산을 바탕으로 한 '성숙의 순환주기circle of rife'를 강요하고 있다는 사실만 알아두고 넘어가자.

전통적인 퍼널식 사고방식이 문제를 키운다. 고객 여정은 더 이상 단선적이지 않기 때문이다. 기존의 고객 여정 설계로는 고객의 행동과 마케팅, 세일즈 단계, 고객 담당 직원들 간의 소통이 유연하게 이루어지지 않는다. 또한 고객의 의사결정 과정의 맥락에 대해서도, 그리고 여러 종류의 화면과 미시적인 순간들, 실제 세계 사이의 상호연결에 얽힌 정서적인 측면도 전혀 고려되지 않는다.

그러나 퍼널, 더 적절한 표현으로 클러스터 퍼널과 각 참여의 단계에서 고객을 안내하는 단계들은 다양한 부서와 그들을 지원하는 담당 직원, 컨설턴트 사이에 골고루 퍼져 있다. 새로운 접점이 과거의 접점과 공존하고 있고, 이 모든 접점을 목표와 측정기준이 서로 다른 집단이 제각각 운영하며, 그 집단들 사이에 협력을 이끌어낼 구조는 거의 만들어져 있지 않다.

바로 이럴 때 클러스터 퍼널은 무너져 내리면서 비생산적이고 악의적인 무엇이 되어버린다. 성숙의 순환주기에서는 고객 접점을 결정하는 고객 여정과 메시지, 상호작용이 서로 연결되어 있지 않을뿐더러 서로 불리하게 작용한다. 여기서 생겨난 빈틈 때문에 고객은 어쩔 수 없이 비상하게 도약해야만 당신과 거래할 수 있다. 이러한 빈틈은 모든 진실의 순간 사이를 더 벌려놓고, 종종 그 흐름을 끊고, 경험을 망가뜨리기도 한다.

흐름은 경험에서 결정적인 요소다. 미시적 경험micro-experience이 고객을 위해 점들을 연결해주는데, 브랜드가 제공한 흐름이 없을 때라도 그렇다. 기본적으로 당신의 고객은 자신에게 맞는 여정을 찾아 스스로 길을 뚫고 있다. 오늘날 이런 수준의 고객 경험도 효과가 있다는 사실은 작은 기적이다. 이는 엄청난 기회다. 원활한 고객 경험을 제공하는 기업이 그렇게 적다면, 정말로 문제를 해결하는 소수는 즉각적으로 상당한 경쟁우위를 얻을 것이기 때문이다.

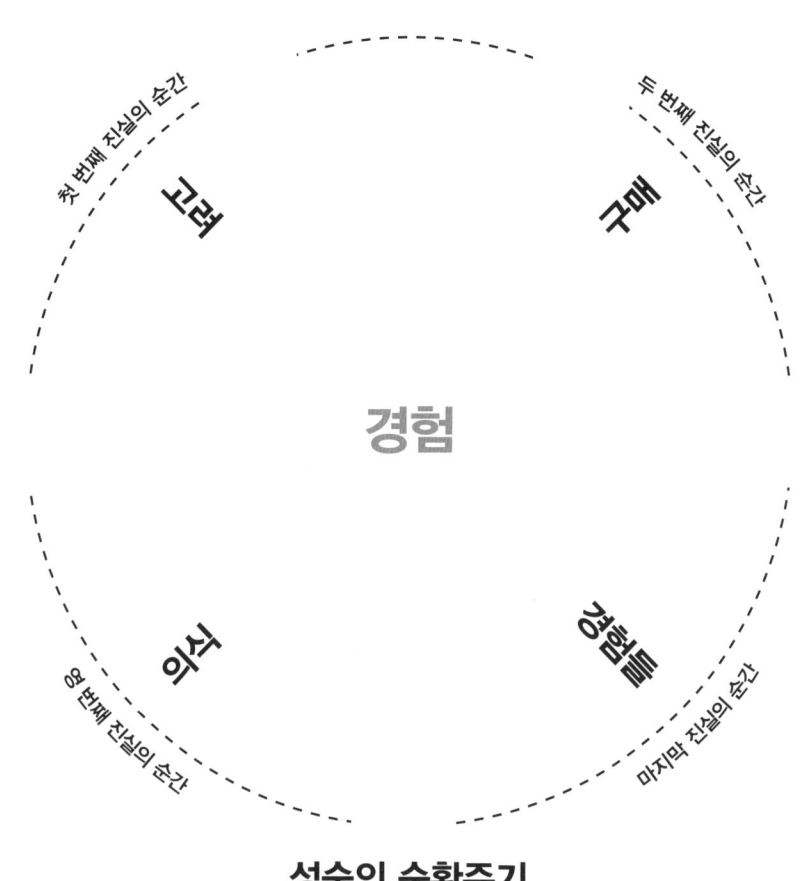

첫 번째 진실의 순간

두 번째 진실의 순간

고려

욕구

경험

인식

경험들

세 번째 진실의 순간

마지막 진실의 순간

성숙의 순환주기

공유된 경험 + P2P 참여
= 상호협력 브랜드

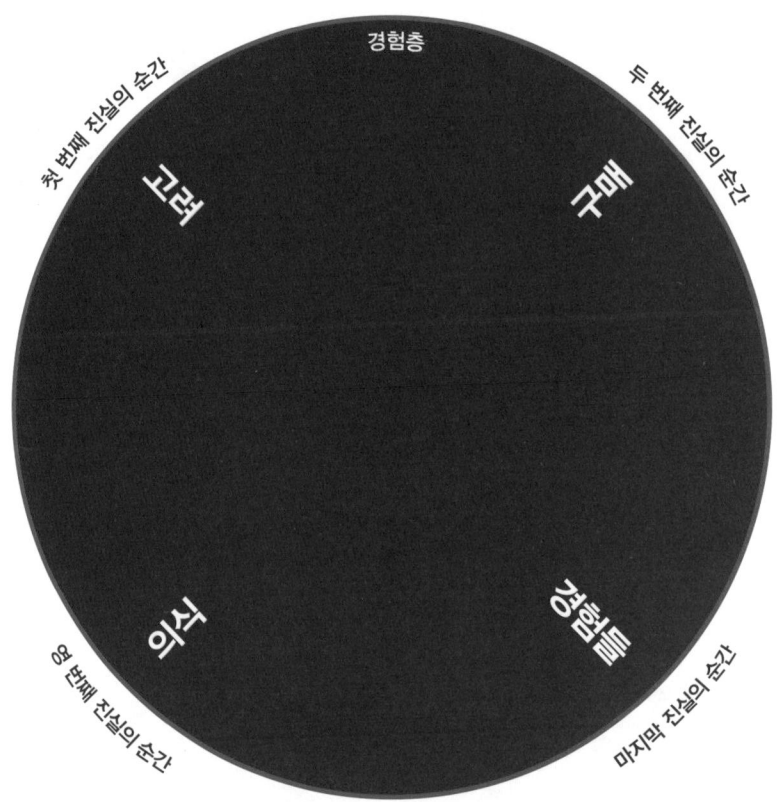

경험층

첫 번째 진실의 순간

두 번째 진실의 순간

고려

구매

의식

경험층

세 번째 진실의 순간

마지막 진실의 순간

바람직한 경험 흐름

이제 대안을 상상해보자. 어떤 화면을 통하든 상관없이 각 접점이 그 다음 접점에 대한 유기적인 촉매가 되고, 사람들이 오고 가면서 하는 미시적 경험에 의식적으로 적응할 수 있는 고객 여정, 그리고 그 여정 전체에 깔려 있는 역동적인 본질을 잘 반영하는 유동적인 대안 말이다. 정확히 이게 내가 《늘 하던 방식의 비즈니스는 끝났다*The End of Business as Usual*》에서 '역동적 고객 여정Dynamic Customer Journey'이라고 말했던 내용이다.

역동적 고객 여정을 만들려면 의도에 맞추어 경험을 디자인해야 하고 그 여정 안에 적응성을 갖추어야 한다. 하나의 순환적 여정을 구성하는 진실의 순간을 통합하는 단순한 일을 생각해보자. 나는 바람직한 경험 흐름을 그리기 위해 역동적 고객 여정을 수정해왔다. 이는 한 퍼널에 속하는 공통적 단계와 디지털 생활방식으로 살아가는 사람을 당신의 브랜드에 연결해주는, 개인적이고 정서적인 속성을 결합한 것이다. 이것이 우리가 경험 설계의 기반으로 삼는 기준이다.

각각의 미시적인 순간을 가로지르는 동시에 통합하는 것은, 고객과 전문가가 온라인으로 공유하며, 고객이 검색하고 상황정보를 물을 때 찾아볼 수 있는 경험이다. 이는 고객의 여정이 '경험층experience layer'과 합쳐지는 순간이며, 한 사람의 발견이 다른 사람의 경험과 만나는 순간, 또는 한 명의 고객으로서 당신이 모든 고객이 발견할 수 있는 색인을 만드는 데 기여하는 순간이다.

이때 '포용'의 경험이라는 마법으로 들어가는 문을 열어주는 것이 바로 발견이다. 이 순간 사람은 아주 쉽게 매혹된다. 공유된 경험이 브랜드가 한 약속과 일치할 때 경험 설계는 신뢰의 순환을 만들고, 이는 다시 진정한 참여와 공동체 구축을 위한 토대가 된다.

고객의 여정을 안내하는 일을 맡고 있는 집단은 더 이상 서로 고립된 채 활동해서는 안 된다. 그들은 고객 여정의 각 지점에서 마케팅이나 판매, 서비스 등 고객과 접촉하는 아주 중요한 다른 기능과 함께 협력하여 고객 경험을 정의하고 실행하는 새로운 팀을 만들어야 한다.

의식(A) 지점에서 경험(X) 지점으로

가장 단순하게 볼 때 고객 여정이란 사람들이 의식(A)에서 경험(X)으로 가려고 노력하는 과정이다. 그들은 자신이 갖고 있는 기기를 사용하여 자신이 원하는 것을, 원하는 때에, 원하는 방식으로 얻기 위해 스스로 갈지자로 헤치며 길을 만들면서 오늘날 당신이 제공하고 있는 여정을 통과하고 있다. 그들을 당신에게 오게 하거나 당신에게서 멀어지게 하는 것은 의미 있는 미시적 경험이다. 그러므로 고객의 성격적인 특징과 의도와 열망에 맞추어 경험을 디자인해야 한다.

사람들이 미시적 경험을 발견하고 이에 대해 고려할 때 그 여정에 먼저 들어선 다른 사람이 공유한 경험은 이 과정을 더욱 부추긴다. 당신도 고객의 여정에 동참할 수 있다. 그들이 접근할 가능성이 있는 의도나 상황, 기기, 계획, 미시적인 순간에 맞는 정보를 제공하는 것이 한 방법이다. 아니면 경험 설계를 통해 당신의 고객이 체험하고 표현하는 경험의 형태를 주도적으로 만들고 이끌어갈 수도 있다.

이뿐 아니라 고객이 경험을 공유하도록 장려하고 보상하는 긍정적인 표현 프로그램을 공식적으로 실행할 수도 있다. 이렇게 하면 더욱 개인적인 방식으로 사람들의 여정을 유도할 수 있고, 공통된 관심사와 경험을 바탕으로 하는 효과적이고 능률적인 공동체를 형성할 수도 있다.

진정으로 남들보다 탁월해지고자 한다면, 지금 당장 진심으로 미래를 향해 경쟁하고자 한다면 의식(A) 지점과 경험(X) 지점을 연결하는, 영 번째 진실의 순간과 마지막 진실의 순간 사이, 미시적 경험과 공유된 경험 사이의 관계에서 새로운 가능성을 알아볼 수 있는 상상력이 필요하다.

이것이 바로 발견과 의도가 만나 서로에게 이로운 결과를 이끌어내는 순간이며, 미시적 경험과 공유된 경험이 만나 협력하는 단계다. 이럴 때에야 당신은 X가 당신이 정의한 바로 그 경험이라고, 미시적 경험이 조화롭게 결합된 결과로 그것을 경험하고 거기에 기여한 사람들이 정의한 유의미하며 공감할 수 있는 브랜드가 형성되는 순간이라고 말할 수 있다.

이는 공유된 경험이 미시적인 순간의 점들을 어떻게 연결하는지, 고객이 여정의 다음 단계로 나아가도록 어떻게 돕는지, 또한 당신이 디자인한 경험에 그들이 다시 기여하도록 하는지 단순명료하게 보여준다. 공유된 경험은 고객에게 통찰과 아이디어와 감정을 불어넣으면서 동시에 그들을 앞으로 이끌어준다.

이는 효과적이고 또한 개인적이다. 이 과정에서 공유된 경험은 당신의 클러스터 퍼널을, 윈체스터 미스터리 하우스 투어Winchester Mystery House Tour처럼 미로와 막다른 길이 가득하던 것에서 훨씬 더 유연하고 잘 이어지며 매끄럽고 직관적인 것으로 바꾸어준다.

미시적
경험들

A X

역동적 고객 여정

A < X

공유된 경험들

역동적 고객 여정

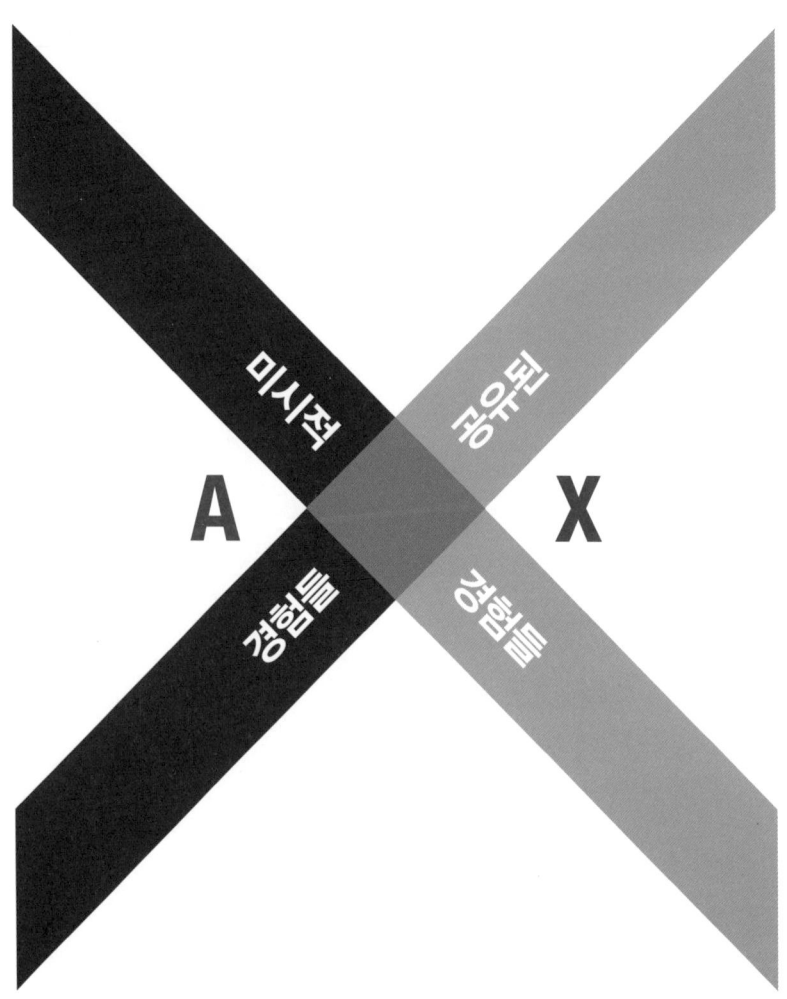

A X

미시적 공유된
경험들 경험들

역동적 고객 여정

이제 무엇이든 가능하다. 언젠가 코너 워든Connor Warden이 쓴 블로그 포스트에서 이런 말을 본 적이 있다. 좋은 관계가 시작되는 지점은 당신이 드러낸 진정한 자아가 다른 사람의 자아와 연결되고 그에게 반사되어서 다시 당신에게 돌아오는 순간이라고 말이다.[1] 이 장을 쓰는 동안 나 역시 앞으로 다가올 전망에서 영감을 받았다. 이제 '역동적 고객 여정' 모델을 '순환적 경험 흐름' 모델로 업데이트할 때가 되었다. 정말로 철저히 투명하게 보여주자는 마음에서, 이 경험 흐름을 단계별로 구축해가는 과정을 공유함으로써 당신이 스스로 자신의 경험 흐름을 구축하도록 돕고자 한다.

1단계: 성숙의 순환주기가 유동적으로 변하며 생명의 순환주기로 탈바꿈한다.

이 단계에서 당신은 사람들이 경험하고 공유한 진실의 순간과 경험을 하나로 통합하여 여정 디자인과 경험 설계에 반영한다. 이 과정에서 미시적 경험은 사람들이 언제, 어디서, 어떻게, 왜를 물을 때, 그들이 쉽게 답을 찾아낼 수 있도록 최적화되어, 아주 효과적인 도구로 다시 탄생한다.

2단계: 경험층이 의식(A) 지점과 경험(X) 지점을 연결한다.

X의 토대를 만들어가는 다음 단계는, 공유된 경험을 바탕으로 삼아 사람들이 원하는 경험을 창출하고 고객 대 고객(P2P)의 참여를 촉발할 수 있도록 경험을 설계하는 단계다. 고객이 온라인에 접속해서 밟는 단계들과 콘텐츠를 진화시키는 요소를 생각해보면 중요한 것은 바로 맥

첫 번째 진실의 순간

두 번째 진실의 순간

고려

구매

사람들이 경험하고 공유하는 경험이
경험층을 형성한다

인식

경험층

요 번째 진실의 순간

마지막 진실의 순간

순환적 경험 흐름 1단계

매혹

경험층

첫 번째 진실의 순간

두 번째 진실의 순간

고려

구매

발견

숙고

의식

경험층

세 번째 진실의 순간

마지막 진실의 순간

표현

순환적 경험 흐름 2단계

경험의 영역

매혹

경험층

첫 번째 진실의 순간

두 번째 진실의 순간

고려

구매

발견

구축

의식

경험들

여덟 번째 진실의 순간

마지막 진실의 순간

표현

경험의 영역

순환적 경험 흐름 3단계

경험의 영역
매혹
경험층
첫 번째 진실의 순간
두 번째 진실의 순간
고려
구매
발견
숙고
익숙
경험토대
여덟 번째 진실의 순간
마지막 진실의 순간
표현
경험의 영역

순환적 경험 흐름 4단계

락, 공감할 수 있는 정서, 개인화임을 알 수 있다. **발견, 매혹, 숙고, 표현**이 **의식, 고려, 구매, 경험**을 진행하는 동력인 것이다.

본질적으로 이제는 '발견'이 새로운 고려이며 '매혹'은 새로운 참여다. 이는 브랜드와 고객이 서로 **포용**하는 과정의 핵심이며, 브랜딩과 브랜드 관계의 역학을 늘 변화시키고 있다. 또한 다음 두 순간을 준비하는 열쇠이기도 하다. '숙고'는 상품이나 서비스, 또는 이와 관련한 고객 여정의 모든 단계에서 우리가 경험하는 것이다. 마지막으로 '표현'은 이 모든 경험을 공유하는, 그럼으로써 영 번째 진실의 순간과 마지막 진실의 순간을 연결하는 행위다.

이 모든 과정이 경험층을 형성한다. 경험층은 각각의 순간과 결합하여, 아주 작은 순간 속에서 사람들이 찾는 공유된 경험을 연결한다. 누군가가 다음 사람이 찾아볼 수 있도록 경험을 공개해야겠다고 느끼고 (마지막 진실의 순간) 표현하는 순간이 그 경험층에 동력을 제공한다.

3단계: 경험의 영역은 새로운 여정이다.

경험 설계에 투자함으로써 당신은 성숙의 순환주기를 살아 숨 쉬는 생명의 순환주기로 탈바꿈시킬 수 있고 거기에서 다시 신뢰의 순환주기가 탄생한다. 여기서 경험층은 모든 순간을 결합하며, 그 디자인된 구조에 의해 자연스럽게 '경험'을 강화하고 경험의 영역을 만든다. 당신이 사람들이 공유하기를 원하고 그들이 발견하기를 원하는 것은 우연이 아니라 디자인의 결과다. 이것이 바로 **경험 설계**다.

4단계: 여기가 바로 X의 자리다.

이제 모든 것이 한데 모였다. 이 새로운 여정의 핵심은 미시적 경험과 공유된 경험이다. 달리 말해서 고객이 원하는 경험을 디자인하고 그 경험이 용이하도록 만드는 일, 그리고 사람들이 겪고 공유하는 경험을 돌보고, 고객의 여정을 잘 안내하도록(메시지 전달, 의미 부여, 테크놀로지, 개인화) 접점을 개선하는 것은 경험의 흐름을 다시 상상하는 일이다. 이는 반복이 아닌 혁신이며, 의도에 따른 디자인이다.

순환적 경험 흐름 4단계가 당신이 만들 새로운 여정을 시각화한 모습이다. 당신은 사람들이 특정한 경험을 했으면 하고 그런 다음 그 경험을 개인적인 것으로 소화해 공유하기를 원한다. 이 경험 설계를 토대로 더 다듬어 자신의 것으로 만들라.

우리는 단순한 브랜드 설계자가 아니라 경험 설계자가 필요하다. 모든 단계에서 어떤 경험을 하게 되는지, 어떻게 하면 그 단계들이 서로 협력하여 바로 그 '경험'을 창출해낼 수 있는지 체계적으로 생각할 줄 아는 사람 말이다.

그런 다음 테크놀로지팀과 모든 고객 담당 전략가들과 협력하여 그 경험에 생명을 불어넣으라. 그 경험을 관리하라. 측정하라. 당신이 경험 설계자다.

2 경험 설계를 위한 기초

다르게 생각하라. 데이터 하우스를 정돈하라.
일원화된 고객서비스를 제공하라.

러시아의 소설가이자 스토리텔링의 대가 레프 톨스토이 Lev Tolstoy는 언젠가 변화를 일으키는 일에서 무엇이 가장 어려운지 현명하게 짚어낸 적이 있다.

"모두가 세상을 바꾸려고 하지만, 아무도 자신을 바꾸려고 하지는 않는다."

무효한 미봉책에 그치지 않고 효과적인 변화를 이루려면, 그 변화가 시급하다는 절실함이 있어야 한다.

고객 경험은 누가 책임져야 할까

변화는 리더가 아니라 중간층에서 일어나는 경우가 많다. 그간 일을 해오면서, 가장 효과적으로 변화를 일으키는 사람들이 공통적으로 갖고 있는 두 가지 핵심적인 특징을 파악했다. 바로 정치가의 대인관계 기술

모두가 세상을 바꾸려고 하지만,
아무도 자신을 바꾸려고 하지는 않는다.

_레프 톨스토이Lev Tolstoy

과 법률가의 설득 기술이다. 당신이 동원한 팀을 진심으로 움직이게 하려면, 증거를 수집하고 그 결과를 제시해야 한다. 또한 그들을 한데 모으고 결집해야 한다. 고객 경험에 대한 접근법을 바꾸려면 그 사명을 중심으로 팀원을 배치해야 한다. 지금으로서는 그들이 완전하게 따라주지 않을 것이 거의 확실하다.

고객 경험은 누구 몫인가? 고객 여정에서 브랜드가 약속한 바를 지키고 일관성을 유지하는 것은 누가 책임져야 할까?

스타벅스Starbucks, 자포스Zappos, 세포라Sephora를 비롯하여 이런 업무를 담당하는 사람을 고용하는 기업이 점점 많아지고 있다. 그들의 직함은 수석디지털책임자Chief Digital Officer(CDO)부터 고객총괄책임자Chief Customer Officer(CCO), 수석혁신책임자Chief Innovation Officer(CIO) 등 다양하지만 중심 업무는 동일하다. 바로 고객이 경험하는 제품과 서비스 생명주기의 모든 단계와 채널과 화면에서 고객이 원하는 경험을 제공하는 것이다. 한때 서로 나뉘어 있던 팀들이 복합기능을 하는 한 부서로 통합되어, 모든 물리적 접점과 디지털 접점에 고루 일관된 경험을 제공하는 일을 함께 담당하고 있다.

그런데 사이즈의 경험을 주세요

스타벅스는 중요한 게 뭔지 제대로 파악하고 있는 브랜드 가운데 하나다. 그들은 고객에게 음료를 제공하는 단순한 일에만 집중할 수도 있었다. 그러나 스타벅스는 커피 판매를 넘어 고객과 바리스타 사이의 관계

를 연구하여 개선했다. 그들이 이러한 경험을 어떻게 묘사했는지 스타
벅스 홈페이지(www.starbucks.com)에서 '어바웃 페이지 About Page'를 들
여다보자.

"카운터 위로 한 손을 뻗어 저쪽에서 내민 또 하나의 손에 커피 한 잔
을 건네는 것, 이는 그저 한순간에 지나지 않습니다. 그러나 이것은 관
계를 맺는 일입니다. 우리는 세계에서 가장 질 좋은 커피에 대한 약속
부터, 고객과 지역 공동체의 반응에 부응할 수 있도록 사업을 꾸려가는
방식까지 무슨 일을 하든지 반드시 그 관계를 존중하는 방식으로 하고
자 노력합니다."

브랜드에 대한 경험이 습관적인 방문으로 이어질 때, 고객은 그 브랜
드와 개인적인 관계를 형성한다. 이것이 바로 모든 브랜드가 얻고자 노
력해야 하는 고객의 충성심이다.

2012년 중반에 스타벅스는 스타벅스 디지털 벤처스 Starbucks Digital
Ventures에서 부사장을 지낸 애덤 브로트먼 Adam Brotman을 수석디지털책
임자라는 완전히 새로운 직책에 임명했다.[2] 현재 그는 웹과 모바일, 소
셜 미디어, 디지털 마케팅, 스타벅스 카드와 멤버십, 온라인 상거래, 와
이파이, 스타벅스 디지털 네트워크, 신규 매장 내 테크놀로지까지 스타
벅스의 모든 디지털 프로젝트를 관장하고 있다. 《씨넷 CNET》과의 인터뷰
에서 그는 자신의 새로운 역할을 이렇게 설명했다.

"디지털은 우리가 브랜드를 구축하고 고객과 관계를 맺는 방법에서 핵

심적인 부분입니다. ……고객과의 상호작용에서 엄청난 지각변동이 있었기 때문에 우리는 이와 관련된 영역을 모두 모아 최우선 과제로 밀고 나가야 했지요."

이러한 접근법은 시간이 지나면서 더욱 실질적이고 결정적인 위치를 차지하게 되었다. 지난 몇 년간 나와 함께 일하면서 브로트먼은 자신이 업무에서 초점으로 삼고 있는 것뿐 아니라, 그동안 쌓인 경험이 스타벅스라는 회사 내부가 돌아가는 방식을 어떻게 바꾸어놓았는지도 알려주었다. 모형은 바뀐다. 역할도 바뀐다. 평가 기준도 진화한다.

특출한 고객 경험을 창출하는 일에 중점을 두는 기업이 스타벅스만은 아니다. 디즈니와 노드스트롬Nordstrom, 워비 파커Warby Parker, 우버, 버진 아메리카Virgin America, 자포스까지, 이들은 모두 고객 경험을 향상시키기 위해 열심히 노력하는 브랜드다. 당신도 그래야 한다.

고객이 당신에게 원하는 것은?

나는 텔레테크와도 일을 한 경험이 있다. 텔레테크는 기업을 상대로 기술과 컨설팅을 서비스하는 회사로, 고객과의 상호작용을 단순화하고 개인화함으로써 성장해왔다. 내가 함께 일했던 텔레테크의 고객솔루션 부사장 숀 캐리더스Sean Carithers는 기업이 제공하는 경험과 관련해 고객이 갖고 있는 희망사항을 인상 깊게 요약했다.

• 기업 전체가 내 말에 귀 기울이고 내가 선호하는 바를 기억할 것이다. 기업은 고객센터를 운영하고 있고, 고객에 대한 통찰을 수집하고 공유하고 사용할 수 있는 역량이 있다.

• 내가 하는 경험은 기업 전체와 모든 채널에 걸쳐 일관될 것이다. 기업은 최적의 경험을 지속적으로 제공하기 위해 체계적인 데이터와 적절한 제반시설을 갖추고 있다.

• 기업은 나에 대해 전체적으로 알고 있으므로, 내가 하는 경험은 시기적절하고 지금 필요한 경험일 것이다. 고객에 대한 통찰을 모으고 고객을 중심으로 한 프로세스를 운영함으로써, 모든 상호작용(상품, 홍보, 가격 책정, 판매 등)을 고객의 필요와 선호에 적합하게 맞출 것이다.

• 이러한 일관성과 적절성은 채널이나 상품이 달라져도 그대로 유지될 것이다. 채널은 통합되고, 모든 채널과 상품군에서 고객 경험이 유연하게 연결되도록 고객을 관리할 것이다.

• 시간이 갈수록 나는 당신의 기업을 점점 더 신뢰하게 되고, 우리의 관계는 더욱 깊어질 것이다.

경험 설계를 위한 조직 정비

내가 텔레테크와 진행한 프로젝트는 고객 경험과 관련한 가장 큰 문제점을 해결하기 위한 전략을 찾아내고 수립하는 일이었다. 나와 캐리더스, 《원투원 미디어*1 to1 Media*》의 편집장 밀라 단토니오 Mila D'Antonio가 이 프로젝트를 함께했다. 우리는 한 조직이 경험 설계에 돌입하기 위해 반드시 준비해야 할 기초적인 일을 요약한 인포그래픽을 만들었다.

• 조직을 정비해 성과를 높인다.

고객 경험을 담당하는 중심팀을 만든다. 역할과 책임을 할당한다. 현장 직원에게 필요한 기술과 능력이 무엇인지 판단한다. 고객을 직접 대면하는 부서에 수행 측정기준을 세운다. 고객 경험과 관련하여 필요한 훈련이 무엇인지 결정한다.

• 효과 높은 고객 중심 프로세스를 설정한다.

서비스수준협약서Service Level Agreements(SLAs)를 만들어 고객에게 제시하고 협약을 체결한다. 고객 데이터 수집 프로세스를 만든다. 고객 대처 관행을 세운다. 가장 효율적인 불만처리 과정을 확립한다. 주요 상품의 주문과 조달 과정을 개발한다.

• 즉각 사용할 수 있는 정보를 할당한다.

수집한 고객 정보에 대한 신뢰성을 확보한다. 데이터의 품질과 양에 투자한다. 데이터 완전성을 확보한다. 통합된 핵심성과지표Key Performance

조직 정비

성과를 높이기 위한 정렬된 조직
- 수집된 고객정보의 신뢰성
- 데이터의 질과 양
- 데이터 완전성
- 핵심 수행 지표
- 고객 경험 측정과 보고 체계

즉각 사용할 수 있는 정보
- 고객 경험을 담당할 중심팀
- 역할과 책임
- 고객 대면 직원들의 기량과 숙련도
- 고객 대면 부서들의 업무평가척도
- 고객 경험과 관련한 교육의 필요성

- 능력 평가
- 접점에서 사용 가능한 어플리케이션
- 데이터 수집과 검색 능력
- 디지털화와 프로세스 흐름을 지원하는 데 필요한 기술의 효율적인 사용
- 고객 경험 제공을 돕는 고객관계관리 테크놀로지

효과 높은 고객 중심 프로세스

- 고객과 서비스수준협약 체결
- 고객 데이터 수집 과정
- 고객 대처 관행
- 불만 처리 과정
- 주요 제품의 주문과 조달 과정
- 콘텐츠관리시스템(CMS)
- 전면적인 고객 파악
- 경험의 빈틈 추적하고 관리하기

실행 기술

Indicators(KPIs)를 설정한다. 고객 경험을 측정하고 보고 체계를 만든다.

- 업무 수행을 위한 테크놀로지를 구현한다.

능력 평가를 실시한다. 접점에서 사용할 수 있는 네이티브 앱을 확고히 설정해둔다(데이터 수집과 검색 능력). 유기적인 프로세스 디지털화의 개요와 프로세스 흐름을 지원하는 데 필요한 기술을 알맞게 배치한다. 고객관계관리CRM를 통합하여 고객 경험을 지원한다.

다르게 생각하게 하라

고객 경험을 개선하기 위해서는 당신의 팀원에게 그동안 일해온 방식에 관해 몇 가지 중요한 질문을 던져보게 해야 한다.

- 우리가 항상 일해온 방식이 있는데, 왜 그렇게 일했을까.
- 우리는 왜 새롭거나 다른 시도를 하지 못하는가.
- 고객의 생각과 행동을 마음대로 추측하는 것을 그만두고, 우리 생각과 현실이 얼마나 다른지 알아본다면 어떨까.
- 고객을 직접 상대하는 여러 부서를 하나로 통합하고, 각자가 제공하던 경험을 서로 보완하면서 고객에게 봉사하는 방법을 더 잘 배우기 위한 새로운 프로젝트를 시작해보면 어떨까.
- 이미 우리에게 있는 것을 바탕으로 키워나가는 것이 아니라 아무것도 없는 상태에서 새로 시작함으로써 처음부터 다르게 생각할 수도 있지 않을까.
- 우리가 현재에 더욱더 적절한 의미를 지닐 수 있고, 더 인간적이고 모든 단계에서 고객이 원하는 경험을 디자인하기 위한 방법을 찾으려고 노력할 때, 발생할 수 있는 최악의 상황은 무엇일까. 빼어난 경험을 디자인하기 위해 접근법과 프로세스, 투자를 실험하고 혁신을 감행한다면 얼마나 많은 것을 얻게 될까.
- 시대에 뒤떨어지지 않으려는 노력을 포기할 때 어떤 위험 또는 대가가 따를까. 당장 그리고 시간이 지나면서 우리는 얼마나 많은 것을 잃게 될까. 우리를 떠난 고객이 대신 향하는 곳은 어디일까.

이런 질문에 답할 수 있으려면 당신 회사의 고객 여정과 고객 경험, 고객이 겪는 모든 진실의 순간을 그들과 똑같이 겪어보아야 한다. 공감이 혁신의 뿌리다.

고객 경험의 새로운 토대 닦기

탁월하고 기쁨을 줄 수 있는 경험을 디자인하려면 강력한 토대가 필요하다. 좋게 말해서 집 안 청소를 좀 해야 한다. 다행히 이 일에 착수하는 데 필요한 좋은 계획이 이미 만들어져 있다.

텔레테크의 캐리더스는 주요 안건을 뼈대로 만든 기본적인 실행계획을 알려주었다.

- 데이터
- 분석
- 통찰
- 실행
- 결과

이것은 예일 뿐이다. 주요 안건이 무엇이며 그중 무엇을 어떻게 처리할 것인지 직접 연구하고, 사업목적과 우선사항을 처리해야 한다. 이 예는 그 작업에 돌입할 수 있게 해주는 좋은 본보기다.

실행계획 짜기

× - - - -

해결할 문제들

1 점점 치열해지는 글로벌 경쟁
2 가격책정과 이윤폭에 대한 압박
3 시장분할과 시장복잡성
4 고객 이탈
5 데이터의 고립적 배타적 소유
6 시대에 뒤처진 업무 프로세스
7 조직 장벽
8 프라이버시 침해에 대한 염려

분석

무엇을? 전문적 분석기술과
첨단 정량적 기술, 새로운
테크놀로지를 조합하여
통찰을 얻는다.

어떻게? 다양한 분석도구와
시장 테스트를 활용하여
중요한 사업효과를 파악한다.

데이터

무엇을? 고객 수준에서
다양한 데이터 자산을
모은다.

어떻게? 꼭 필요한 통찰을
얻는 데 알맞은 데이터를
추려낸다.

실행

무엇을? 적합한 시기에
적합한 데이터를 근거로
한 실행.

어떻게? 우리의 분석적인
해결책을 규모에 맞게,
반복할 수 있는 자동화
프로세스에 투입한다.

통찰

무엇을? 고객생애가치
Customer Lifetime Value
(CLV)[고객이 평생 한 기업에
가져다줄 수 있는 이익의
총량_옮긴이] 향상을 위한
실행 가능한 통찰.

어떻게? 폭넓은 업계 경험을
활용하여 현저하고 지속적인
사업 가치를 창출한다.

결과

1 시장점유율 확대
2 비용과 이윤 이점 향상
3 차별화된 전략 실행
4 고객충성도 상승
5 사업 데이터 저장소 마련
6 첨단 시스템과 프로세스 구축
7 조직 재편성 완료
8 프라이버시 정책의 완전한 준수

데이터 하우스를 정돈하라

데이터는 일관성 없이 수집되기 때문에, 미래에 사용할 데이터 토대에 균열이 생긴다. 데이터는 고객의 새로운 행동과 기호라는 암호를 풀 수 있는 열쇠지만, 현존하는 제반 시설과 프로세스에는 핵심 이해 당사자에 대한, 즉시 실행에 옮기고 통찰을 수집하고 배포할 수 있는 지원 모형이 없다. 빅 데이터는 고객 여정과 경험과 생애주기를 이끌어가는 일에서 각 집단이 맡은 역할에 맞추어 유의미하고 실행 가능한 방식으로 분석하고 제시하기 전까지는 그저 거대한 상태로 남아 있다.

데이터는 언제나 하나의 이야기를 들려줄 수 있어야 한다. 그러나 전통적으로 통찰이 얼마나 잘 적용되고 있는지 측정하고 통합하는 일을 책임지는 담당자가 없었다. 데이터 자체에도 이러한 통찰을 이해 당사자와 결정권자에게 전달할 힘이 없었다.

이제 고객의 데이터를 수집하는 모든 디지털 업무를 담당하는 '데이터 수집 및 통찰팀'을 구성해야 할 때다. 이를 통해 당신은 고객 여정 전체에 걸친 피드백 회로를 확보하게 될 것이고, 그 결과 정보를 중앙에 집중시켜 분석하고 이에 따라 분배할 수 있게 될 것이다. 동시에 기업은 이해 당사자 집단에게 데이터 분석 내용을 보고하는 프로세스도 갖추어야 한다.

테라데이터Teradata에 따르면, 다음의 핵심 질문을 던져보면 올바른 데이터를 수집하고 해석하고 있는지, 각 진실의 순간에 고객에게 제대로 공유하고 있는지 확인할 수 있다.

- 고객에게 알맞은 경험은 무엇인가.
- 여러 채널의 상호작용을 고객에게 맞추려면 어떻게 해야 할까.
- 이 상황과 화면에서 고객에게 서비스하는 최고의 방법은 무엇인가.
- 고객은 구매 의사가 있는가.
- 고객에게 가장 좋은 상품은 무엇인가.
- 고객이 다시 구매하게 하려면 무엇을 제시하는 것이 적합할까.
- (추가 점수) 상품 생명주기 전체에 걸쳐 멋진 경험을 촉진하려면 회사에서는 어느 부문에 어떻게 투자해야 할까.
- (이중 추가 점수) 마지막 진실의 순간과 첫 번째 진실의 순간 사이, 그리고 이 둘을 이어주는 미시적인 순간 사이의 연결을 촉발하기 위해 고객이 멋진 경험을 공유하도록 지원할 수 있는 방법은 무엇일까.

일원화된 고객서비스를 제공하라

모두가 고객 경험을 담당하고 있기는 하지만(또는 적어도 그래야 하지만) 고객 행동 또는 그 행동을 결정하는 경험 사이의 관계는 아무도 담당하고 있지 않다. 어떤 부서를 상대로 이야기하는지에 따라 고객은 회사가 그들에게 제공할 수 있는 것 중에서 어느 일면만을 경험하게 된다.

어떤 기업은 고객서비스의 역할에 대한 생각을 바꾸어, 고객 생애주기 전체에 걸쳐 고객에 대한 서비스 제공을 장려하는 새로운 프로그램을 도입하고 있다. 그들은 마케팅과 고객지원, 고객관계관리 시스템을 통합하여 접점과 사업 단위, 고객기대를 연결하는 일부터 시작했다.

이 지점에서 텔레테크는 최선의 실행을 뽑아 구성한, 일원화된 고객 서비스 맵을 구축할 것을 제안한다. 다시 말하지만 이는 각 기업이 필요에 맞게 수정할 수 있고, 또 수정해야 하는 하나의 본보기일 뿐이다. 경험 설계를 하다 보면 이 항목들 중 몇몇은 온라인 접속이 생활화된 고객에게는 너무 진부한 내용이라는 느낌이 들 것이다. 혁신이 최선이지만 개선을 위한 프로세스에 착수할 때 텔레테크가 뽑은 최선의 실행 리스트가 좋은 출발점이 되어줄 것이다.

- 데이터와 분석
- 고객에 대한 포괄적인 시각
- 분석에 기초한 고객과의 상호작용
- 소셜 미디어를 활용한 예측과 반응
- 고객의 실시간 감정
- 진정한 고객 경험을 위해 고객 의견 종합하기

- 조직의 준비성
- 협력적인 지식 관리
- 학습도구를 게임으로 활용
- 실시간 에이전트 피드백
- 시뮬레이션 학습
- 실시간 측정치를 활용한 시각적 관리

- 프로세스 최적화

- 콜백 기술을 활용한 채널 통합
- 혼합된 멀티채널에 대한 예측과 일정관리 솔루션
- 셀프 서비스 증가에 따른 복잡한 문제들
- 가상 에이전트
- 권한 강화를 통한 사용자 참여 유도
- 녹취 음성 분석 기술

• 전략과 비전
- 고객보유와 교차판매를 위한 전략적 자산인 콜센터
- 고객이 상호작용을 원하는 장소에서 만나기
- 필요에 따른 고객 세분화
- 모든 상호작용에서 항상성 유지

• 테크놀로지 환경
- 보조과학기술[장애인이나 노약자처럼 신체가 제 기능을 하기 어려운 경우 신체 기능을 구현하기 위한 재활과학기술_옮긴이]
- 클라우드
- 지능형 에이전트 데스크톱
- 멀티채널 이동성
- 단순한 인증절차

텔레테크는 고객 참여를 위한 기획에서 추가된 '에이전트와 고객 간 작업흐름의 5단계'도 공유했다.

1 관계를 맺어라: 고객이 연락센터(대화식 음성응답, 이메일, 채팅, 소셜 미디어 등)와 접촉하는 곳인 멀티채널 인에이블러Enabler[새로운 채널을 만드는 대신 현존하는 채널을 지원하는 웹 포탈 등의 매개자_옮긴이]를 평가하라.

2 정체를 파악하라: 고객 프로필과 이력을 활용하여 고객의 정체를 파악한다(컴퓨터전화통합CTI, 고객상호작용관리, 고객관계관리).

3 해결하라: 고객 문의사항 해결을 돕는 시스템(지식관리, 제품 카탈로그, 주문관리).

4 영향력을 행사하라: 사전대책과 교차판매, 상향판매 기회(고객 데이터, 비즈니스 인텔리전스BI[원 자료를 사업 분석에 유의미하고 유용한 정보로 바꿔주는 일련의 기술과 도구. 분석기술이라고도 한다_옮긴이])

5 측정하라: 접촉센터를 평가할 수 있는 영역과 측정기준(통화성격 분류, 고객만족지수, 순추천고객지수 또는 공유경험 가치 보고 등)을 검토하라.

이 영역에서 마지막으로 해야 할 일은, 꼭 현재의 목표에 대해서가 아니라 미래에 당신이 처할 수 있는 상황에 대비하여, 고객 여정이나 경험에 관한 건강검진을 실시해서 아직 드러나지 않은 도전과 빈틈과 기회를 내보이는 것이다. 고객 경험 또는 그 경험의 상태에 기여하는 시스템이나 채널, 이와 관련된 모든 플랫폼과 이를 보조하는 측정기준의 개요를 작성하라.

기본적인 사항까지 포함시켜야 어떤 채널이나 접점에서 경험의 빈틈을 놓치고 메우지 못했는지 파악하는 데 도움이 된다. 내부 기준과 채점 시스템을 확립한다면 더할 나위 없이 좋다. 다시 한번 말하지만, 이 건강검진은 미래를 대비한 것이지 현재에 대한 게 아니라는 점이 무엇보다 중요하다. 평가 점수가 너무 낮거나 기준 이하라 변화가 시급하다면 경영진도 기꺼이 지원해줄 것이다.

더 나은 고객서비스를 위한 테크놀로지 플랫폼 개선

전략가들은 문제를 해결하고 기회를 창출하는 능력에 따라 기술적인 해법을 선별하기보다는 눈길을 사로잡는 최첨단 기술에 먼저 끌리게 마련이다. 디지털을 가장 우선하는 것도 하나의 해법이지만, 이것만으로 모든 요건이 충족되지는 않는다. 현재의 고객 여정을 개선하려는 목적으로 테크놀로지에 투자하려 한다면 먼저 고객 여정과 행동, 기대에서 테크놀로지가 맡는 역할을 신중하게 평가해야 한다.

사람들도 이제는 전략을 개발할 때 테크놀로지를 주요 추동력으로 삼아서는 안 된다는 것을 이해하기 시작한 듯하다. 그러나 기업은 여전히 변화를 일으키는 방법을 모색하면서 중요한 결정을 내릴 때에도 유물처럼 내려온 기존 시스템의 영향력에서 벗어나지 못한다. 현재의 시스템이 고객이 바라는 경험을 제공하는 데 적합한 해결책이 아닌 경우에도 말이다.

오히려 기업은 하향식 접근법으로 고객이 원하는 경험을 이해하고, 그런 다음 이를 뒷받침할 수 있는 테크놀로지를 마련해야 한다. 텔레테크는 현재 사용하고 있는 기술과 새로운 기술을 평가하고, 그 차이를 이해하고, 고객 경험 향상을 위한 로드맵을 만들기 위해 던져야 하는 핵심 질문을 제안했다.

- 고객 여정의 모든 단계에서 사람들이 느끼고 공유하기를 원하는 경험은 무엇인가.
- 다양한 채널에서 단일하고 편리한 고객 경험을 만들 수 있는 방법은 무엇일까.
- 고객 데이터를 어떻게 활용하면 다양한 채널에서 고객에게 맞춤형 제품과 서비스를 제공할 수 있을까.
- 어떻게 하면 고객 상호작용 테크놀로지를 최적화하여 직원의 능력을 키워 고객서비스를 개선할 수 있을까.
- 클라우드 시스템과 과거의 컴퓨터 시스템을 어떻게 효과적으로 관리해야 고객서비스를 향상시킬 수 있을까.
- 어떻게 하면 좋은 고객서비스와 고객 경험을 제공하기 위한 비용을 절감할 수 있을까. 혹은 비용에 상관없이 더 효율적으로 지출해 경험을 개선하고 판매량과 마진을 늘릴 수 있을까. 즉 애플처럼 '다르게 생각할' 수 있을까.

이러한 실행 목록이 지닌 가치를 이해하는 것이 아주 중요하기는 하지만, 이 프로세스는 하나의 모범이지 불변의 원칙은 아니다. 앞으로 내용에서 제시되는 회사가 고객 경험을 평가하고 다시 설계하기 위해 해야 하는 일을 살펴보라. 고객 경험이 어떠하며 어떠할 수 있는지 지금까지 여겨온 한계를 초월해 상황을 바라보게 될 것이다.

현존하는 것을 하룻밤 사이에 파괴할 수도 없고, 짧은 시간 안에 재건할 수도 없다. 땅 위에 내일을 위한 건축물을 세우고자 한다면, 먼저 그 구조물을 떠받쳐 줄 유연하고 조정할 수 있는 그리드를 만들어야 한다. 그러므로 다음 단계는 경험이 펼쳐지는 바탕이 되는 그리드를 다시 상상해보는 것이다.

3 그리드, 새로운 고객 여정의 시작

그리드는 고객이 원하는 경험을 디자인하는 설계도다.

성숙의 순환주기를 신뢰의 순환주기로 바꾸는 데는 공학이 필요하다. 오늘날 영 번째 진실의 순간과 마지막 진실의 순간 그리고 이 둘을 연결하는 순간들 또는 미시적인 순간들 사이에 놓인 길은 낡았다. 고객은 변하고 있거나 이미 변해버렸는데도, 오늘날의 디지털 유목민digital nomads에게 몇 세기 전에 닦아놓은 길로 걸어가라고 강요하고 있다. 이 여정에 놓인 길은 대부분 아날로그 위주의 블록으로 포장되어 있는 데다 낡고 허물어져 고객이 여행하는 속도를 늦추고 불편함을 가중하여 여행의 전체적인 즐거움을 떨어뜨리고 있다. 이뿐 아니라 그 도로들 사이 많은 부분에는 작은 연결 통로도 없는 실정이다.

새로운 길이 필요하다

당신이 경험을 설계하는 사람이라면 선택할 수 있는 길은 둘 중 하나다.

기존의 도로는 이미 모든 사람에게 익숙한 요소를 바탕으로 만들어진 길이기 때문에, 이를 바탕으로 그 위에 새 길을 닦을 수 있다. 아니면 새로운 의식(A) 지점에서 경험(X) 지점까지 우리를 연결해주며, 오늘날의 기기뿐 아니라 아직 존재하지 않는 기기까지 다 수용할 수 있는 새로운 길을 놓는 것이다. 이는 경험 설계가 직면한 도전이자 기회다.

지금 고객을 끌어들이는 방식에서 질적인 변화가 일어나고 있으며, 진화적인 변환이 진행 중이다. 이제 우리가 적응해야 하는 변화는 자동차가 등장했을 때 운송공학이 직면했던 것과 다소 유사하다.

처음에 말을 쓰지 않는 운송수단을 구상할 때, 디자이너들은 말이 끄는 마차에 맞게 만든 길, 즉 기존의 틀 안에서 작업했다. 공학의 놀라운 성과로 1850년대 중반 대중에게 공개된 초창기 증기자동차는 사람들을 운반하는 완전히 새로운 방식을 만들어놓았다.[3] 그런데 모터로 움직이는 이 신기한 운송수단을 디자인하는 과정에서 작용한 창조적인 영감은 바로 마차였다. 증기자동차가 마차를 닮았고 당시 '말 없는 마차'라고 불린 것도 이 때문이었다.

증기자동차가 다니는 새 길을 닦을 때도 역시 처음에는, 수천 년 동안 마차가 지나다녔던 돌과 블록과 흙으로 된 길을 본떠 만들었다. 발명가와 건축가가 늘 있어왔던 것에 도전하여 훨씬 효과적이고 효율적인 자동차와 도로를 새롭게 발명하기까지는 몇 십 년이 더 걸렸다. 그 후 교통이 크게 발달한 것은 새로운 세대의 통근자에게 맞춰 새롭게 구상한 기반시설이 있었기 때문이다.

당신의 회사와 함께 여행하는 고객이 사용하는 디지털 도로도, 현실의 도로도, 이와 비슷하게 구식 기술을 사용하여 여행하던 길을 바탕으로 만들어졌다. 지금과 그때의 가장 중요한 차이는, 현재의 고객은 당신에게 다가가는 길이든 당신에게서 떠나가는 길이든 스스로 자신의 길을 만들거나 선택할 수 있는 수단을 갖고 있다는 점이다. 그들을 당신에게 끌어오고 곁에 머물게 하기 위해서는, 이제 반드시 다음 항목 사이에 놓인 차이를 이해해야 한다.

- 온라인에 접속한 고객들이 실제로 가치 있게 여기는 것 VS 그들이 가치 있게 여길 것이라고 당신이 생각하는 것
- 사람들이 온라인과 현실 세계에서 행동하는 방식 VS 당신이 그들의 행동에 대해 디자인해놓은 방식
- 그들이 하고 싶어 할 거라고 당신이 생각하는 것 VS 그들이 약간의 창의력을 발휘하여 결국 해낼 수 있는 것
- 당신이 만든 공동체에 고객을 모아 끌어들이고 당신에게는 신뢰를, 고객에게는 충성심, 심지어 뜨거운 열정을 갖게 하는 참여와 경험의 질 VS 고객이 내키지 않는데도 마지못해 당신과의 관계에 묶여 있도록 붙잡아 두는 기술

교통 시스템에 관한 비유를 조금 더 확장해서 교통공학에 얽힌 과학을 다뤄보고자 한다. 이를 통해 마찰 없이 즐겁게 고객을 당신에게 지속적으로 데려다줄 고속도로가 어떤 성격을 띠어야 하는지 재고해볼 수 있을 것이다.

그런데 왜 하필 교통공학일까? 첫째 이유는 나의 아버지가 캘리포니아 남부에서 교통공학자로 일했기 때문이다. 아버지와 이야기를 나눌

때마다 나는 도시가 계속 움직이도록 하기 위해 아버지가 했던 흥미진진한 일과 그 과정에서 직면했던 어려움에 대해 들었다. 아버지와 나눈 대화에서 영감을 받아 고객 여정 매핑과 경험 창출을 이와 유사한 방식으로 생각해보게 되었다.

교통공학의 목적[4]은 고속도로부터 강과 바다, 철도, 지하철, 항공, 수송관까지 모든 것을 이용하여 물류와 사람을 이동하는 일을 최적화하고 향상시키는 것이다. 고객 경험을 설계하는 우리에게도 다양한 시스템 요소가 있다. 스마트폰과 태블릿, PC, 게임기, 키오스크Kiosk[공공시설이나 개방된 장소에 각종 업무의 무인 자동화를 위해 설치한 멀티미디어 컴퓨터_옮긴이], 소셜 미디어와 어플리케이션, 웹사이트와 랜딩 페이지, QR 코드, 이메일, 웨어러블 기기, 스마트워치, 만물인터넷(스마트 자동차, 시계, 의류, 카메라, 온도조절 장치, 냉장고 등) 그리고 앞으로 등장할 새로운 기술까지 포함한 다양한 온라인 채널이 그것이다. 그런가 하면 텔레비전과 라디오 같은 방송 미디어와 인쇄 매체도 여전히 존재한다. 또한 현실 세계의 신호체계와 콜센터, 이메일, 그리고 사람과 직접 대면하는 구식이지만 정겨운 방식도 있다.

이렇게 향상된 시스템을 사용하는 고객 경험을 최적화하려면 당신의 교통 기반에 대해 다시 생각해보아야 하고, 돌길에서 고속도로로 옮겨가는 것에 맞먹는 변화가 필요하다. 현재 존재하는 것을 모두 파괴할 필요는 없다. 적어도 처음에는 말이다. 어쨌든 아직도 전통적인 고객은 존재하니 말이다. 그러나 최소한 현재의 시스템을 개선하고 접속이 가능하게 만들고 새로운 활기를 불어넣는 일은 반드시 해야 한다. 이는 곧 새로운 경로를 매핑하고 시험하며, 여러 스크린을 오가는 경험을 시험해보아야 한다는 뜻이다.

나는 지금의 길을 모두 철거하라고 요구하는 게 아니다. 온라인에 접속한 고객을 염두에 두고서 새로운 길과 규칙과 시스템을 재설계하고 재구축하라고 말하는 것이다. 이 새로운 길은 과거의 길과 질적으로 달라야 한다. 미래의 길이어야만 한다. 전통적인 고객은 말 없는 마차를 타고 기존의 도로를 계속 달려도 되지만, 접속된 고객은 마치 영화 〈트론TRON〉의 라이트사이클을 탄 것처럼 새로운 종류의 그리드를 따라 달리고 싶어 하며, 물리학과 인습을 무시하는 속도와 방향으로 움직이기를 원한다.

그리드가 있으면 무엇이든 가능하다

새로운 고객 여정을 위해 경험을 설계하고 미시적 경험을 디자인하는 일에 관해 생각할 때면 떠오르는 영화가 세 편 있다. 바로 〈트론〉, 〈매트릭스The Matrix〉, 〈인셉션Inception〉이다. 세 작품 모두 완전히 새로운 세계의 구상을 보여줄 뿐 아니라, 설계자 역할을 하는 인물을 꽤 중요하게 다루고 있다.

이 영화들 속 각각의 세계는 일종의 그리드를 바탕으로 만들어졌는데 이는 도시계획, 게임 창작, 소프트웨어 개발에서 사용하는 그리드와도 별로 다르지 않다. 그리드 템플릿은 디지털 사회를 계획하고 건설하는 일에서도 기본 틀 역할을 한다. 디지털 경험을 디자인하는 일, 다시 말해서 고객이 뜻대로 자유롭고 자연스럽게 움직일 수 있는 새로운 세

로델 머노이Rodel Manoy가 디자인한 사이클로라마[무대 뒤쪽에 치는 배경막_옮긴이].
2013년 12월 캐나다 토론토의 얼럼니 극장에서 브라보 공연예술아카데미가 올린 연극 두 편,
〈피노키오Pinocchio〉와 〈에드윈 드루드의 비밀The Mystery of Edwin Drood〉을 위해 제작했다.

계를 창조하는 일에서도 그리드를 기본 틀로 생각하면 된다.

사우스웨일스에 사는 타이포그래피 디자이너 마크 볼턴Mark Boulton
은 언젠가 이렇게 말했다. "잘 디자인한 그리드 시스템은 당신의 디자인
을 더 아름답고 더 판독하기 쉬울 뿐 아니라 더 사용하기 쉽게 만들어준
다."[5] 나는 경험 설계 작업에도 그리드식 사고를 도입하고자 한다.

그래픽 디자인에서는 견고한 시각적, 구조적 균형을 위해 그리드를
사용한다.[6] 그래픽 디자인에서 그리드 시스템은 한 페이지 위에서 내용
을 조직하는 방법이다. 또한 이는 당신이 만들고 싶어 하는 모든 미시적
경험을 연결하는 데도 도움이 된다. 그리드가 있으면 무엇이든지 가능
하다. 그리드에 상상력만 더하면 몰입할 수 있는 무엇인가를 창조할 수
있다.

새로운 고객 여정 시스템의 그리드를 만들려면, 먼저 현재의 그리드부터 그려보아야 한다.

새로운 가능성을 시각화하라

1982년 오리건 주 포틀랜드의 대중교통은 격자 모양의 그리드형 버스 노선도를 빈번하게 내놓으면서 완전히 변모했다. 이는 1986년에 대도시 급행 경전철 시스템metropolitan area express light rail system(MAX LRT)이 등장하는 토대가 되었다. 그리드형 버스 노선도가 제공한 통찰이 없었다면, 승객들은 도심에서 멀리 떨어져 있는 두 지점, 이를테면 둘 다 동쪽 외곽지역에 위치한 두 지점 사이로 가기 위해 아직도 경전철을 타고 도심으로 이동해야 했을 가능성이 크다.[7]

133쪽 위에 실린 그림은 1970년의 그리드형 버스 노선도다. 문제는 이 그리드가 사람들이 시내에서 이동하기에 최적화되지 않았다는 점이다. 우선 이 노선은 사람들을 도심으로 이동시키는 일에 가장 중점을 두고 디자인되었다. 게다가 심하게 복잡할 뿐 아니라, 노선이 불필요하게 겹치고 지그재그로 오락가락해서 무척 비효율적이었다.

그러다 1982년에 멀리 돌아가지 않고 목적지로 곧바로 갈 수 있도록 노선을 재편성했다.[8] 133쪽 아래에 실린 새 버스 노선도는 이전에 비해 급진적일 정도로 효율적이고 단순하게 바뀌었다. 또한 사람들이 노선도를 가지고 다니지 않아도 쉽게 노선을 기억할 수 있도록 디자인되었다.

《인간의 교통: 대중교통에 관한 명확한 사고는 어떻게 공동체와 삶

1970년의 버스 노선도

수정된 1982년의 버스 노선도

의 질을 높이는가 *Human Transit: How Clearer Thinking about Public Transit Can Enrich Our Communities and Our Lives*》[9]의 저자 재럿 워커Jarret Walker는 포틀랜드 시의 1982년 그리드형 버스 노선도가 지니는 문화적인 의미를 이렇게 평가했다.

> "새로운 그리드형 버스 노선도는 포틀랜드를 살기 좋은 곳으로 만들겠다는 목표를 가지고 교통이 차지하는 역할을 다시 정의했다. 지난 30년 동안 큰 성공을 거둔 세련된 도시계획의 결과 – 포장마차부터 자전거 전용 도로와 상가와 사무실 겸용 건물까지 – 거의 대부분이 바로 여기서 싹텄다. 맥스 경전철은 노선을 연결해주는 그 그리드가 없었다면 결코 제대로 운영되지 못했을 것이다."

그리드에 관해 생각할 때 그리드가 지금 당장 모든 것을 해결하는 게 아님을 명심해야 한다. 오늘날 이용하고 있는 노선과 그 장단점이 무엇인지, 어떤 운송방식과 이상적인 경로가 빠져 있는지 검토하는 게 좋은 출발점이 될 것이다.

그리드는 새로운 세계와 경험을 디자인하도록 도와준다

변화에 어떤 가능성이 잠재되어 있는지 생각해보기 위해 잠시 영화 이야기를 해보자. 〈트론〉은 내가 정말 좋아하는 영화 중 하나다.[10] 그 영화에서 그리드는 영화 속 게이머 캐릭터와 관객 모두를 몰입시키는 가상

세계를 가리킨다.

1982년에 나온 오리지널 〈트론〉이나 2010년에 나온 속편 〈트론, 새로운 시작Tron: Legacy〉을 본 적이 없는 사람을 위해 이야기하자면, 영화 속 사건 대부분은 그리드라고 불리는 소프트웨어 프로그램 안에서 벌어진다. 주인공 케빈 플린은 소프트웨어 엔지니어로 한창 때 엔컴ENCOM이라는 거대 기업에서 베스트셀러 비디오게임을 디자인했다.

오리지널 〈트론〉에서 소프트웨어의 방어 메커니즘은 케빈이 중요한 파일에 접근하는 것을 막기 위해 그를 의도적으로 '디지털화'한다. 소프트웨어의 세계로 빨려 들어간 케빈은 게임의 일부분이 되고, 그리드 안에서 다른 가상 플레이어와 목숨을 걸고 겨뤄야 한다.

그리드는 광대하지만 유한하다. 이는 교통수단과 경계선들, 시민을 통치하는 규칙들, 각자가 맡은 역할들, 그리고 그들이 도시 안에서 이동하는 방법 또는 이동하지 못하게 하는 방식이 모두 다 갖춰진, 온전하게 기능하는 도시를 표상한다.

디즈니는 그리드를 이렇게 묘사했다.[11]

"컴퓨터 안에 또 하나의 세계가 감춰진 채 존재한다. 한 디자이너가 게임을 위해 창조한 세계지만, 이는 그것을 훨씬 뛰어넘는 무엇이 되었다. 디자이너는 그 세계를, 무한한 가능성이 가득한 디지털 유토피아를 그리드라 부른다."

그리드를 고객 경험을 새로 창조하는 틀이라고 생각하라. 실제로 경험 설계는 그리드에서 시작된다. 경험을 설계하는 일은 가상의 세계 또는 생태계를 디자인하는 것이다. 이는 공학적 변수에 의해 결정되고, 그 세계에 생동감을 부여하는 것은 당신의 비전이다. 〈트론〉의 라이트사이클 그리드처럼 수정한 137쪽 영국 런던 지하철 노선도를 보라. SF 아티스트이자 친한 친구인 크리스틸 라우크Krystal Lauk가 아이디 '이암클루iamclu'가 만든 그래픽에서 영감을 받아 디자인했다.[12]

이 노선도를 오늘날 당신의 고객이 여행하는 고객 여정 지도라고 생각해도 무리가 없을 것이다. 의식(A) 지점에서 경험(X) 지점 사이에 디자인한 길들을 놓으려고 한다면 먼저 끊어진 노선이나 낡거나 파손된 역을 찾아야 하고, 또한 사람들이 더 원하는, 더 좋고 더 잘 연결된 길을 놓을 수 있는 가능성도 탐색해야 할 것이다. 오늘날의 고객에게 서비스하려면 새로운 서비스와 정거장과 편의시설이 필요하다는 것도 알게 될 것이다.

당신의 그리드: 디지털 메트로폴리스를 디자인하다

오늘날 당신 회사의 고객 여정을 표상하는 것은 그리드가 아니라, 조직 내 부서 각각이 갖고 있는 일련의 이질적인 지도들이다. 이런 지도로 집을 보면 전체적인 조망 없이 집 안 방들의 배치만 보는 것과 다를 바 없다. 이렇게 한 집 안의 기능과 전체적인 조화를 개선하고 최적화하는 단일한 시각이 없는 채로, 각 부서의 디자인과 기능이 따로 이루어지는 것이다.

고객 경험을 건축의 관점에서 생각할 때 〈트론〉의 그리드는 규칙과

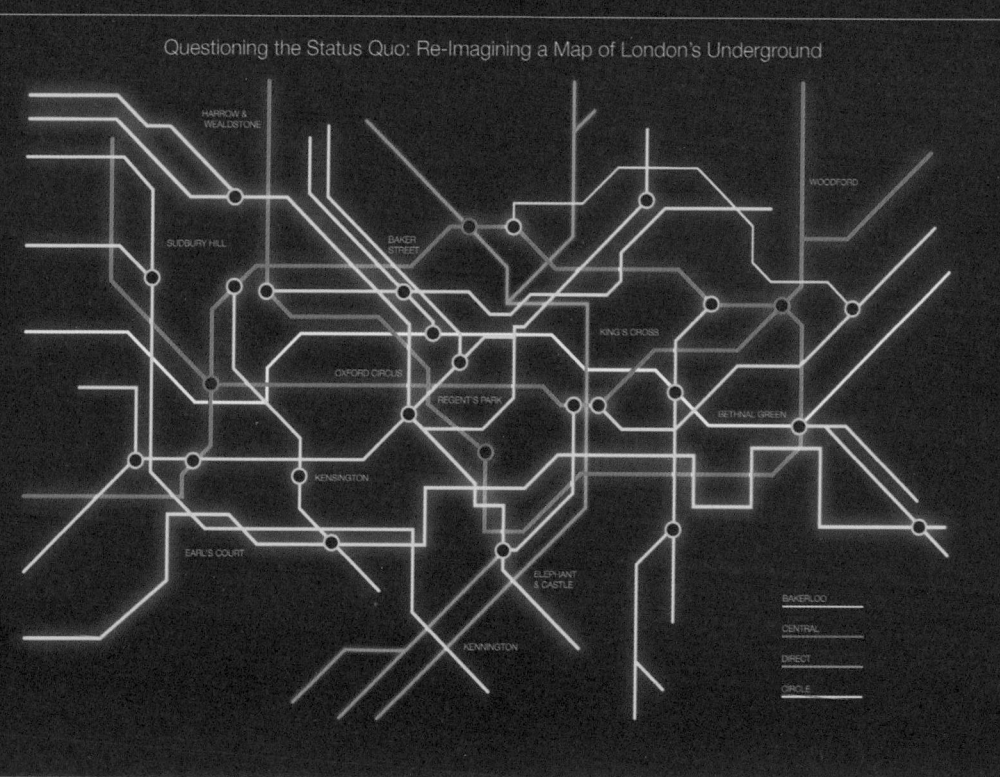

〈트론〉라이트사이클 그리드를 모형으로 디자인한 영국 런던 지하철 노선도

수송 방식, 수송 공학, 대칭과 목적, 기능에 맞는 기타 도시계획 요소를
조합하는 의도적인 디자인을 상징하는 것이라 볼 수 있다.

당신이 만들어야 할 그리드는 고객이 접하는 모든 것과 단일한 고객
경험을 위한 통합과 일치를 보장할 드러나지 않는 시스템으로 구성된

다. 이는 기존의 접점을 최대화하고, 새로운 참여 기회를 도입하며, 새로운 길을 정의하고, 멀티스크리닝을 강화하며, 한마디로 각각 떨어진 점을 이어 선을 완성하는 것이다. 이는 고객이 하는 모든 미시적 경험과 경험 흐름experience flow의 설계도, 고객의 상황과 의도와 바람을 바탕으로 형태와 방향을 만들어나갈, 고객이 원하는 경험을 디자인하는 설계도다.

새로운 그리드를 구축한다는 것은 더 이상 고객에게 노후한 도로와 경로를 통해야만 그들이 목적한 바를 이룰 수 있게 강제하지 않겠다고 시장을 향해 공식적으로 선언하는 것이다.

나는 그리드에서 영감을 받아 온라인에 접속한 고객을 위한 길을 어떻게 재설계해야 할지 머릿속으로 그려보았다. 그리드를 활용하면 브랜드 경험과 고객 경험과 사용자 경험의 세계를 하나로 종합하고, 그럼으로써 지금은 연결되어 있지 않은 것을 통합하여 훨씬 더 의미 있는 경험을 만들 수 있을 것이다.

- 비즈니스 인텔리전스 + 연구개발
  - 의견 청취
  - 빅 데이터
  - 고객 협력
  - 경험의 빈틈
  - 공유된 경험(마지막 진실의 순간)
  - 피드백 회로

- 통찰
  - 고객 여정 매핑
  - 고객 효율(노력) 매핑
  - 행동과 기대
  - 공유된 경험
  - 디지털 이동경로

- 제품 관리
  - 제품과 테크놀로지 로드 매핑
  - 범위 + 디자인
  - 개발
  - 제품 마케팅
  - 경험 지표

- 콘텍스트 마케팅
  - 콘텐츠 마케팅
  - 웹사이트
  - 어플리케이션
  - 소셜 네트워크
  - 모바일
  - 광고
  - 마이크로사이트 / 랜딩 페이지
  - 검색엔진 최적화 / 검색엔진 마케팅

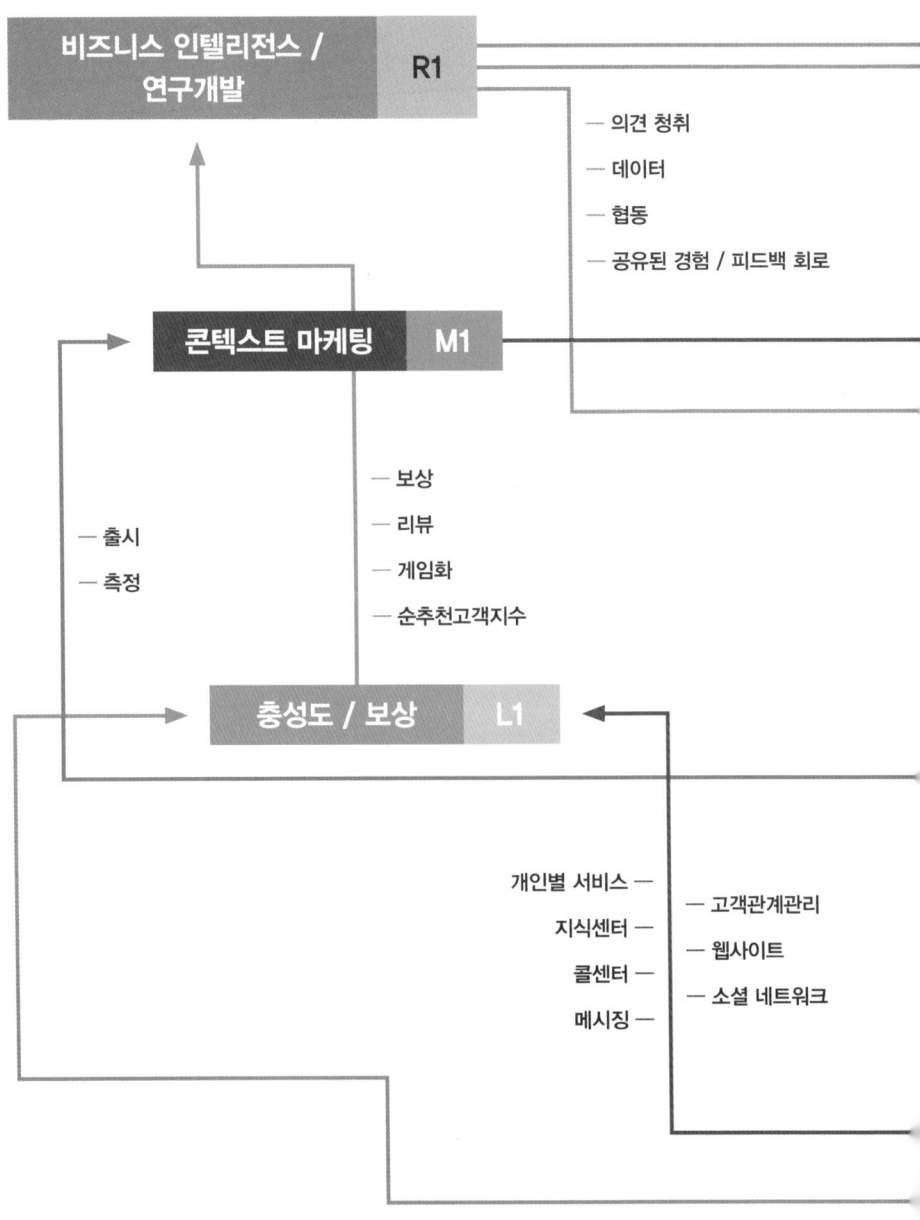

비즈니스 인텔리전스 /
연구개발   **R1**

— 의견 청취

— 데이터

— 협동

— 공유된 경험 / 피드백 회로

콘텍스트 마케팅   M1

— 보상

— 리뷰

— 게임화

— 순추천고객지수

— 출시

— 측정

충성도 / 보상   L1

개인별 서비스 —

지식센터 —

콜센터 —

메시징 —

— 고객관계관리

— 웹사이트

— 소셜 네트워크

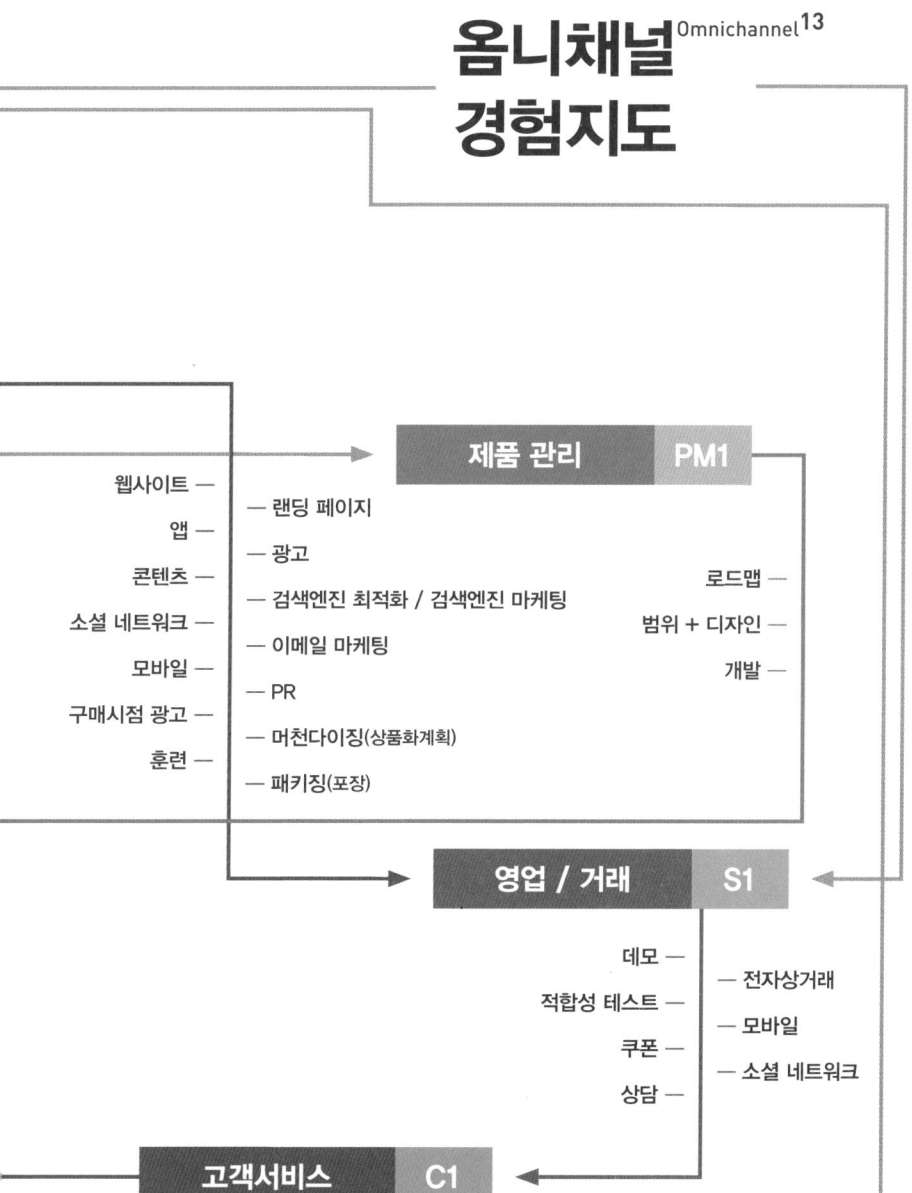

제품 관리 **PM1**

웹사이트 —
앱 —
콘텐츠 —
소셜 네트워크 —
모바일 —
구매시점 광고 —
훈련 —

— 랜딩 페이지
— 광고
— 검색엔진 최적화 / 검색엔진 마케팅
— 이메일 마케팅
— PR
— 머천다이징(상품화계획)
— 패키징(포장)

로드맵 —
범위 + 디자인 —
개발 —

영업 / 거래 **S1**

데모 —
적합성 테스트 —
쿠폰 —
상담 —

— 전자상거래
— 모바일
— 소셜 네트워크

고객서비스 **C1**

- PR

- 이메일

- 퍼포먼스 마케팅

- 마케팅 기여도 분석

• 영업

- 시연 마케팅

- 판촉

- 적합성 테스트

- 상담

• 고객서비스

- 개인별 서비스

- 지식센터 / 상담창구

- 콜센터

- 소셜 네트워크

- 이메일

- 실시간 상담

• 충성도 / 보상

- 순추천고객지수

- 신뢰

- 노력

- 게임화

- 리뷰

- 보상

- 고객관계관리 / 고객여정관리

- 경험공유 강화

　그리드는 디지털 고객 경험과 고객 여정, 여기서 파생한 경험을 위한 메트로폴리스다. 디지털 세계의 수도이며, 고객이 생활하고 방문하고 상호작용을 하며 떠도는 곳이다. 변화와 관련된 것이 모두 그러하듯, 이 역시 복잡하다.

　미래가 어떤 모습일지 상상해보고 당신이 얼마나 더 고객 참여를 이 끌어낼 수 있고 풍부한 가능성을 내포한 경험 그리드를 만들 수 있는지 생각해보자. 이를 위해 경험 설계를 생각하면 떠오르는 또 한 편의 영화 〈인셉션〉과 이 영화가 창조한 기상천외한 세계를 잠시 살펴보자.

꿈의 재료가 된 세계들
- - - - - - - - - - - - - - - - - - - -

2010년에 개봉한 〈인셉션〉은 크리스토퍼 놀런Christopher Nolan이 각본, 감독, 제작을 담당하고, 유명 배우들이 출연한 SF 액션 스릴러 영화다. 영화의 배경인 미래 세계에서는 특정한 사람들이 다른 사람의 꿈속에 들어가서 그대로 둔다면 비밀로 남을 정보나 아이디어를 뽑아낼 수 있다.[14]

주인공인 돔 코브(디캐프리오 분)는 꿈에서 비밀을 추출하는 전문가로 기업 첩보 활동을 하는데 정보 도용 혐의로 법망의 추적을 받고 있다. 영화 속에서 코브는 불가능해 보이는 과제를 해내는 조건으로 자유를 얻을 수 있는 기회를 제안받는다. 바로 추출이 아니라 그 반대인 '인셉션'을 해내는 것이다. 생각을 훔치는 게 아니라 다른 사람의 생각을 표적 인물의 무의식에 심어 넣는 일이다.

영화의 상당 부분은 여러 가지 꿈속에서 진행된다. 〈트론〉처럼 〈인셉션〉에서도 꿈꾸는 사람들이 상호작용을 할 수 있도록 꿈의 공간을 구축하는 건축가가 필요하다. 그리드에서처럼 꿈속에도 미학적이고 촉각적인 디테일이 풍부하게 담겨 있고,[15] 이 디테일은 꿈이 현실적이고 안전하고 친숙하게 느껴지도록 하기 위한 것이다. 건축가는 꿈의 세계를 아주 편안하게 디자인해야 한다. 그래야만 꿈의 공간으로 들어가는 각 인물이 자신의 무의식과 기억에서 개인적인 디테일을 채워 넣을 수 있기 때문이다. 코브는 바로 이렇게 자신이 판매하는 귀중한 비밀을 찾아낼 수 있다.

〈인셉션〉의 꿈의 세계에서처럼, 고객도 기업의 그리드를 접할 때마다 자신의 의도와 기대와 바라는 결과들, 그리고 그들 자신을 이루는 요소를 그리드에 채워 넣는다. 당신이 그들의 행동과 생각을 완전히 통제할 수는 없다. 그러나 그들이 자유롭게 돌아다니며 탐색할 수 있도록 친숙하고 심지어 야심적인 환경을 만들어줄 수는 있다.

현재 대부분의 기업은 창의적인 경험이 아니라 거래를 설계하고 있다. 세계를 창조하기보다는 브랜드만을 강화한다. 사람들이 브랜드 생태계의 일부가 될 수 있는 공간을 제공하는 것이 아니라, 조립식 주택으로 가득한 칙칙한 교외 같은 장소를 제공하고 있다. 그러나 영화 속에서 코브가 말하듯이 우리에게는 "대성당을, 도시 전체를, 한 번도 존재한 적 없는 것을, 실제 세계에는 존재할 수 없는 것을 건설할 수 있는 기회가 있다."

먼저 사람들이 탐험하고 발견하고 확장하고 접속할 수 있는 경험의 생태계를 건설하는 것부터 시작해야 한다. 규칙을 세우고 미적인 측면과 분위기를 디자인하고, 의사결정 과정을 최적화하고, 참여와 거래와 관계가 수월하게 이루어지도록 만들어야 한다.

여기서 필요한 것이 디자인이다. 디자인이 더 훌륭하고 더 사려 깊고 더 개인적일수록, 더욱 의미 있는 경험이 가능해진다.

4부

디지털 퍼스트

고객 경험을 디자인하려면
직접 고객 여정을 경험해보아야 한다

고객 경험에서 출발해야 한다.
테크놀로지는 나중에 돌아와서 신경 써도
늦지 않다.[1]

_스티브 잡스

1 고객 경험 디자인이 필요하다

**디지털 고객이 기업과 거래할 때 어떤 것을 보고 느끼는지
직접 경험해본 적이 있는가?**

2003년에 컬럼비아 경영대학원의 번트 슈미트Bernd Schmitt 교수는 '고객
경험 관리Customer Experience Management'를 '고객이 크로스채널에 노출되고
기업이나 제품, 브랜드, 서비스 등과 상호작용 또는 거래하는 것을 포괄
적으로 '관리'하기 위한 학문분과이자 방법론 또는 프로세스'라고 소개
했다.[2] 이제 관리를 넘어 디자인이라는 개념으로 이동할 때가 되었다.

　오늘날 기업은 고객의 경험에 반응하거나 이를 단순히 관리하기보
다는 경험을 정의하고 활기를 불어넣기를 원한다. 여기에 의미를 부여
하는 것은 경쟁적인 차별점이자, 더욱 중요하게는 고객에 대한 가치 제
안으로써 혁신을 강력하게 강조하는 것이다.

　이 디자인 과정은 먼저, 기업이 현재 제공하고 있는 고객 경험의 질
에 대해 정말 제대로 알고 있는지 묻는 것에서 시작해야 한다. 실생활에
서 디지털 고객이 다양한 장치를 가지고 당신의 기업과 거래할 때 어떤
것을 보고 느끼는지 직접 경험해본 적이 있는가? 그랬다면 아마 상당히
놀라고 심란했을 것이다.

고객 경험의 3D

2005년 11월에 하버드 경영대학원은 제임스 앨런 James Allen 과 프레더릭 F. 레이치헬드 Frederick F. Reichheld, 바니 해밀턴 Barney Hamilton 이 쓴 〈고객 경험의 3D〉[3]를 발표했다. 저자들이 이 글을 쓴 것은 베인앤컴퍼니 Bain & Company 가 362개 기업을 대상으로 실시한 조사에서 '80퍼센트에 달하는 기업이 '탁월한 경험'을 제공하고 있다고 생각한다'는 결과를 보고서 할 말이 있었기 때문이었다.

베인앤컴퍼니가 그 조사에 참여한 기업을 이용하는 고객에게 물었을 때 '해당 기업들이 정말 훌륭한 경험을 제공한다'고 동의한 이들은 8퍼센트에 지나지 않았다. 그래서 베인은 이 최상층 8퍼센트가 다른 기업과 구별되는 점이 과연 무엇인지 알아보기로 했다.

조사팀은 최상층 기업들이 '고객 경험에 대해 유난히 다양한 관점'을 취하고 있음을 알아냈다. 그러나 나머지 92퍼센트는 '고객 만족을 개선하는 일을 제품이나 서비스 디자인에만 타성적으로 의지했다.'

최상위 기업들은 세 가지 요건을 동시에 추구하는 경향이 있었다.

1 적합한 고객에게 알맞은 사항을 제안하고 알맞은 경험을 디자인해 준다.

2 기능 간 협력에 중점을 두고 회사 전체가 그 제안에 초점을 맞춤으로써 실행에 옮긴다.

3 기획 프로세스를 개혁하고, 새로운 고객 제안을 만드는 방법을 훈련하고, 고객 경험에 대한 직접적인 책임을 설정하는 등의 방법으로 고

객을 지속적으로 만족시킬 역량을 개발한다.

조사팀이 정리한 고객 경험의 3D다.

- D1(design) = 정확하게 적합하다고 밝혀진 소비자에게 가장 잘 맞게 디자인한 유인책을 그 소비자의 마음을 끌 수 있는 환경에서 제안한다.
- D2(deliver) = 다양한 기능을 담당하는 전체 팀이 함께 집중하여 고객에게 바람직한 경험을 제공한다.
- D3(develop) = 실행의 일관성을 키운다.

이러한 3D를 실행에 옮기려면 먼저 모든 조직의 모든 전략가가 아직 자신이 철저하게 고객을 중심에 두지 않고 있음을 깨달아야 한다.

고객이 어떻게 행동하고 무엇을 생각하고 느끼는지 정말 알고 있는가?

궁극적으로 온라인과 모바일 고객 여정의 설계도를 그릴 때 해야 하는 첫째 과제는 바로 위의 질문에 답하는 것이다. 이를 해결하는 방법은 고객 여정 매핑이다. 고객 여정 매핑을 제대로만 한다면 고객이 어떻게 행동하는지, 어디로 가며 왜 그리로 가는지, 다양한 상황과 맥락 속에서 어떤 장치를 사용하는지 짐작만 하는 것이 아니라 정확히 배울 수 있다.

당신의 회사가 제공하는 고객 경험을 향상시키려 한다면 두 가지 기본적인 질문에 대해 먼저 생각해보아야 한다.

- 현재 고객은 어떤 경험을 하고 있는가.
- 앞으로 그 경험은 어떻게 바뀔 수 있는가. 또는 바뀌어야 하는가.

엄격하게 고객 여정을 매핑하다 보면 기대하는 경험과 현실 사이에 큰 격차가 있음을 발견하게 되는데, 이는 효과적이고 새로운 방식으로 고객의 충성과 지지를 얻기 위해 경쟁할 수 있는 기회이기도 하다.

고객 여정 매핑은 경험 설계에서 결정적으로 중요하다. 그 전에 반드시 이런 질문을 던져보아야 한다.

- 당신은 고객이 거래 이전과 거래 도중, 거래 이후에 어떤 경험을 원하는지 명확하게 정의해본 적이 있는가.
- 당신 회사의 웹페이지들은 다양한 스크린이나 기기, 브라우저에서 발견하고 사용하기 쉬우며 적응성과 반응성이 뛰어난가.
- 만약 대부분의 접속된 고객이 스마트폰으로 여정을 시작한다면, 스마트폰만을 사용하여 여정의 끝까지 갈 수 있는가.
- 만약 고객이 여러 스크린을 사용해야만 하는 경우라면, 여정에 적용된 맥락은 아무 무리 없이 자연스럽게 이어지는가.
- 모든 단계의 진실의 순간에서 고객의 마음을 얻기 위해 외부 네트워크의 유사 경험을 어떻게 끌어올 수 있을까.
- 접속된 고객들이 서로에게 영향을 미치는 경험을 공유하도록 장려하거나 보상하는 전략이 있는가.

이에 답하는 과정을 거치지 않고서는 고객 경험을 위해 어떤 일을 하더라도 불완전하고 부적합할 수밖에 없다. 고객이 하는 경험 – 어떤 장치로, 어떤 맥락에서, 무엇을 찾아 어떻게 탐색하는지 – 을 처음부터 끝까지 직접 겪어보면, 회사가 모든 접점에서 어떤 수준의 경험을 제공하고 있는지 드러난다.

이 일을 뒤에서 진행하는 에이전시나 컨설턴트에게 맡기지 마라. 반드시 당신이 직접 느껴보아야 한다.

최우선 과제는 디지털 고객을 잡는 일이다

"디지털 고객이 하고자 하는 것은 무엇일까?" 이 질문을 던지는 것이 접속된 고객의 다양한 여정을 위한 설계도를 만드는 첫 단계다. 오늘날에는 구매자의 여정 중 67퍼센트가 디지털 방식으로 진행되며,[4] 이 비율은 계속 증가하는 추세다. 그런데도 여전히 대부분의 고객 여정은 과거에서 이어져 뒤죽박죽 섞여 있는 접점에서, 수 세대를 거쳐온 상이한 기술로 대충 이어 붙인 낙후한 방법론과 시스템에 의해 결정되고 있다.

알티미터 그룹에서 나는 디지털 변환 상태를 알아보기 위해 경영자와 디지털 전략가를 대상으로 조사를 실시했다. 154~155쪽 통계자료에서 볼 수 있듯이, 조사 당시 대상 기업 중 88퍼센트가 디지털 고객을 잡기 위해 공식적으로 디지털 변환 작업을 진행하고 있었다.

거의 모든 기업이 디지털 고객 경험에 투자하는 일이 중요하다고 여기고 있는 게 분명하다. 그러나 동시에 디지털 고객 여정 매핑을 실제로

디지털 변환을 위해 노력하고 있는 조직들

당신의 조직은 공식적으로 디지털 변환을 위해 노력하고 있습니까?

알티미터는 디지털 변환을 이렇게 정의합니다.

고객 경험 생애주기에 포함되는 모든 접점에서 디지털 고객을 더욱 효과적으로 이끌어

들이기 위한 테크놀로지 모델과 비즈니스 모델을 재편성하거나 새롭게 투자하는 것.

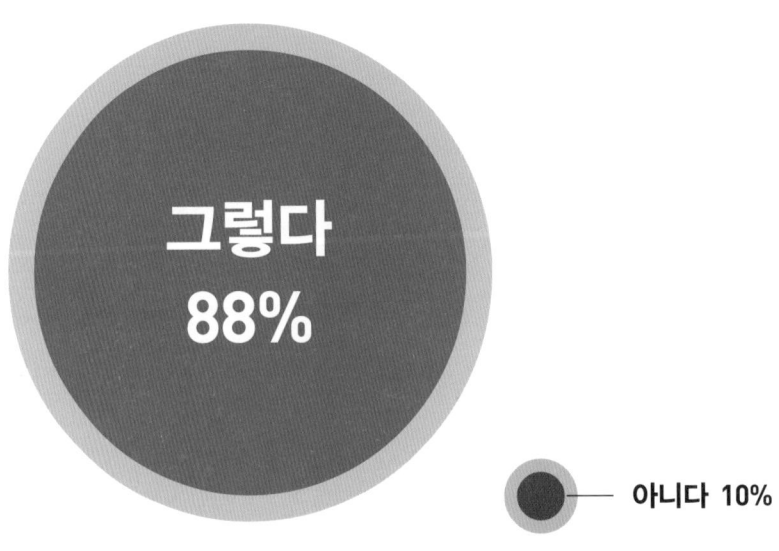

그렇다 88%

아니다 10%

모른다 2%

고객 경험을 개선하려면
기업은 반드시 고객 여정 매핑에
초점을 맞추어야 한다

다음 중 고객 여정이나 경험과 관련하여 당신의 회사가 하고 있는 노력을
가장 잘 설명한 말은 무엇입니까?

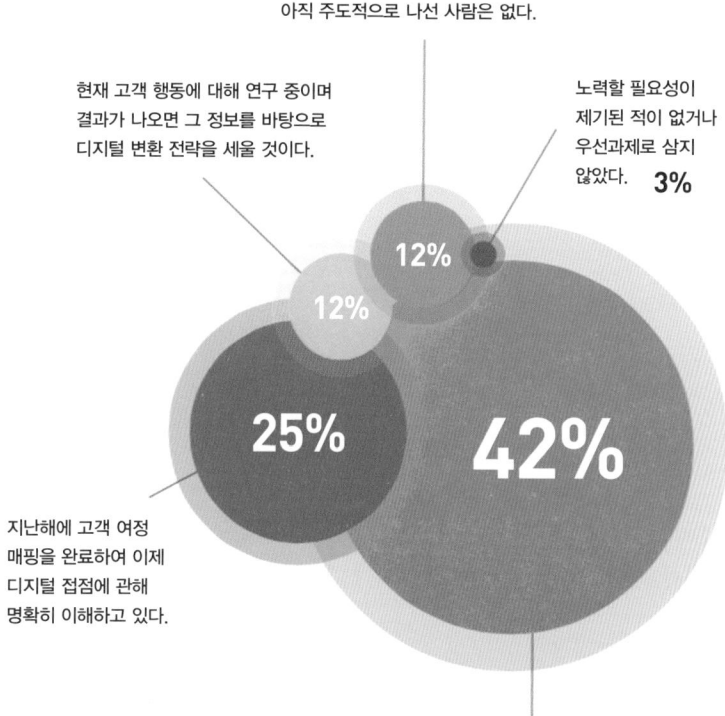

노력할 필요성에 대한 논의는 있었지만
아직 주도적으로 나선 사람은 없다.

현재 고객 행동에 대해 연구 중이며
결과가 나오면 그 정보를 바탕으로
디지털 변환 전략을 세울 것이다.

노력할 필요성이
제기된 적이 없거나
우선과제로 삼지
않았다. **3%**

12%

12%

25%

42%

지난해에 고객 여정
매핑을 완료하여 이제
디지털 접점에 관해
명확히 이해하고 있다.

디지털 고객 여정에 관해 공식적인 조사는 하지
않았지만 새로운 소셜, 모바일 기술을 적용하고
투자하여 디지털 접점을 개선하였다.

실시한 기업은 그중 25퍼센트뿐이다. 다시 말해서 88퍼센트가 디지털 변환에 투자하고 있는데도, 그 일을 하는 이유를 제대로 파악하고 있는 곳은 25퍼센트뿐이라는 말이다. 또 디지털 고객 여정을 연구한 적이 없는 기업도 42퍼센트에 달했다. 맙소사!

역동적 고객 여정 이해하기

고객 여정 맵을 만들고 나면, 고객과 접하는 화면과 맥락에 꼭 맞고 자연스럽게 녹아드는 즐거운 경험을 어떻게 만들어야 할지 파악하게 된다. 이때 기업은 다음과 같은 핵심 질문을 해야 한다.

- 우리 고객만의 독특한 점은 무엇인가.
- 디지털 고객과 전통적 고객이 고객 여정을 경험하는 방식은 어떻게 다른가.
- 그들이 자주 찾는 접점은 무엇이며, 그 접점을 어떻게, 무슨 기기로 사용하는가.
- 그들이 기대하는 것은 무엇인가. 그들은 무엇을 가치 있게 여기는가. 그들이 정의하는 성공은 무엇인가.
- 그들은 누구에게 어떻게 영향을 받으며, 누구에게 어떻게 영향을 미치는가.

이러한 매핑 과정에 전력을 기울인 기업은 크나큰 이익을 거두었다.

고객 여정 매핑의 장점

2012년에 세포라는 고객 경험과 관련하여 중대한 변화를 단행했다. 어떤 것이 이상적인 고객 경험인지, 그리고 이를 디지털 채널과 현실 세계의 채널 – 매장 내 대면까지 포함하여 – 에서 어떻게 실현해야 할지 정의하여, 각 채널이 서로 보완하고 최대한 서로 도움이 되도록 하려는 목적이었다.[5] 세계적으로 유명한 화장품 유통업체 세포라가 투자한 대상은 모바일과 소셜 미디어, 매장 내 활동을 통합한 완전히 새로운 쇼핑 경험이다. 이 과정은 고객 여정 매핑에서 시작되었다.

세포라 이노베이션 랩Sephora Innovation Lab의 부사장 브리짓 돌런Bridget Dolan이 설명한 바에 따르면 세포라는 아주 복잡한 경로를 짰다. 여기에서 고객은 어느 한 경로만을 따를 수도 있고 그러지 않을 수도 있다. "세포라가 제공하는 경험은 상당히 다면적이기 때문에, 단 하나의 길이나 지도를 만들 수는 없다"고 돌런은 말했다. "우리는 이 과정을 경험에 의해 경험을 최적화하는 일로 봅니다. 각각의 조각을 보면서 그 조각이 서로 어떤 관계 맺는지 생각하지요." 이 작업 역시 늘 지속되어야 한다. 이어서 돌런은 이렇게 말했다. "우리는 고객이 매장과 온라인과 모바일에서 서로 다른 테크놀로지를 활용하여 무엇을 하는지 끊임없이 조사하고 관찰합니다."

인투잇, 디지털 고객 경험을 연구하여 작업을 단순화하다

인투잇Intuit[6]은 작은 기업과 소비자, 회계 종사자가 처리해야 할 일을 단순하게 정리하는 사업 및 재정관리 솔루션을 만든다.[7] 인투잇은 고객의 테크놀로지 활용과 구매에 이르는 경로 사이의 관계를 면밀하게 연구했다. 그 출발점은 아주 단순하고 통합적인 질문 하나였다. "사용하는 테크놀로지를 기반으로 판단할 때, 우리 고객의 구매경로는 무엇인가?"

이에 대해 제대로 된 답을 얻고, 구매자의 정확한 페르소나[어떤 사이트나 브랜드에서 제품을 비슷한 방식으로 사용할 것으로 추정되는 사용자 유형을 대표하는 가상의 인물_옮긴이]를 파악하고 새로운 고객 여정을 더욱 잘 이해하려면 인구통계를 넘어 심리측정법psychographics[소비자의 행위, 관심, 의견 등 심리학적 측면을 조사하여 마케팅에 활용하는 것_옮긴이], 즉 공유된 경험과 관심을 활용해야 한다. 인투잇이 자신의 고객을 잘 알고 있는 것은 고객의 '삶을 구성하는 하루하루'를 연구하여 그들이 어떤 어려움에 직면하는지, 어떤 포부와 목표를 갖고 있는지 파악했기 때문이다.

레고, 고객의 의사결정을 구성하는 요소에 투자하다

레고LEGO는 사업을 하며 고객 여정에 두 가지 길이 있다는 사실을 배웠다. 하나는 레고를 사랑하는 고객의 길이고 또 하나는 다른 사람을 위해 레고를 구매하는 고객의 길이다. 그래서 레고는 어린이 고객의 여정과 부모 고객의 여정이라는 두 가지 고객 여정 맵을 만들었다. 그들은 두 여정 맵에서 얻은 통찰을 활용하여, 각 여정에 속한 접점을 개발하는 일에 초점을 맞추면서 동시에 두 여정 간의 교차점과 시너지도 확보했다.

레고의 소셜 미디어와 검색 글로벌 디렉터인 라스 실버바우어Lars Silberbauer는 레고의 접근법이 갖는 이점에 관해 이렇게 설명했다.

> "구매자가 소비자와 일치하지는 않습니다. 소비자는 대개 구매력이 없는 아이들이죠. 우리는 그 아이들이 자기 부모에게 말하기를 원하고, 동시에 쇼핑할 때 부모들도 좋은 경험을 하기를 원합니다."

디스커버, 디지털 고객에게 득이 되는 새로운 제품을 발견하다

고객 여정 매핑에서 얻은 통찰은 우연히 좋은 제품과 서비스에 대한 아이디어로 이어져 혁신에 기여하기도 한다. 여정 매핑을 하는 과정에서 고객이 쓰는 표현을 연구하다 보면, 고객이 공통적으로 갖고 있는 의문과 흥미로운 아이디어, 제품에 대한 유익한 의견, 경쟁적인 정서 등을 발견할 수 있다.

신용카드 회사인 디스커버Discover는 고객 여정 매핑에 투자한 결과, 디스커버 잇Discover it®이라는 새로운 종류의 카드를 내놓게 되었다. 가입이자율에 관한 한 디스커버 잇은 구매나 잔고이동 시 업계에서 선도적인 조건을 제공했다.[8] 이것이 젊은층에게 좋은 반응을 얻어 서비스와 혜택, 포상 프로그램 등에서 높은 점수를 얻고 있다.

적임자로 팀을 구성하라

고객 여정 매핑 작업을 제대로 해내려면 적임자로 담당팀을 꾸려야 한
다. 이 작업에는 인간 중심의 디자인과 내가 '데이터 예술data artistry'이
라고 부르는 것에 대한 전문적인 능력이 필요하다. 하지만 경험 디자인
에 참여하는 사람들도, 전문가들이 정확하게 어떤 역할을 해야 하며 어
떻게 그 프로세스에 기여해야 하는지 명확하게 이해하지 못하는 경우가
많다.

이는 UCD, HCD, UX 등 두문자어가 많이 사용되기 때문이기도 하
다. 자, 그러니 이제 이 전문가들이 해야 할 일이 무엇이며, 어떻게 하면
훨씬 더 효과적인 경험 설계에 기여할 수 있는지 자세히 살펴보자.

2 인간을 위한 디자인

**경험 설계는 사람들에게
삶을 변화시키는 도구를 선사한다.**

앞에서 예로 든 고객 여정 맵을 보면 알 수 있듯이 경험 디자인에 필요한 것은 바로 두 가지, 그러니까 디자인과 경험 – 당신과 당신의 팀이 아마 아직 해보지 못했을 경험 – 이다. 당신은 경험 디자인 관련 회사와 함께 일하거나 동업하는 사람을 기용해야 할지도 모른다.

　금융회사 캐피탈 원 Capital One이 사용자 경험 디자인 회사인 어댑티브 패스 Adaptive Path를 인수한 이유는 내일의 소비자를 얻기 위해 경쟁하려면 자신이 보지 않거나 보지 못하는 것을 볼 수 있는 디자이너가 필요하기 때문이다. 최고의 인재를 고용할 수 없다면 사들여라!⁹ 캐피탈 원은 '완전히 새로운 방식의 금융을 상상하려고' 노력하고 있으며 이 과정에서 어댑티브 패스가 '우리의 생각을 밀어붙여 줄' 것이라고 말했다.

사람들은 삶의 의미를 추구하는 것이 아니라
살아 있다는 경험 자체를 추구한다.

_조지프 캠벨 Joseph Campbell

사용자 중심 디자인의 한계

인간 중심 디자인Human-Centered Design(HCD)이란 기업이 내부 운영에 반드시 도입해야 하고, 모든 경험 창조 작업에 지도적인 결정 요인으로 삼아야 하는 핵심 기술이다.

대개는 사용자 중심 디자인User-Centered Design(UCD)이 좀 더 익숙할 텐데, 솔직히 말해서 경영 분야에서 디자인에 관해 논할 때 이런 용어들은 오히려 이해를 방해한다. 사용자 중심 디자인과 인간 중심 디자인의 차이가 무엇인지, 정말로 두 개념 사이에 차이라는 게 있기나 한지, 각각을 이루는 요소가 왜 당신이 해야 할 일에서 핵심이 되어야 하는지 생각해보자.

사용자 중심 디자인은 주로 테크놀로지 인터페이스 디자인을 논할 때 사용하는 용어다. 그러나 단순히 거기에 그치지는 않는다. 사용성 전문가 협회Usability Professionals' Association가 정의한 바에 따르면, 사용자 중심 디자인이란 제품을 사용할 사람에 관한 정보를 디자인 과정에서 토대로 삼는 디자인 접근법이다.[10] 다시 말해서 제품 및 서비스 디자인 과정의 매 단계에서 최종 사용자의 필요와 바람과 한계를 중심에 두고 의사결정을 하는 프로세스가 사용자 중심 디자인인 것이다. 사용자 중심 디자인의 목표는 사용이 편리한 것은 물론이고 사용자에게 기본적인 기능뿐 아니라 이를 넘어서 더 높은 가치를 제공하는 어플리케이션이나 제품을 창조하는 것이다.[11]

이만하면 멋지지 않은가. 그렇다면 여기에 인간 중심 디자인이라는 개념까지 도입해서 용어를 더 늘려야 할 이유는 뭘까? 사용자 중심 디자인의 한계는 '사용자'를 위해 디자인할 때, 미리 결정해둔 일련의 계획을 바탕으로 단순히 제품이나 시스템, 서비스의 특성을 최적화하는 일을 지나치게 강조하는 것이다. 드렉셀 대학 컴퓨팅 정보학 칼리지의 부교수인 수전 가선Susan Gasson[12]은 경계를 확장하는 협업에 사용되는 디지털 테크놀로지의 디자인과 용도, 영향에 관해 연구한다. 2003년에 발표한 인간 중심 디자인과 사용자 중심 디자인을 비교한 논문에서 가선은 "사용자 중심의 시스템 개발은 미리 정해둔 기술적인 문제를 해결하는 목표에 초점을 맞추기 때문에 인간적인 관심사를 중요하게 다루지 못한다"고 말했다.[13]

경험은 인간의 일이며 또한 제품이나 디자인 그 이상이다.

인간 중심 디자인의 등장

인간 중심 디자인은 고객을 단순히 제품의 사용자로만 생각하는 것이 아니라, 한 걸음 뒤로 물러서서 하루하루 살아가는 더 넓은 맥락 속에서 그 **사람 전체**를 바라본다. 이 디자인의 근본 원리에 따르면 고객이 특정 제품을 가지고 어떻게 시간을 보내는지뿐 아니라 삶의 다른 모든 층위에서도 어떻게 시간을 보내는지 이해하면, 고객에게 더 나은 서비스를 제공하는 방법을 알 수 있다. 우리 제품의 사용자만이 아니라 다른 온갖 일을 하는 균형 잡힌 한 사람으로서 고객을 이해함으로써, 그러지 않았다면 생각하지도 못했을 고객의 필요를 충족시키고 그들의 관심을 끄는 기회를 찾아낼 수 있다.

서비스 제공을 넘어서 고객의 변화를 돕는다

우리가 고객 경험 생태계를 검토할 때 한 사람 전체에 대해 더 많이 고려할수록 고객의 현재 필요를 충족시키는 것뿐 아니라, 예상하지 못한 방식으로 고객이 자기 삶을 개선하도록 돕는 방법을 발견할 가능성도 더 커진다. 스티브 잡스가 바로 이런 일의 대가였다. 그래픽 사용자 인터페이스와 컴퓨터 마우스를 살펴본 그는 컴퓨터 사용 속도를 높일 뿐 아니라 디지털 컴퓨터의 낯선 세계, 우리 손에 딱 맞는 도구와 그 도구가 지닌 능력을 활용한 익숙한 세계 사이의 경계선을 무너뜨릴 수 있는 방법을 파악했다. 그는 계속해서 이런 일을 반복했다.

사람들이 지닌 바람을 더욱 깊이 파고들어 이해하고, 어떤 혁신이 그들의 삶을 개선하는 데 도움이 될 것인지 끊임없이 파악하려고 노력한 결과 잡스가 내놓은 애플 제품은 수많은 사람과 테크놀로지의 관계를 실질적으로 바꾸어왔다.

스탠퍼드 대학의 고고학자 마이클 섕크스Michael Shanks는 변형 디자인에 관해 연구한다. 그는 자신의 웹사이트에 스탠퍼드 디자인 프로그램의 디렉터 배니 바네르지Banny Banerjee와 진행한 흥미진진한 인터뷰[14]를 실었다. 거기서 바네르지는 좋은 디자인이 어떻게 사람들의 행동을 바꾸는 데 영향을 미칠 수 있는지 말했다.

"우리의 행동은 우리를 둘러싼 규범과 틀에 깊게 영향받는다. 디자인을 활용하면, 인간 행동에 대한 근원적인 이해를 바탕으로 작동하면서 사람들을 완전히 새로운 행동 패턴 속에 들어가게 할 시스템과 경험을 창조할 수 있다."

바네르지는 이 점이 적합한 디자인 인재를 영입하는 기업에게는 황금의 기회라고 생각한다.

"행동은 관찰의 대상이기만 한 것이 아니라 영향을 받기도 한다는 점에서 어떤 중요한 기회를 제공하는데, 아마도 이 기회에 가장 잘 부응할 수 있는 것이 디자인일 것이다. 디자이너는 인간적인 요인과 테크놀로지와 사업적인 요인을 동시에 고려하도록 특별한 교육을 받기 때문에, 행동의 목표가 무엇인지 파악하는 데 기여할 수 있다. ……그리고 이로부터 최선의 시스템과 아이디어와 경험과 테크놀로지를 활용하여 미래에 대안적인 현실을 가능하게 한다."

샌크스는 또 실리콘밸리의 영향력 있는 디자인 회사 아이디오IDEO의 레슬리 위트Leslie Witt가 스탠퍼드 대학을 방문해 학생들에게 행동을 변화시키는 과정에서 디자인이 어떤 역할을 할 수 있는지 이야기했던 일도 들려주었다.[15] 위트는 대부분의 사람이 변하기를 원하거나 그럴 필요를 느낀다고 말했다. 그러나 그들은 누군가 도와주거나 그 변화의 여정을 수월하게 행동에 옮길 수 있는 단계로 나누어주지 않는다면, 변화란 다른 사람은 몰라도 자신에게는 불가능한 일이라고 여긴다는 것이다. 위트는 바로 이를 시장 기회로 보았다. 나는 이것이 경험 설계의 기준이라고 본다. 경험 설계는 사람들에게 삶을 변화시키는 도구를 줄 수 있다.

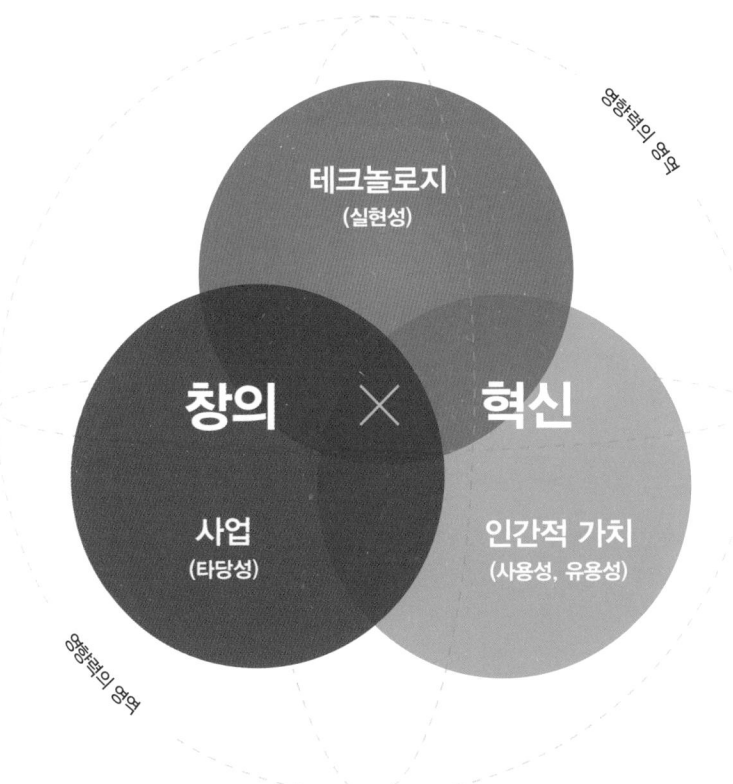

テクノロジー
(実現性) → 테크놀로지 (실현성)

창의 ✕ 혁신

사업
(타당성)

인간적 가치
(사용성, 유용성)

영향력의 영역

영향력의 영역

인간 중심 디자인

아이디오는 제품 및 서비스 개발 과정의 중심에 있는, 사람들이 원하는 것과 필요로 하는 것을 민감하게 포착하는 감수성을 통합한 효과적인 그래픽을 만들었다. 여기에 경험의 틀이라는 측면을 포함시켜 인간 중심 디자인의 요소를 정리해보았다.

인간적인 요인들의 총집합

경험 생태계를 디자인할 때 이러한 전인적인 초점을 유지하려면 당신의 팀은 그 생태계의 거주자들, 즉 고객과 이해 당사자의 이야기를, 당신이 보기에 그들이 이 세계 안에서 어떻게 살아가고 있는지를, 그들이 좋아하는 방식으로 들려주어야만 한다. 그들의 삶이 속해 있는 공동체를 묘사해야 하고, 삶이 어떠한지, 그들이 습관적으로 반복하는 일과 그들이 품은 포부, 도전, 성공에 대해 묘사해야만 하는 것이다. 다음은 당신이 항상 계산에 넣어야 하는 요인들의 체크리스트다.

- 이야기: 제품의 이야기, 그 제품과 브랜드의 관계, 전체 여정에서 소비자가 맡는 역할. 사람들이 자신의 방식으로 이 이야기의 일부가 되게 할 수 있을까.
- 디자인: 제품의 스타일링과 미학적인 의도. 어떻게 소비자의 오감에 매력을 발휘할 것인가.
- 능력: 소비자가 성취하기 바랐던, 혹은 당신의 제품이 나오기 전까지는 스스로 할 수 있을 거라고 생각하지 않았던 어떤 일을 할 수 있

는 능력을 제공한다.

• 감각: 마케팅만이 아니라 제품의 디자인과 소유, 지원, 지지를 통해서 브랜드와 제품이 고객에게 어떤 느낌을 주어야 하는지 설계한다. 이는 제품과 정서적인 유대가 형성되는 단계로, 당신이 창조해낸 바람직한 서사와 의도했던 인상(모습, 소리, 감촉, 냄새, 맛)을 따라 인식이 전개되면서 이루어진다.

• 표현: 제품이 고객의 개인적이거나 직업적인 라이프스타일과 어떻게 조화되는가. 당신의 제품은 그들의 확장된 정체성이 될 수도 있고, 그들이 개인 또는 제품 하나를 넘어서는 어떤 의미를 지니는 공동체의 일원이 되도록 도울 수도 있다. 당신이 사람들이 공유해주기를 원하는 경험은 어떤 것인가. 어떻게 하면 그 경험이 그들의 일부가 될 수 있을까.

• 인지: 당신이 의도한 경험의 결과. 사람들이 자신의 일상과 인생이 어떻게 달라질 수 있는지 그 경험을 통해 하게 된 생각의 결과를 말한다.

비정부 독립기구이자 자발적 국제표준을 만드는 최대 조직인 국제표준화기구International Standards Organization(ISO)는 디자인을 인간화하는 여섯 가지 주요 방법을 꼽았다.

• 여러 분야의 기술 및 관점 채택(경험 디자인은 어느 한 경험을 넘어 경계선을 가로지르고 공통의 한 가지 비전 아래 사람을 모은다).

• 사용자와 과제, 환경에 대한 명확한 이해(사람, 행동, 상황, 선호, 목표

또는 포부).

- 사용자 중심 평가를 기반으로 추진하거나 다듬은 디자인(제품부터 인터페이스, 여정, 참여까지 모든 것에 사람을 중심에 둔다).

- 전체 사용자 경험 고려하기(경험 설계).

- 디자인과 개발에 사용자 참여시키기(사용자의 반응을 어림짐작하지 말고 직접 참여시켜라).

- 반복적인 과정(다듬고 개선하기. 고객과 그들의 필요와 기대는 항상 변한다).[16]

이 모든 일을 해내려면 적임자들로 팀을 꾸려야 한다. 그럼 이제 인간 중심 디자인의 핵심 인재를 살펴보자.

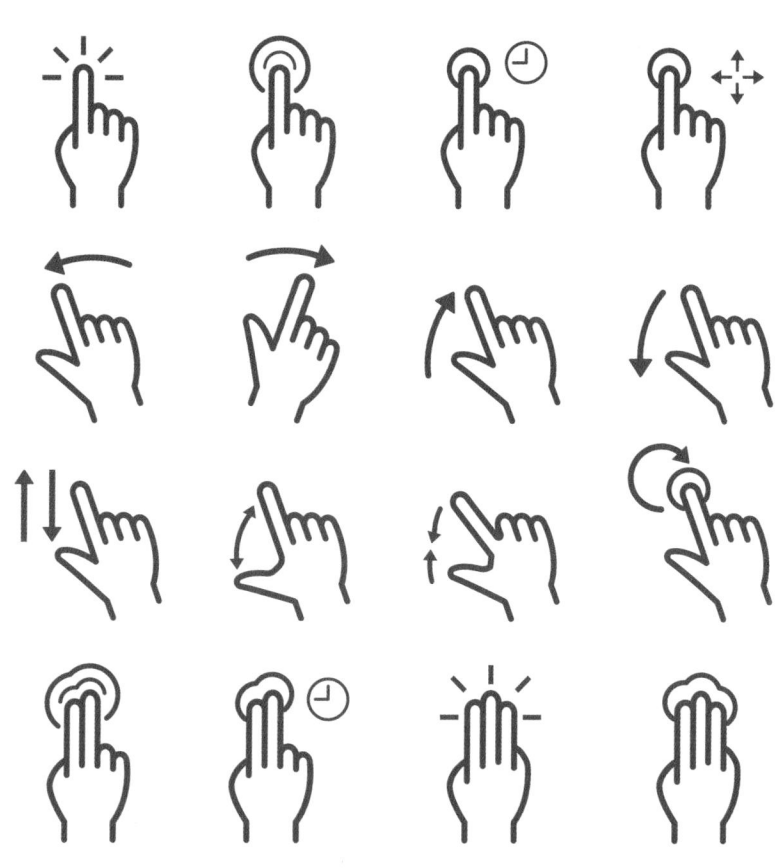

3 사용자 경험 + 브랜드 경험 + 고객 경험 = 경험

비즈니스와 디자인은 UX+BX+CX=EXPERIENCE일 때 서로 만난다.

이 책에서 사용자 경험은 꽤나 자주 등장했다. 중요하기 때문이다. 고객 경험팀에 **사용자 경험 디자인** 전문가가 없는 기업은 반드시 해당 인재를 채용해야 한다. 사용자 경험 전문가는 경험 디자인에 없어서는 안 될 존재다.

우리는 앞에서 교통공학에 관해 살펴보았다. 고객 경험에서 사용자 경험은 도시계획에서 교통공학과 같은 위치를 차지한다. 교통공학은 소비자가 회사와 그 서비스, 제품을 경험하는 모든 측면을 포괄하는 사용자 경험과 실제로 그리 다르지 않다.[17]

사용자 경험은 UI가 아니다

사용자 경험 디자인 업계에서 닐슨 노먼 그룹Nielsen Norman Group은 세계 최고 자리를 다투는 기업 중 하나다. 공동 창립자인 도널드 노먼Donald

Norman은 디자인과 사용성 공학usability engineering, 인지과학 관련 분야 전문가로 널리 알려져 있다. 또한《일상적 사물 디자인*The Design of Everyday Things*》[18]을 비롯하여 디자인에 관한 저서로도 크게 존경받고 있다. 노먼이 하는 작업의 상당 부분은 사용자 중심 디자인을 옹호하는 일과 관련이 있다.

논의를 위해서 **사용자**의 자리에 **인간**이라는 단어를 넣어서 설명하고자 한다. 노먼은 인간 중심 디자인을 효과적으로 수행하려면, 동료들이 한 제안과 그 동료들 자체도 검토하고 평가할 수 있는 권위적인 전략가와 디자이너가 필요하다고 말한다. 이는 내부의 요구를 심도 있게 숙고해야 할뿐더러, 어떤 요구는 상식적으로 보이거나 쉽게 이익을 얻을 수 있는 것처럼 보일지라도 전문적인 판단에 따라 무시할 수도 있어야 하기 때문이다. 역설적으로 사람들을 무시하는 것이 그들을 만족시킬 수 있는 가장 좋은 방법일 때도 있다.

모든 기업에는 경험 생태계를 만들고 지속적으로 그 생태계를 보호하고 최적화하는 전문 사용자 경험 디자이너가 최소한 한 사람은 있어야 한다. 사용자 경험 디자인은 최종 사용자가 그 회사와 회사의 서비스 및 제품과 상호작용을 하는 모든 측면을 포괄한다.

사용자 경험 분야의 권위자인 닐슨과 노먼은 언젠가 이렇게 썼다. "모범이 될 만한 사용자 경험의 첫째 요건은 고객에게 정확히 필요한 것을 지체 없이 충족시키는 것이다. 그다음 요건은 소유하는 것으로도 사용하는 것으로도 기쁨을 줄 수 있는 제품을 만드는 데 필요한 단순함과 우아함이다." 특히 그 필요가 사람들이 말로 표현한 적 없는 것일 때 더욱 중요하다.

많은 회사가 실제로 사용자 경험 전문가를 고용하고 있지만, 다소 일반화해 말하자면 대체로 그들을 충분히 활용하지도 제대로 인정하지도 않고 있다. 이는 부분적으로는 사용자 경험을 사용자 인터페이스 디자인이나 사용성을 위한 테크놀로지 디자인과 곧잘 혼동하기 때문이다.

사용자 경험은 레이아웃과 제품 디자인, 사이트 내비게이션을 최적화하는 것을 훨씬 넘어서는 일이다. 이것도 모두 사용자 경험의 일부지만 전체 범위에서 보면 작은 조각에 지나지 않는다. 사용자 경험은 아주 중요하다. 캐피탈 원이 어댑티브 패스를 인수한 것도 그 때문이다. 이제 사용자 경험의 역할과 이것이 사용성, 사용자 인터페이스와는 어떻게 다른지 좀 더 자세히 알아보자. 이 모두는 경험 디자인에서 당신이 해야 할 일과 관련이 있다.

사용성이란 무엇인가

사용성이란 고객이 제품을 사용하고 그 제품에 관해 배울 때 얼마나 쉬운지 그 정도를 의미한다. 또한 디자인 과정에서 사용 편이성이나 참여를 개선하기 위한 방법을 가리키기도 한다.[19]

노먼의 동업자인 제이컵 닐슨 Jacob Nielsen 은 사용성의 요소를 이렇게 정리했다.

- 학습용이성 Learnability: 사용자가 디자인을 처음 접했을 때 얼마나 쉽게 기본 작업을 수행할 수 있는가.

- 기억용이성 Memorability: 한동안 사용하지 않던 사용자가 다시 그 디자인으로 돌아왔을 때 얼마나 쉽게 다시 능숙하게 사용할 수 있는가.
- 불안정성 Errors: 사용자가 내는 오류는 얼마나 되며, 얼마나 심각하고, 얼마나 쉽게 회복할 수 있는가.
- 효용성 Utility: 디자인의 기능성을 말한다. 즉 디자인이 사용자가 필요한 기능을 수행하는가.
- 유용성 Usefulness: 사용자가 원하는 것인가.

사용성 테스트는 모든 디자인에서 필수적으로 해야 하는 일이지만, 그 전에 사용자의 필요와 기대와 바람이 무엇인지 숙고하여 당신이 이를 제대로 채워주고 있는지 확인해야 한다. 닐슨은 이렇게 말했다.

"어떤 것이 쉽다고 해도 그것이 자기가 원하는 게 아니라면 별 의미가 없다. 또한 시스템이 자신이 원하는 작업을 이론상으로는 해낼 수 있지만, 사용자 인터페이스가 너무 난해해서 그 작업을 할 수 없다면 아무 소용없다. 디자인의 실용성을 연구할 때도 사용성 향상에 사용하는 사용자 조사 방법을 그대로 사용할 수 있다."

다시 한번 용어를 정리해보자.

- 사용성 = 이 기능을 사용하는 것이 얼마나 쉽고 즐거운가.
- 효용성 = 필요한 기능을 제공하는가.
- 유용성 = 사용성 + 효용성

UI: 사용자 인터페이스 디자인

사용자 인터페이스 디자인은 구체적으로 사용자가 소프트웨어 어플리케이션이나 하드웨어 장치를 다루는 수단을 디자인하는 것을 말한다. 사용자가 해당 소프트웨어 또는 하드웨어를 자연스럽고 직관적으로 사용하게 해주는 것이 좋은 사용자 인터페이스[20]다.

예를 들어 애플에서 새로 나온 스마트워치는 아이폰과 아이패드에서 익숙하게 사용하던 iOS를 완전히 새롭고 훨씬 작은 화면과 최종 경험에 적용하기 위해 완전히 새로운 사용자 인터페이스 디자인을 개발해야 했다. 애플은 스마트워치 옆면에 태엽처럼 생긴 **디지털 크라운**을 도입했는데, 이는 사용자가 최초의 아이팟에 있던 다이얼과 비슷한 방식으로 스마트워치를 조작할 수 있게 해준다. 한마디로 사용자 인터페이스는 사용자 경험의 하위 개념이다.

UX: 사용자 경험 디자인

사용자 경험에는 통찰과 원칙, 사용성 연구와 사용자 인터페이스 개발이 통합되어 있고, 다른 분야에서 가져온 실행적인 측면도 포함된다. 로럴리 올번 Lauralee Alben이 1996년에 낸 책《체감 품질 *Quality of Experience*》에 깔끔하고 기본적인 정의가 잘 정리되어 있다.

[사용자 경험은] 사람들이 쌍방향 제품을 사용하는 방식의 모든 측면, 이

를테면 손에 잡았을 때 어떤 느낌인지, 작동 방식을 얼마나 잘 이해하고 있는지, 사용하는 동안 제품에 대해 어떤 느낌이 드는지, 목적 달성에 얼마나 도움이 되는지, 사용하는 상황에 제품이 얼마나 잘 맞아 들어가는지, 삶의 질에 얼마나 기여하는지를 모두 포괄한다.[21]

사용자 경험 디자인은 또한 고객이 회사와 그 서비스와 서로 주고받는 상호작용의 모든 측면, 그리고 고객의 일상적인 삶의 성격과 회사가 고객의 삶을 개선하는 데 어떻게 도움이 될 수 있을 것인지까지 더욱 폭넓게 고려해야 한다. 말하자면 디자인을 스튜디오에서, 화면에서 밖으로 빼내 우리 삶으로 가져오는 것이다. 이는 우리를 경험 설계의 영역으로 데려가는데 여기에는 필요를 충족시킬 뿐 아니라 미리 예측하고, 또한 만족은 물론 기쁨까지 주는 더욱 풍성한 경험을 만들도록 도와줄 막강한 도구들이 있다.

경험 설계는 하나의 폭넓은 예술이다. 당신이 디자인하는 것은 비전과 사명부터 제품과 실행, 진실의 순간들, 그리고 그 사이에 있는 테크놀로지와 사용자 인터페이스까지 이 모든 것이다. 바로 그렇기 때문에 기술적인 전문성을 넘어서는 훨씬 많은 것이 필요하고, 고객이 무엇을 원하는지 우리 자신의 관점이 필요한 것이다.

스티브 잡스는《와이어드》와의 인터뷰에서, 폭넓은 경험이 얼마나 중요한지, 왜 위대한 예술가는 경험 설계를 통해 디자인에 접근하는지 이야기했다.[22]

"그들은 자신이 겪은 경험을 서로 연결하여 새로운 것을 종합할 줄 알았다. [디자이너들이] 그럴 수 있었던 이유는 더 많은 경험을 해보았거나, 자신이 한 경험에 대해 다른 사람보다 더 많이 생각했기 때문이다."

잡스의 한마디 한마디를 통해 다른 사람의 경험에 덧붙여 우리 자신이 한 경험을 보완할 수는 있지만, 이것이 언제나 주변 사람에게도 의미 있고 공유할 수 있는 경험은 아니라는 점을 되새기게 된다. 우리에게는 영감과 공감이 필요하다.

"안타깝게도 ……우리 업계의 상당수는 그리 다양한 경험을 하지 못했다. 그들에게는 선을 그어 연결할 수 있는 점들이 충분히 없고, 그러니 결국에는 문제를 폭넓게 바라보는 시야를 확보하지 못한 상태에서 상당히 단선적인 해법만을 내놓는다. 인간의 경험에 대한 이해의 폭이 넓을수록 우리는 더 나은 디자인을 갖게 될 것이다."

경험 인류학을 활용하라

어떻게 하면 사용자 경험 디자인을 더 잘할 수 있을지 알아내는 한 가지 방법은 인간을 관찰하는 인류학에서 얻은 교훈을 활용하는 것이다. 세계 유수의 거대한 기업이 인류학자를 고용하는 것도 바로 이런 이유에서다. 예컨대 구글은 모바일에서의 사람들의 행동 양상을 연구하기 위해 민족지학자를 고용했다. 인텔Intel에도 사내 문화인류학자가 있고, 마이크로소프트Microsoft는 전 세계에서 인류학자를 두 번째로 많이 고용한

기업이다.[23]

레드 어소시에이츠ReD Associates[24]의 설립 파트너 중 한 명인 크리스티안 마두스베르그Christian Madsbjerg가 〈폭스 비즈니스Fox Business〉에 출연하여 말한 것[25]처럼 "오늘날 사업의 성배는 ……고객들이 왜 어떤 행동을 하는지, 왜 어떤 제품을 구매하는지 이해하는 것이다. 인간학Human science은 사람들의 세계를 이해하려는 것이다." 레드 어소시에이츠의 직원은 대부분 심리학과 철학, 사회학, 인류학 전문가로 고객의 행동과 사고방식, 감정에 관한 예리하고 미묘한 통찰을 경험 디자인 과정에 통합하는 일에 뛰어난 능력을 갖추었다.

〈폭스 비즈니스〉와의 인터뷰에서 마두스베르그는 삼성이 텔레비전을 디자인하기 위해 사람들이 가정에서 기기를 사용하는 방식을 관찰한 내용을 어떻게 활용했는지 들려주었다.

"삼성은 텔레비전이나 휴대폰을 구매하는 사람에게 무엇이 중요한지 알아내기 위해 상당히 훌륭한 방식으로 접근했습니다. 사람들이 기대하는 것은 무엇일까요? 그들은 사람들에게 어떤 종류의 텔레비전을 원하느냐고 직접 묻는 대신 사람들의 집 안에서 일어나는 일을 관찰했습니다. 각 가정에서 텔레비전이 어떤 물건인지, 텔레비전으로 하는 경험은 어떠한지, 그들에게 좋은 경험이란 무엇일지 생각했지요. 그들이 알아낸 것은 대부분 가정에서 남자들은 자신이 텔레비전을 산다고 생각하지만 실제로 구매 결정을 내리는 건 여자들이라는 사실이었습니다. 어떤 텔레비전을 살지 결정할 때 여자들은 전자제품이 아니라 가구의 관점에서 텔레비전을 바라보지요. 그래서 텔레비전의 외형이 오늘날처럼 변화했고 지금처럼 텔레비전을 판매하게 된 것이죠."

당신의 고객들이 무엇에 움직이는지, 그들이 왜 어떤 행동을 하고 어떤 감정을 느끼는지, 무엇이 그들에게 영감을 주는지 정말로 알고 있다고 상상해보라. 일상의 삶에서 그들을 면밀히 관찰하면 당신도 그 답을 알 수 있다.

관찰의 힘

파이살 호크Faisal Hoque와 드레이크 베어Drake Baer는 《모든 것은 연결된다: 창의와 혁신, 지속 가능성의 시대에 변화하고 선도하는 법Everything Connects: How to Transform and Lead in the Age of Creativity, Innovation and Sustainability》[26]에서 관찰의 힘에 대해 말한다. 관찰은 거의 모든 디자인 철학에서 핵심이며, 결국 효과적인 사용자 경험과 경험 디자인에서도 그러하다. 관찰의 힘은 정보나 통찰 이상의 것을 가져다준다. 관찰을 하다 보면 영감을 얻게 되고 이는 다시 창의성에 불을 붙이고 거기서 혁신이 시작된다.

호크와 베어는 전 시대에 걸쳐 가장 위대한 예술가이자 혁신자 가운데 한 사람인 레오나르도 다빈치Leonardo da Vinci의 예리한 관찰력과 호기심을 예로 들어 이야기한다.

"화가로 시작해서 조각가가 되고 공학자와 해부학자, 그리고 다시 화가가 된 레오나르도 다빈치는 오랫동안 자연 세계를 경험하고 감상하는 훈련을 했다. 그의 묘사력은 바로 거기서 나온 것이다. 레오나르도 다빈치의 핵심 기술이자 가장 큰 열정은 관찰이었고, 이 열정은 그의 모든 작품에 스며 있다. 그의 노트를 들여다보면 평생에 걸친 수역학에 대한 관심을 증명하듯 물의 움직임을 그린 스케치들이 있고, 인체의 구조에 관한 기초 연구가 된 소묘들, 그가 피렌체와 로마, 밀라노에서 만난 못난 사람, 아름다운 사람의 얼굴 초상도 있다. 레오나르도 다빈치는 '많은 사람이 시선을 줄 뿐 정말로 보는 사람은 드물다'고 말했고, '주의 깊게 바라보는 행위야말로 직접적인 경험의 토대이며, 그 자체로 직접적인 지식의 밑바탕'이라고도 말했다."

바로 이렇게 예리한 관찰에서 변화를 이끌어낼 수 있는 깨달음이 나온다. 당신은 질문을 던져야 하고, 다른 누구도 보지 않은 것을 보아야 한다.

레고, 놓쳤던 조각을 다시 맞추다

누구나 좋아하는 최고의 상상력 자극제 레고가 급격히 매출이 떨어지고 있었을 때, 그들에게 열쇠가 되어준 것은 고객 행동을 관찰하는 일이었다. 십 년 전만 해도 레고는 급격히 추락하며 존폐 위기에 내몰렸다. 2000년에 레고는 세계에서 다섯 번째로 큰 장난감 회사였다. 그러나 2004년 1월에는 막대한 적자로 매일 100만 달러씩 현금 손실을 보고 있다고 발표했다.

레고 창업자 올레 키르크 크리스티안센Ole Kirk Christiansen의 손자이며 사주이자 CEO였던 키엘 키르크 크리스티안센Kjeld Kirk Kristiansen은 회사의 상황을 반전시킬 다양한 전략을 찾고 있었다. 그러다 맥킨지앤컴퍼니McKinsey & Company의 컨설턴트로 일했던 예르겐 비 크누스토르프Jørgen Vig Knudstorp를 새 CEO로 영입하고 자신은 물러나는 것이 유일한 방법이라 판단했다.

연구를 계속해보니 문제의 핵심은 회사가 고객과의 접촉 지점을 잃은 것임이 드러났고, 무엇이 잘못되었는지 알아낼 연구팀이 꾸려졌다. 마두스베르그와 미켈 B. 라스무센Mikkel B. Rasmussen의 《우리는 무엇을 하는 회사인가? The Moment of Clarity》[27]에 따르면, 그들은 아이들이 레고를 가지고 어떻게 노는지 데이터를 깊이 파고들었다.

"우리는 끊임없이 물었다. '저 아이는 저기서 뭘 하고 있을까? 여기 이 아이가 하는 일과 같은 건가?'" 데이터에 대한 열띤 토론을 벌인 후, 연구자들은 뿔뿔이 흩어져 각자가 중요하게 여기는 패턴에 대해 각자의 판단을 내놓았다.

연구자들은 패턴 인식 과정에 평생 익혀온 비판적 사고를 적용했지만, 동시에 그들 자신도 쏟아부었다. 자신의 관점을 아이들의 경험을 분별하는 데 사용하여 예술과 과학을 융합한 것이다.

레드 어소시에이츠의 공동창립자인 마두스베르그와 라스무센은 레고 사례의 교훈을 이렇게 정리했다.

레고는 자기네 고객 - 어린 건축가들과 그 부모들 - 이 제품을 가지고 놀 때 정말로 원하는 게 무엇인지 이해하려 하기보다 브랜드 파워를 활용하여 새로운 시장으로 옮겨가겠다고 결정함으로써 추락을 가속화하고 있었다.

……잘못된 가정을 바탕으로 레고는 액션 피규어와 비디오게임 분야로 가지를 뻗었다. 갈수록 아이들이 부모가 정해놓은 일정에 따라 살고 있고, 훨씬 빠른 속도로 진행되는 전자게임에 정신을 빼앗기기 때문에 더 이상 구식 플라스틱 블록에 쏟을 시간과 끈기가 없을 거라고 믿었기 때문이었다. 그리하여 레고의 제품은 훨씬 더 멋지고 더 공격적인 외관을 갖게 되었고, 레고를 가지고 노는 아이들에게 시간과 끈기도 별로 요구하지 않게 되었다. 그러는 동안 부모들이 어릴 때 가지고 놀던 레고에 대한 향수도 희미해지기 시작했고, 그러면서 레고 블록을 사고 싶다는 충동도 시들해졌다.

사람들이 일상을 꾸려가는 방식을 관찰했으면, 이를 데이터 마이닝 data mining[대규모로 저장된 데이터에서 규칙이나 패턴을 찾아내는 일_옮긴이] – 나는 디지털 인류학이라는 표현을 더 선호한다 – 을 포함한 다양한 종류의 데이터 수집과 결합하는 것이 이상적이다. 레고 연구팀의 경우에는 집에서 노는 아이들에 관한 사진 일기장을 만들었는데, 이것이 전형적인 블록이 지닌 핵심적인 매력을 이해하는 결정적인 도구였다. 알고 보니 아이들은 고압적인 부모에게 반항심을 표출하고 싶은 욕구를 갖고 있었다(당신도 한번 상상해보라!).

사진 일기장을 검토하는 동안 ……연구자들은 아이들의 침실이 …… 엄마들의 뜻대로 하나하나 꼼꼼하게 디자인된 경향이 있다는 점에 주목했다. LA에 사는 한 아이의 침실은 이상할 정도로 정돈이 잘되어 있고 멋진 비행기 모빌이 매달려 있었다. 한 인류학자가 "연출된 것처럼 보이네요"라고 말했고, 연구팀은 그 점이 의미하는 바에 관해 토론했다. 연구자들은 엄마들이 아이들의 발달과정까지 '연출'하고 있다는 점에 주목했다.

레드 어소시에이츠의 마두스베르그와 라스무센은 레고 연구팀이 반짝하고 해결책을 발견한 순간을 이렇게 이야기했다.

레고 연구팀이 데이터를 체계적으로 분류하는 동안 열쇠가 될 만한 통찰이 나타나기 시작했다. 그중 하나는 아이들은 과도하게 연출된 생활에서 탈출하기 위해, 또 특정한 기술을 갈고닦기 위해 놀이를 한다는 것이었다. 이 통찰은 아이들이 너무 바빠서 레고를 붙들고 씨름할 여유가 없다는 가정이 잘못된 것임을 밝혀주었다. 실제로 어떤 부류의 아이들은 레고 블록에 깊이 몰두하여 그것을 다루는 숙련된 기술을 얻고 싶은 욕망이 있고 그럴 시간도 충분하다는 사실도 드러났다.
이러한 연구 결과는 우리가 다가가야 할 대상이 누구인지 판단할 수 있게 해주었다. 이에 따라 하나의 표어가 만들어졌다. "이제 우리는 레고 자체의 특징 때문에 레고를 좋아하는 사람들을 위한 레고를 만들 것이다."

이 통찰은 전면적인 변화를 일으켰다. 전통적인 전략 프로세스 – 시장 데이터 분석, 컨조인트 분석conjoint analysis[제품 또는 서비스의 여러 속성이 고객에게 주는 효용을 측정하여 고객의 선택을 예측하는 분석_옮긴이], 설문조사, 포커스 그룹 조사 등 – 에서라면 이러한 분석을 아마도 내놓지 못했을 것이다.

디지털 경험과 물리적 경험의 구분을 없애라

사용자 경험 디자인은 디지털 경험을 디자인하는 일뿐 아니라, 실제 세계에서 고객에게 제공되는 유형의 경험을 디자인하는 일이기도 하다. 일례로 스타벅스는 고객에게 개인 맞춤형 음료 메뉴를 만들도록 권하는데, 이는 고객이 자신의 경험에서 주인이 되는 느낌을 주려는 한 방법이다. 이렇게 해서 생겨난 유대감은 쉽게 무시할 수 없다. 캘리포니아에 본점을 둔 인앤아웃 버거 In-N-Out Burger도 마찬가지다. 이 치즈버거의 메카는 메뉴판에 올리지 않은 시크릿 메뉴를 제공함으로써, 50년 이상 브랜드와 고객, 아직 인앤아웃의 세례를 못 받은 사람들 사이에서 숭배 비슷한 관계를 유지해왔다.

　이제 질 높은 경험을 추구한다면 추상적인 것과 실체적인 것, 무형의 것과 유형의 것 사이에서 균형을 잘 잡아야 한다. 나는 《UX매거진 UXMagazine》에서 타일러 웰스 Tyler Wells가 들려준 이야기를 참 좋아한다. 사용자 경험은 경험에 관한 것이지 제품 자체에 관한 것이 아님을 강조한 이야기였다. 웰스는 LA에 있는 핸섬 커피 로스터스 Handsome Coffee Roasters의 공동창업자 중 한 사람이다. 현재 핸섬 커피 로스터스는 오클랜드와 샌프란시스코에 기반을 둔 블루 보틀 커피 Blue Bottle Coffee에 매각

되었다. 웰스는 이렇게 썼다.

내가 열두 살 때 아버지는 4단 수동기어 변속기가 장착된, 1979년에 나
온 폭스바겐 래빈 디젤로 운전을 가르쳐주셨다. 우리는 웨스트버지니
아 주의 흙먼지 날리는 길을 달리고 있었다. ⋯⋯그리고 아버지는 운전
할 때 정말로 중요한 게 무엇인지 가르쳐주셨다. "운전은 네가 태우고
가는 사람이 편안하도록 해야 하는 거란다."[28]

테크놀로지는
보이지 않을 때 가장
인간적이다.

그가 말하고자 한 요점은 자동차 자체나 차 내부 인테리어나 사운드 시스템의 품질이 중요한 게 아니라는 것이다. 기술이나 기술 부족 문제도 아니다. 중요한 건 바로 사람이다.

좋은 경험을 디자인하려면 사용자 경험에서 수집한 정보를 제품과 서비스, 고객 참여를 디자인할 때만이 아니라 고객이 온라인이나 오프라인에서 회사나 직원들과 상호작용을 하는 방식을 디자인하는 데에도 반드시 반영해야 한다. 사용자 경험 전문가들은 당신 회사의 경험 생태계 풍경의 측량사 역할뿐 아니라, 그 생태계가 적합한 기준에 맞게 건설되고 있는지 확인하는 건설 현장의 소장 역할도 한다. 이 역할을 효과적으로 해내려면 사용자 경험 책임자나 담당팀에게 더 큰 범위의 팀을 질서 있게 꾸려나갈 수 있을 만한 영향력을 부여해야 한다.

개릿이 알려준 사용자 경험의 요소들

몇 년 전 텔레비전 시리즈 〈레볼루션Revolution〉에서 시스템 설계 전문가인 제시 제임스 개릿Jesse James Gerrett과 고위 경영진이 사용자 경험에 관해 생각해야 할 필요성에 대해 토론하는 행운을 누렸다.[29] 개릿은 2001년에 기업이 사용자 경험 문제를 해결하도록 돕고 사용자 경험 분야를 발전시키겠다는 포부를 품고서, 현재 캐피탈 원의 일부가 된 어댑티브 패스를 창업했다.[30] 그는 또한 이 책을 쓰는 작업에 착수할 때 읽고 또 읽은 중요한 책《사용자 경험의 요소The Elements of User Experience》[31]의 저자이기도 하다. 개릿은 사용자 경험 디자인계에서 앞서가는 생각으로 널리 존경받고 있고 나 역시 그가 한 작업을 높이 평가한다.

대화를 나누는 동안 그가 들려준 이야기를 간략하게 요약하면 "어떤 제품을 만들더라도 그 안에는 인간심리와 행동에 대한 이해가 들어가야 한다"는 것이다. 그리고 시간이 지나면서 사용자 경험 디자인은 전술적인 역할 - 그의 말에 따르면 이는 사용자 인터페이스 디자인과 공통점이 많다 - 에서 제품 관련 전략에 깊이 통합된 상태로 진화해왔다고 한다.

참여로서의 경험

현재의 사용자 경험을 검토하고 경험 디자인을 시작할 때 '참여를 위한 디자인'에 관해 개릿이 한 말[32]을 깊이 생각해보기를 권한다.

> "무언가를 사용한다는 것은 그것과 함께 무언가에 참여한다는 것이다. 참여가 바로 모든 것이다. 우리가 하는 작업은 누군가의 참여를 위해 존재한다. 우리가 작업해놓은 결과에 아무도 참여하지 않는다면 어떤 의미에서 그것은 존재하지 않는 것이다.
> 사람들이 하는 경험을 명시적인 결과로, 사람들의 참여를 명시적인 목표로 두고서 디자인하는 것은 과거에 하던 종류의 디자인과는 다르다. 이는 어떤 매체에서나 실행할 수 있고, 모든 매체에 걸쳐서 실행할 수 있다."

한 번의 거래로서의 참여는 단순히 그 한순간에 경쟁하여 이기려는 것이다. 여러 매체와 여러 상황에 걸쳐 서로 연결된 일련의 다양한 경험으로서의 참여가 바로 경험 설계의 모든 것이다.

2009년에 개릿은 제10회 IA 정상회담Information Architecture Summit에서 열정적으로 연설했다.[33] IA 정상회담은 정보 아키텍트와 콘텐츠 발행자, 정보 공간을 디자인하는 모든 이를 위한 중요한 업계 컨퍼런스다.[34] '멤피스 총회' 연설을 하면서 개릿은 디지털 경험을 만드는 일을 하는 사람은 손을 들어보라고 말했다. 당연히 대다수가 손을 들었다. 이어서 그는 비非디지털 경험을 만드는 사람은 누구냐고 물었다. 이번에는 손을 드는 사람이 많지 않았다.

개릿은 사용자 경험 업계가, 특히 사용자 경험 디자이너들이 웹사이트 및 일반적인 디지털 접점을 넘어서서 생각하기를 원했다. 우리는 그렇게 해야만 한다. 그의 연설은 경험 설계자들에게 떨치고 일어나 아날로그와 디지털이 자연스럽고 매끄럽게 이어지는 연결된 세계를 건설하자는 부름으로 들린다. 이는 사용자 경험 전문가가 기여할 수 있는 핵심적인 일 가운데 하나다.

사용자 경험과 브랜드 경험과 고객 경험의 차이가 무너지고 있다

더 자주 던져보아야 할 질문은 이것이다. "사용자 경험UX과 브랜드 경험 BX과 고객 경험CX은 서로 어떤 관계인가?" 오늘날의 서글픈 진실은 대부분의 기업 업무에서 이 세 가지 X가 별로 관련이 없다는 점이다. 각 분야의 전문가 사이에 상호작용이 오가는 경우도 드물고, 기업이 경험 디자인을 할 때 이를 통합하는 경우는 더욱 드물다. 세 분야의 전문가들이 서로 공유해야 할 것이 얼마나 많은지 생각해보면 참으로 어처구니없는 상황이다. 이 책을 여기까지 읽었다면 분명 당신은 어느 방향으로 나아가야 하는지 명백하게 깨달았을 것이다.

BX: 브랜드 경험

지금까지 우리는 브랜드에 관해서는 별로 이야기하지 않았다. 브랜드는 로고 하나나 표어 하나가 아니라 커다란 지침을 따라야 한다. 또한 브랜드는 비전과 목표를 전달할 수 있어야 한다. 단순히 창의성의 기준이 아니라 경험 체계의 기준이 될 수 있는 브랜드 설계가 반드시 뒷받침되어야 한다.

구체적으로 브랜드 경험이란 한 사람이 인식하는 그 브랜드의 행동 또는 상태다. 이는 느껴지는 것이다. 한 개인과 유형 및 무형의 브랜드 제품 사이에서 일어나는 모든 상호작용이 하나하나 모여 전체로서의 브랜드 경험을 형성한다.[35]

CX: 고객 경험

고객 경험은 흔히 한 고객이 회사나 브랜드, 그 제품 또는 서비스를 상대하며 경험한 뒤 갖게 되는 인식이라고 정의하지만, 고객 경험 컨설팅 회사인 비욘드 필로소피Beyond Philosophy가 지적한 것처럼 고객 경험의 상당 부분은 무의식적 영역에서 일어난다.

> 고객 경험이란 합리적으로 판단할 수 있는 경험, 예컨대 전화를 얼마나 빨리 받는가, 개점 시간이 언제인가, 배송 예상시간은 얼마인가에 관한 것만이 아니다. 고객 경험의 50퍼센트 이상은 무의식적인 부분이나 고객이 느끼는 바다. 고객 경험은 '무엇'만이 아니라 '어떻게'에 관한 문제이기도 하다.
> 고객 경험이란 고객이 자신이 한 경험을 의식적, 무의식적으로 어떻게 보는가이다.[36]

맥킨지앤컴퍼니에서 일하는 알렉스 로슨Alex Rawson과 이언 덩컨Ewan Duncan, 코너 존스Conor Jones는 《하버드 비즈니스 리뷰》에 기고한 글에서, 고객 경험 설계가 고객만족도 조사와, 고객이 회사와의 실제적인 상호작용에서 나타낸 반응에 지나치게 초점을 맞추기 때문에 고객 경험의 더 넓고 깊은 면을 보지 못한다고 지적했다.

> "기업은 오랫동안 접점을 강조해왔다. 물론 접점은 고객이 구매에 이르는 과정과 그 이후까지 회사와 그 회사가 제공하는 것과 상호작용을 주고받는 매우 결정적인 순간이다. 그러나 그 순간의 만족감을 최대로 끌어올리는 일에만 협소하게 초점을 맞추다 보면, 회사에 대한 고객의 만족도를 실제보다 더 높게 보는 왜곡된 판단이 나올 수 있다. 이뿐 아니라 더 크고 더 중요한 그림을 보지 못하게 된다. 그것은 바로 처음부터

끝까지 그 고객이 겪어나가는 전체 여정이다."³⁷

지금까지 여러 장에서 사용자 경험에 관해 논의해왔으니, 고객 경험과 경험을 전체적인 관점에서 바라보는 것이 가장 중요하다는 것은 분명히 이해했을 것이다. 인간적인 수준에서 진정한 의미를 전할 수 있는 고객 경험을 디자인하려 한다면, 반드시 인간 중심 디자인 접근법을 채용해야 한다. 정신과 육체와 영혼을 포함하여 모든 것에서, 모든 단계에서, 모든 방식에서 무언가 의미가 있어야만 한다.

비즈니스와 디자인은

일 때 서로 만난다.

4 휴먼 알고리즘

**데이터를 수집하는 일은 비교적 쉽다.
어려운 것은 모은 데이터를 가지고 고객에게 제공하는 경험을
질적으로 변화시키기 위한 전략을 짜내는 일이다.**

비즈니스와 디자인이 만나는 X의 정확한 자리를 찾았다면, 그곳은 사람과 테크놀로지와 인문(예술)이 서로 교차하는 지점임을 알 수 있을 것이다. 고객 경험에 관한 한 B2B(기업과 기업 간 거래)도 B2C(기업과 소비자 간 거래)도 B2B2C(기업과 기업, 기업과 소비자 간 거래의 결합)도 없다. 고객 경험은 오직 P2P, 사람과 사람 사이의 일이며, 사람들을 경험의 순간까지 데려온 것이 무엇인지, 그리고 그들이 무엇을 어떻게 앞으로 밀고 나갈 것인지의 문제다.[38] 그러므로 기본은 고객들을 수치로서가 아니라 살과 피로 이루어진 한 전체적인 개인으로서 알아가는 것이다.

첫 단계는 당신과 당신의 고객 다수가 그리 비슷하지 않다는 점을 인정하는 것이다. 고객 가운데 일부는 물론 당신과 상당히 비슷할 수도 있지만, 대부분은 당신과 다른 삶의 경험과 관점, 다른 취향과 희망과 꿈을 갖고 있다.

정보의 인간적인 측면

아마 당신은 당신의 고객이 어떤 사람이며 무엇을 원하는지 파악하기 위해 어느 정도 데이터를 활용하고 있을 것이다. 빅 데이터는 고객의 관심사, 사적 네트워크와 공적 네트워크, 위치 그리고 다른 많은 특성에 관해 엄청난 정보를 제공한다. 그러나 의미 있는 경험을 만들기 위해서는 단순한 데이터 마이닝보다는 더 개인적인 방향으로 접근할 필요가 있다. 나는 "그건 개인적인 일이 아니야. 그냥 비즈니스일 뿐이라고"라는 말을 아주 싫어한다.

데이터는 효과적인 경험 설계에서 필수적이지만, 이것만으로 다 해결되는 것은 아니다. 고객의 삶에 관해, 그리고 그 삶을 향상시키기 위해 당신이 무엇을 할 수 있을지 더욱 깊은 통찰을 얻으려면 데이터를 해석하는 과정이 필요하다. 애플이 그렇게 큰 성공을 거둔 것은 바로 이런 종류의 통찰 덕분이었다. 고객을 매료시키는 일이 사람에 관한 일이라면, 회사 내부에서 변화를 일으키기 위해 필요한 것 역시 정치도, 과거부터 내려오는 프로세스도 아닌 바로 사람들이다.

데이터를 수집하는 것은 비교적 쉽다. 어려운 부분은 모은 데이터를 가지고 고객에게 제공하는 경험을 질적으로 변화시키기 위한 전략을 짜내는 일이다. 이를 위해서는 외부의 고객들만 바라보는 것이 아니라, 내부로 눈을 돌려 당신의 팀도 바라보아야 한다.

거래 이후를 예로 들어보자. 충성도와 판매시점 데이터에서는 귀속 관계를 명확히 판단할 수 없기 때문에 각 채널의 장들은 각각의 부서에서 고객충성도를 위해 어떻게 노력하고 있는지 전혀 모른다. 충성도를 확인할 수 있는 접점이 서로 연결되지 않았든, 아니면 내부에서 서로 협력하고 있든 간에 일상에서 고객들 눈에 보이는 것은 하나의 통합된 브랜드일 뿐이다.

　그러나 각 채널의 장들은 다른 부서가 충성도 유지를 위해 무엇을 하는지 전혀 파악하지 못하고, 따라서 그런 각자의 노력이 현재의 제반 구조 속으로 어떻게 통합되는지도 알지 못한다. 그 결과 다수의 팀이 각자의 충성도와 판매시점 데이터를 갖고 있고, 바로 이 때문에 그 데이터가 어디에 있는지 알아내 접근하기가 어려운 것이다.

사용자 경험에서 데이터 경험으로

데이터에는 알려지지 않은 것을 알려진 것으로, 가정을 사실로 바꿀 수 있는 능력이 있다. 당신의 팀에는 사용자 경험에 대한 전문가뿐 아니라 **데이터 아티스트**도 필요하다. 총명한 데이터 분석가는 고객 데이터에서 당신이 알아보지 못한, 새로운 깨달음이 담긴 많은 통찰을 이끌어낼 수 있다.

　진정한 데이터 아티스트는 세심하게 귀 기울여 듣고, 분석 알고리즘을 활용하여 단순한 데이터를 고객의 기업에 대한 경험과 더 폭넓은 그들의 삶, 그들의 희망과 꿈에 관한 이야기로 바꿀 줄 안다. 과학적으로 사람들을 관찰하고 데이터에서 기막힌 통찰을 이끌어낸다면 고객과 그들의 행동에 대해서도, 고객 경험을 향상시킬 수 있는 기회에 대해서도 확고하게 이해하게 될 것이다. 당신이 목표로 삼아야 할 것은 바로 고객 경험을 향상시키는 일이다.

저술가이자 컨설턴트인 짐 스턴 Jim Sterne은 〈데이터 과학자에서 데이터 아티스트로 From Data Scientist to Data Artist〉[39]에서 데이터 아티스트의 역할을 다음과 같이 정의하면서, 데이터 수집과 분석이라는 기본적인 작업과 훨씬 더 질적인 통찰을 뽑아내는 데이터 아티스트리를 구별했다.

"데이터 과학자는 데이터의 성격과 데이터 수집 방법, 데이터 처리 알고리즘을 이해하고 발전시키는 일을 한다. ……데이터 아티스트는 데이터에서 참신한 통찰을 뽑아내어 한 조직이 목표를 달성하도록 돕는 일을 한다. 그는 의사결정 지원 시스템에서 나온 결과물을 검증하여 사업에 적용할 수 있는 이론과 가정과 가설을 만들어내는 사람이다."

요즘 우리에게는 압도될 만큼 엄청난 양의 데이터가 있다. 이는 곧 대부분의 기업이 고객에게 제공하는 것을 바꾸는 데 도움이 되는 중요한 실마리를 무수히 놓치고 있음을 의미한다. 그 데이터 중에서 건져내야 할 보물이 무엇인지 꿰뚫어보는 전문가는 당신이 적합한 데이터를 수집하고 있는지 확인해줄 뿐 아니라, 그 데이터를 검토할 때 충분히 면밀하게 주의를 기울이고 있는지, (레고가 아이들이 고전적인 블록을 좋아하는 이유를 알아차렸을 때처럼 섬광 같은 깨달음을 얻을 수 있도록) 고객의 경험을 충분히 반영하는지 확인해준다.

데이터 아티스트는 기업이 고객 서비스 담당자와의 대화 내용이나 고객의 감정 같은 적합한 데이터 신호를 추적하고 있는지 확인해줄 뿐만 아니라 고객이 선호하는 것, 행동과 욕망의 트렌드, 제품과 서비스를 혁신하거나 개선할 수 있는 부분, 연구개발에서 초점을 맞추어야 할 부분, 고객을 창조의 과정에 동참시켜 관계를 구축해나갈 기회 등을 훨씬 더 풍부하게 이해할 수 있도록 도와준다.

당신에게 필요한 것은 다음과 같은 고객의 특성과 습관, 가치관 등에 대한 통찰이다.

- 페르소나 — 나는 누구이며 어떤 존재가 되고 싶은가
- 표현 — 내가 말하는 바
- 게재 — 내가 공유하는 것
- 직업 — 내가 하는 일
- 의견 — 내가 생각하는 것 또는 믿는 것
- 세부 정보 — 나와 만날 방법과 장소
- 평판 — 다른 사람들이 나에 관해 하는 말
- 취미 — 내가 열정을 갖고 있는 것
- 증명 — 나의 신원을 증명할 수 있는 사람
- 구매 — 내가 사는 것과 또는 사려고 생각했던 것
- 지식 — 내가 아는 것
- 아바타 — 나를 표상하는 것
- 관객 — 내가 아는 사람들
- 관심 — 나와 연결되어 있는 사람들과 우리를 묶어주는 관심사들
- 가치 — 내가 동조하고 지지하고 중요시하는 것
- 위치 — 내가 가는 곳
- 동향 — 나의 지인과 내가 곧 투자할 것

• 경험 — 내가 경험했고 주변 동료와 공유할 것

그들의 불만뿐 아니라 의도를 포착하라

훌륭한 데이터 아티스트가 데이터 수집과 분석을 얼마나 창의적인 일로 만들 수 있는지 보여주는 좋은 예가 하나 있다. 바로 닥 설스Doc Searls가 만든 공급업체 관계관리Vendor Relationship Management(VRM) 개념이다. 설스는 대단한 영향력을 지닌 책《웹 강령 95 The Cluetrain Manifesto》의 공저자 중 한 명이며,《의도 경제The Intention Economy》의 저자이자 캘리포니아대학 샌타바버라의 정보기술 및 사회 센터Center for Information Technology and Society(CITS)의 연구원이다.

설스는 일반적인 고객관계관리의 성격에 대해 비판하면서, 이는 진정한 고객과의 관계에 초점을 맞추지 못하는 경우가 많다고 주장해왔다. 기업은 대부분 참여의 등식에서 어느 한 변에만, 요컨대 기업 측의 마케팅과 판매와 서비스에만 지나치게 치중한다. 그 반대쪽 변에는 고객이 자신과 기업의 참여에 대해 요구하는 방식이 있다.

2013년에 인터넷 광고 협회Internet Advertising Bureau 전국 회원 모임 프레젠테이션[40]에서 설스는 허심탄회하게 자신의 견해를 펼쳤다. "[오늘날의] 고객관계관리는 [마케팅과] 영업만을 다룰 뿐 관계를 다루지는 않는다. 이는 고객을 밀어내고 접촉을 최소화하는 일이다." 또 그는 우리가 고객관계관리를 접할 때 전체 생애주기에 걸친 지속적이고 개인화한 방식이 아니라 콜센터와 정크메일 같은 '다양한 종류의 유혹'만 접한다고

[오늘날의] 고객관계관리는 [마케팅과] 영업만을
다룰 뿐 관계를 다루지는 않는다.
이는 고객을 밀어내고 접촉을 최소화하는 일이다.

_닥 설스 Doc Searls[41]

덧붙였다.

관계라는 것이 실제로 중요하다면 어떨까? 여기서 설스의 '공급업체 관계관리'라는 개념이 등장한다. 공급업체 관계관리에서는 고객이 자신이 원하는 조건과 선호하는 방식에 따라 기업을 상대할 수 있게 하는 참여의 도구와 서비스를 개발해야 한다고 본다. 이 방식을 통하면 기업도 고객의 욕구와 그들이 기업과 상대하면서 겪는 경험에 관한 훨씬 더 질 좋은 데이터를 수집할 수 있다.

공급업체 관계관리의 핵심은 설스가 '의향 캐스팅intent casting'이라고 부르는 것이다. 설스는 《하버드 폴리티컬 리뷰Harvard Political Review》의 톰 실버Tom Silver와 한 인터뷰[42]에서 그 개념을 이렇게 설명했다. "예컨대 내가 보스턴 코먼 공원에서 쌍둥이를 태울 유모차가 필요하고 200달러까지는 낼 의향이라면, 이를 광고하고 업체들이 나를 찾아오게 할 수 있는 것이죠." 의향 캐스팅은 일종의 개인적인 제안요청Request For Proposal(RFP)이나 견적요청이라고 할 수 있다.

설스는 에어버스Airbus가 새 프로젝트를 위한 새 엔진을 구하는 일을 예로 들었다. 이 경우 에어버스는 예컨대 롤스로이스Rolls Royce나 프랫앤휘트니Pratt & Whitney나 제너럴 일렉트릭General Electric에 제안요청서를 보낼 수 있다. 설스는 고객이 이런 일을 하는 것은 시간문제일 뿐이라고 말하는데 실제로 이미 그렇게 되고 있다. 바로 이 지점에서 데이터 아티스트리가 개입한다.

기업은 대부분 이렇게 고객이 표현한 의향이나 관심사를 알아차리거나 활용할 수 있는 제반 구조를 갖추고 있지 않다. 그래서 설스는 기업에게 그들이 참여할 수 있도록 게시된 고객의 의향과 관심사에 연결할 수 있는 시스템을 만들라고 충고한다. 이런 식으로 데이터 시스템을 질적으로 향상시키는 일을 돕는 게 바로 데이터 아티스트가 당신을 위해 할 수 있는 일이다.

사물인터넷이 발전하고 있는 지금, 더욱 강력해질 데이터 수집과 분석의 가능성을 내다보라. 사물인터넷에서는 갈수록 제품들이 서로 정보를 주고받고, 다른 기기를 통해 다른 제품과 기계 또는 고객과도 소통하게 될 것이다. 여기서 생겨날 방대한 정보가 저장되는 영역은 클라우드가 제공해준다. 그러나 클라우드 자체는 그 데이터에서 가치 있는 통찰을 만들어내지 못한다. 데이터 수집과 분석이 그런 일을 하기에 가장 적합하도록 만드는 것은 반드시 당신이 해야 할 몫이다.

잊지 마라. 데이터는 시작일 뿐이다. 데이터는 언제나 하나의 이야기를 들려주어야만 한다. 그 이야기는 사람들에 관한 것이어야 한다. 좋은 이야기란 언제나 사람들에 관한 이야기다. 이 지점에서 사용자 경험 전문가의 작업이 데이터 아티스트리와 결합하면, 당신은 고객을 더욱 생생하게 이해하게 된다. 그 둘을 한데 모으는 작업의 출발점은 고객 여정 매핑 프로세스다. 이제 탁월한 고객 여정 맵을 만드는 방법을 구체적으로 알아보자.

5부

혁신을
부르는
경험 맵을
그려라

고객 경험을 개선할 수 있는
지점은 어디일까
우리는 무엇을 혁신해야 할까

고객 여정을 지나는 동안 고객은
늘 온갖 종류의 상황을 겪고
갖가지 생각을 한다.

1 경험 설계 맵의 종류

**고객의 감정과 삶의 상황,
포부까지 모두 고려해야 한다.**

기업들은 대개 테크놀로지와 채널과 콘텐츠를 제일 먼저 고려한다. 그
들은 고객 개개인에게 초점을 맞추기보다는 경험 설계의 일반화된 접근
법을 따른다. 캠페인(일대다)에서 개인적 여정(일대일)으로 시각을 바꾸
는 게 변화의 시작이다.

고객 여정 매핑은 현재의 고객 여정(의식(A) 지점부터 경험(X) 지점까지)
과 그 여정이 회사의 목표나 브랜드가 제시한 약속과 어떻게 어우러지
고 있는지 이해하는 일에서 시작된다. 그런 다음 당신이 개선하고 싶은
점이 무엇인지 결정하면 된다.

매핑 과정의 단계를 알아보기 전에, 최선의 경험 설계 청사진을 만들
고 그 일을 담당할 전체 팀을 구성하고 배치하기 위해 먼저 세 가지 매
핑을 개략적으로 살펴보자. 세 가지 모두 각기 유용한 도구이면서 또한
서로 보완해준다.

다음 단계로 넘어가기 전에 여정 맵과 경험 맵을 정리해보자.

여정 맵

경험 설계 지도들 중에서 가장 인기 있고 익숙한 것이 여정 맵이다. 여정 맵이 있으면 고객의 입장에서 여정을 돌아보면서, 더 좋은 서비스를 제공하는 데 필요한 전략적이고 기술적인 해결책을 명확하게 파악할 수 있다.

그 어떤 여정도 전적으로 단선적일 수는 없으므로, 여정 맵은 고객이 당신의 회사를 선택하게 만들 진실의 순간들로만 짜여져서는 충분하지 않다. 이상적인 실제의 물리적 경로와 디지털 경로 지도를 만들어야 한다. 여정 맵은 테크놀로지와 채널, 기기, 콘텐츠까지 고려한 고객 여정의 분해 조립도라고 보면 된다.

여정 맵은 다음과 같아야 한다.

- 순조로운 여정을 위해 고객을 최우선으로 하는 그리드를 만든다.
- 영향력의 지점과 핵심 접점을 표시해야 한다.
- 의식(A)과 경험(X) 지점 사이의 경로를 간소화하는 방법과 방해요소를 밝힌다.
- 사람들이 여정으로 들어오거나 여정에서 빠져나가는 지점이 되는 미시적 경험과 그 경험의 이유와 방식을 밝힌다.
- 콘텐츠와 테크놀로지 사이에 격차가 있는 부분을 드러낸다.
- 맥락과 의도, 포부를 찾아낸다.
- 기대와 욕구를 기준으로 하여 서비스와 프로세스에 나타나는 빈틈을 드러낸다.

- 거래 이전과 거래 도중과 거래 이후에 새로운 제품과 서비스에 영감을 준다.
- 경험을 최대한 향상시킬 수 있는 투자를 우선으로 하고 그렇지 않은 투자는 그만두게 도와준다.

경험 맵

고객 여정에는 항상 어떤 식으로든 정서적인 면이 있다. 감정은 비합리적이기는 하지만 그 자체로 고려의 대상으로 삼아야 하고, 감정을 특정한 방향으로 이끌도록 노력해야 한다. 고객 여정을 지나는 동안 고객은 늘 온갖 종류의 상황을 겪고 갖가지 생각을 한다. 경험 맵은 고객 경험의 이러한 측면에 초점을 맞춰 최종적인 여정 맵에 더 나은 인식을 반영하게 해준다. 이게 바로 경험의 영역이다.

우리는 어댑티브 패스의 틀을 활용하여, 고객 경험의 특징에 관한 결정적으로 중요한 정보를 찾아낼 수 있다. 이때 고려해야 할 것은 다음과 같다.[1]

- 행동: 고객은 자신의 필요를 충족하기 위해 어떻게 행동하는가. 그들의 핵심적인 행동은 무엇인가.
- 사고: 사람들은 자신이 하는 경험을 어떤 틀에 넣고 어떻게 평가하는가. 그들이 예상하는 것은 무엇인가.
- 감정: 여정을 거치는 동안 사람들은 어떤 감정을 느끼는가. 가장

긍정적인 감정은 무엇인가. 가장 부정적인 감정은 무엇인가.

이뿐 아니라 시간과 장소, 접속하는 기기, 채널을 포함하여 고객이 당신의 회사를 상대하는 상황을 먼저 고려해야 하는 것은 말할 필요도 없다.

좋은 경험 지도는 고객의 물리적이거나 감정적인 상황, 디지털 시나리오를 함께 모아 시각적으로 흥미진진한 그래픽으로 표현해야 한다. 이런 시나리오를 만들려면 고객에 대한 질적 연구와 양적 연구를 잘 조화시킬 필요가 있다.

경험 흐름 맵

여기가 바로 정확히 X가 자리하는 위치다. 물론 경험 설계의 목표는 현재 상태의 지도를 그리는 것만이 아니라 미래를 계획하는 것이기도 하다. 당신이 만들고 싶은 미래의 경험을 가장 효과적으로 그려내는 방법은 고객이 모든 접점에서 회사와 상대하는 동안 어떻게 행동하고 생각하고 느끼는 것이 가장 이상적인지 담아낸, 이상적인 고객 여정에 대한 광범위하고 통합적인 표현을 만드는 것이다. 우선 이 그림이 완성되어야만 여기에 맞추어 경험 설계팀을 가장 적합하게 배치할 수 있다.

필립스Philips 디자인은 2001년에 경험 흐름 창조 업무를 도입했다. 그들은 경험 흐름을 다룬 지도를 "기대에서 첫인상으로, 발견과 사용으로, 마지막에는 기억으로" 이어지는 경험을 보여주는 도구로 정의했다.[2]

경험 흐름은 하나의 거대한 포스터로 모든 직원이 각자 중점을 두고 있는 일이 무엇이든 간에, 그 포스터만 보면 현재의 고객 경험과 앞으로 회사가 창조하고자 하는 고객 경험이 어떤 것인지 쉽게 이해할 수 있게 해준다. 경험 흐름 지도는 모든 부서의 모든 직원이 즉각적으로 그 의미를 파악할 수 있도록 세심하게 디자인해야 한다. 이런 경험 흐름 포스터를 통해 다수의 관점을 동시에 전달할 뿐 아니라 상당량의 정보를 압축적으로 담아내는 전체적인 그림을 만들 수 있다.

필립스는 이 포스터를 경험 설계 팀원들이 직접 고객 여정을 겪어보면서 경험 향상 계획을 세우는 데 활용한다. 가장 이상적인 것은 전체 설계 과정에서 이런 각각의 도구를 직접 만드는 것이다. 그러나 이렇게 하든 아니면 다른 방법을 취하든, 핵심은 고객 여정에서 문제를 일으켜서 명백히 드러난 실제적인 사안만이 아니라 고객의 감정과 상황, 포부까지 모두 고려해야 한다는 사실이다.

2 여정 매핑

여정 매핑에서 해야 할 일과
하지 말아야 할 일

세일즈포스닷컴 Salesforce.com은 기업이 디지털 고객 경험에 투자하는 일이 얼마나 긴급한지 절감하게 하려고, "우리는 '이제까지 알 수 없었던 방식으로 고객을 알게' 도와줄 '고객 여정'의 시대로 들어서고 있다"고 선언했다.[3] 알티미터 그룹에서 디지털 고객 경험과 관련한 변화를 연구한 결과에 따르면 고객 여정 매핑은 두 가지로 볼 수 있다.

- 물리적 접점과 디지털 접점의 고객 여정 개요를 만드는 일(조사를 통한 정보는 반영될 수도 있고 그렇지 않을 수도 있다).

- 디지털에서의 고객 행동과 트렌드에 기반한 고객 여정을 연구하고 지도를 만드는 일.

고객 여정 맵 만들기

가장 좋은 것은 앞의 두 개념을 결합하는 것이다. 물리적 여정과 디지털 여정을 모두 조사하고, 각각의 접점에서 고객의 행동과 기대가 어떤 역할을 하는지도 조사해야 한다.

우선 그리드를 만드는 것이 좋은 출발점인데, 이 그리드에는 채널의 개요가 담겨 있고, 고객 생애주기 단계별로 특수하게 일어나는 활동의 지도를 그려넣어야 한다. 오라클이 예시로 만든 채널 간 고객 경험 개요가 좋은 예다.[4]

이런 정교한 여정 맵은, 한 고객이 구매 과정에서 어떤 식으로 다수의 접점을 오가는지 잘 보여준다. 당신이 최종적으로 만드는 고객 여정 지도에는 세 가지 내용이 담겨 있어야 한다.

1 현재의 여정(현재 상태)
2 개선할 수 있는 여정(미래 상태) — 의식 지점에서 경험 지점까지
3 궁극적으로 지향해야 할 여정(이상적인 상태) — 경험의 영역

1, 2번과 3번의 핵심적인 차이는, 1과 2에는 과거를 반복하는 부분이 있고 3번은 본질적으로 더 혁신적이라는 점이다. 오라클의 샘플을 보면 고객 여정은 실제 현실과 여러 유형의 화면 사이를 몇 차례 오가야 한다는 것을 알 수 있다. 이 접점은 모두 다 연결되어 있어야 한다. 각 채널은 각각의 진실의 순간에서 한 가지씩 역할을 하므로 당연히 서로 연결되어야 한다.

채널 간 고객 경험 샘플

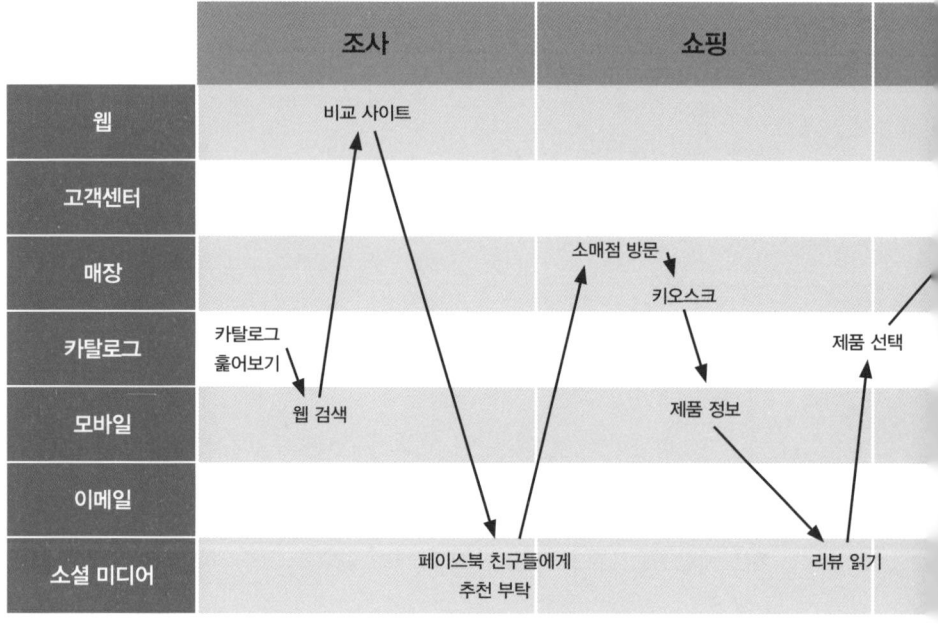

	조사		쇼핑	
웹	비교 사이트			
고객센터				
매장			소매점 방문	
카탈로그	카탈로그 훑어보기		키오스크	제품 선택
모바일	웹 검색		제품 정보	
이메일				
소셜 미디어		페이스북 친구들에게 추천 부탁		리뷰 읽기

모든 여정 맵에는 고객이 각각의 진실의 순간을 거치는 동안 회사와 상대하며 경험하는 모든 단계를 일목요연하게 보여주는 상세한 도표를 만들어 넣어야 한다.[5] 그러나 여정 맵은 여러 형식으로 만들 수 있다. 예컨대 사건의 연쇄를 시각화하여 표현할 수도 있다. 또는 한 고객이 기업의 사업 중 한 부분과 상호작용을 하는 방식을 보여줄 수도 있다. 그보다 더 정교한 지도에는 거래 이후의 행동과 활동도 개략적으로 담긴다.

이런 모형을 하나 살펴보자. 여기서 우리는 마찰을 초래하거나 사람들을 이동하게 하는 진실의 순간을 이해하기 위해 한 여정을 자세히 확대한 예를 볼 것이다. 이는 시각 커뮤니케이션 에이전시인 비하우스

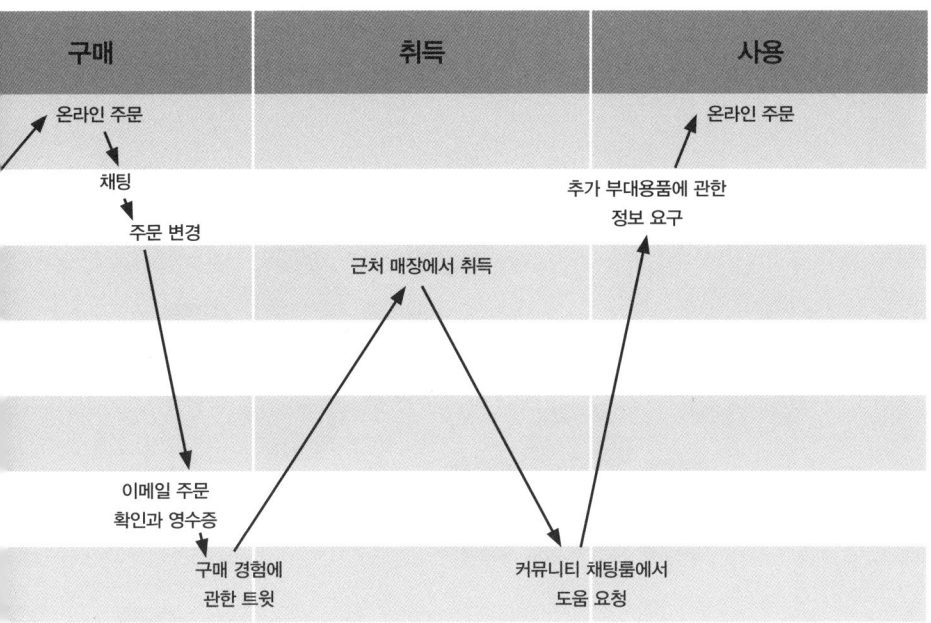

구매	취득	사용
온라인 주문		온라인 주문
채팅		추가 부대용품에 관한 정보 요구
주문 변경	근처 매장에서 취득	
이메일 주문 확인과 영수증		
구매 경험에 관한 트윗	커뮤니티 채팅룸에서 도움 요청	

Beehaus가 앞에서 언급했던 '역동적 고객 여정'을 재해석한 것이다. 이 예에서 비하우스는 고객이 여정을 시작하거나 끝마치는 동안 하게 되는 미시적 경험을 타원 모양으로 시각화해 표현했다.

게다가 이 여정에는 '영향력의 회로 influence loop'도 포함되었는데, 이는 온라인 소비자 경험이 여정 전체에 걸쳐 점들을 연결해주는 것을 보여주는 또 하나의 타원이다. 《무엇이 비즈니스의 미래인가》에서 나는 이를 마지막 진실의 순간이라고 표현했다. 2015년에 구글은 '미시적인 순간들'도 포함하는 것으로 영 번째 진실의 순간에 대한 태도를 업데이트했다.[6] 여기에는 순간적으로 터져 나오는 '뭔가를 알고 싶은' 순간, '어

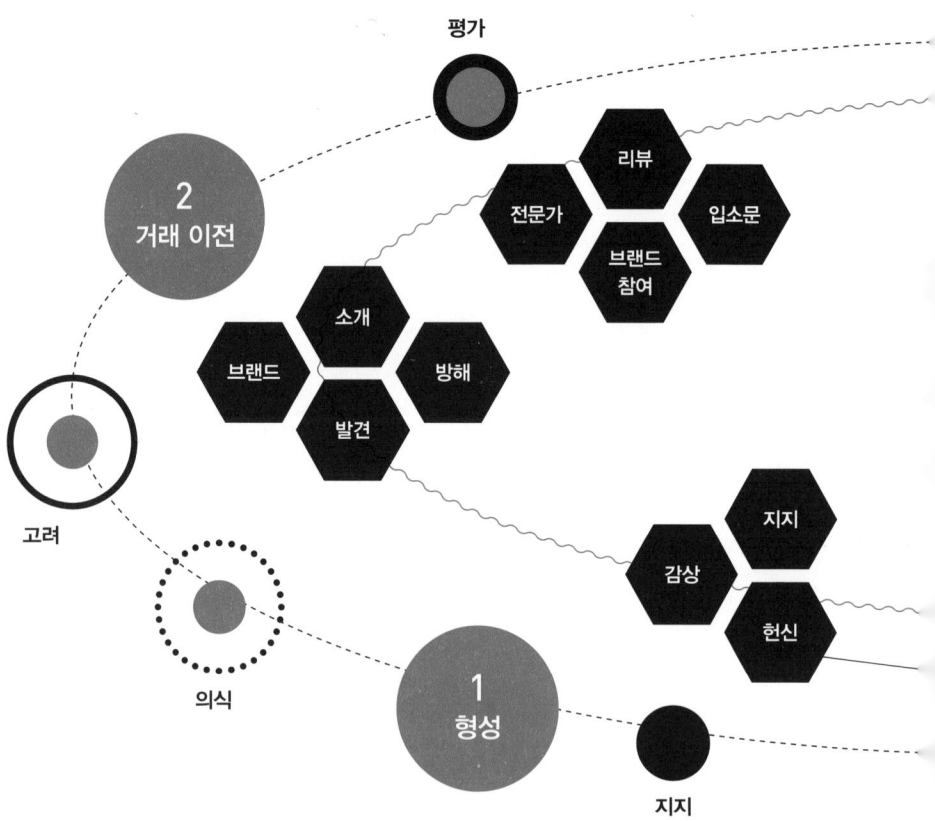

평가

2
거래 이전

리뷰

전문가

입소문

브랜드
참여

소개

브랜드

방해

발견

고려

지지

감상

헌신

의식

1
형성

지지

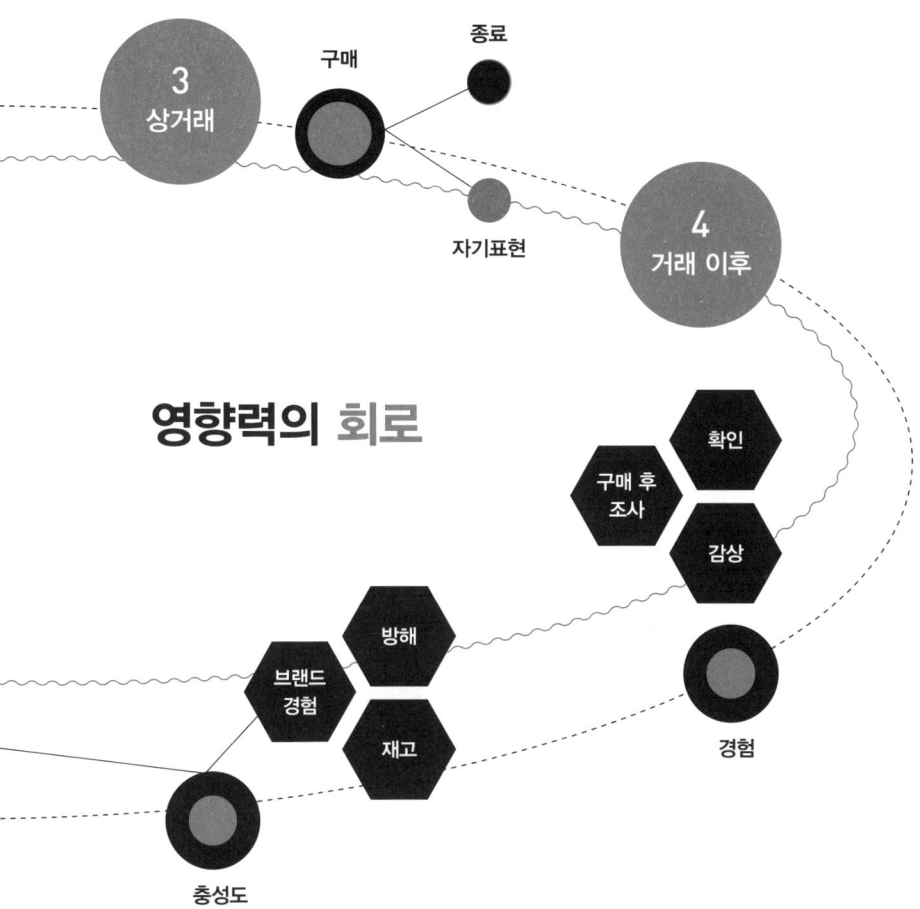

영향력의 회로

디론가 가고 싶은' 순간, '뭔가를 하고 싶은' 순간, '뭔가를 사고 싶은' 순간 등이 반영되어 있다. 이 순간들은 소비자에게도 중요하고 브랜드에도 중요하다.

여정 맵에는 네 가지 종류가 있다

100~103쪽에 실린 매핑 단계를 나타내는 도표(순환적 경험 흐름 4단계)는 바로 이러한 사실을 바탕으로 내가 만든 모형을 표현한 것이다.

포레스터 리서치Forrester Research에서 고객 경험 분석가로 일했고 지금은 컨설턴트로 일하고 있는 케리 보딘Kerry Bodine은 여정 맵에는 주요한 네 가지 종류가 있다고 알려주었다.[7]

> "나는 여정 맵을 만들려는 많은 이가 여정 맵에서 자신이 무엇을 얻고자 하는지 분명히 규정하지도 않고서 작업에 착수한다는 사실을 알았다. 또한 그들은 자신의 목표를 달성하는 데 도움이 되는 여정 맵에 조금씩 다른 여러 종류가 있다는 것도 잘 모른다."

케리는 네 가지 여정 맵이 표면적으로는 비슷해 보여도 각자 초점과 사업상 목적이 다르다고 말한다.

• 현재 상태: 오늘날 당신의 회사를 상대하는 고객이 어떤 행동과 생각을 하고 어떻게 느끼는지 보여준다. 이는 현재 회사와 고객 사이에

서 문제가 생기는 지점을 강조하기 때문에 고객 경험을 점진적으로 개선해나가는 데 가장 적합하다.

• 어느 하루: 이 역시 오늘날 사람들이 무엇을 하고 생각하고 느끼는지 보여주지만, 그들이 당신 회사와 상호작용을 하는지와는 무관하게 폭넓은 관점에서 활동을 검토한다. 이 지도는 사람들의 삶에서 현재 문제가 생기는 지점을 강조하기 때문에 충족되지 않은 필요에 대처함으로써 혁신하는 데 가장 적합하다.

• 미래 상태: 미래의 어느 시점에 고객이 당신의 회사와 상호작용을 할 때 어떻게 행동하고 무엇을 생각하고 느낄지 보여준다. 새로운 제품과 서비스, 경험이 어떻게 작동할 것인지 비전을 전달하는 데 가장 적합하다.

• 시스템: 흔히 서비스 설계도라 불리는 이 도표는 주로 현재 또는 미래 상태의 여정 맵을 다룬 단순화된 버전에서 출발한다. 그런 다음 현재 또는 미래에 그 경험을 실현시키는 일을 고객을 직접 대하거나 뒤에서 담당하는 사람들과 프로세스, 정책, 테크놀로지를 하나하나 쌓아가면서 시스템을 구축한다.

현재 상태의 여정 맵을 바탕으로 그 위에 시스템 여정 맵을 만든다면, 현재 고객에게 문제를 일으키는 근본적인 원인을 밝혀내는 데 도움이 된다. 미래 상태 맵을 바탕으로 한다면, 앞으로 창출하고자 하는 고

객 경험을 뒷받침하기 위해서 시스템에 어떤 것들이 필요한지 알아낼
수 있다.

여정 맵에서는 고객이 중심이어야 한다

훌륭한 고객 여정 맵은 근본적으로 고객 중심이어야 한다. 말로는 쉬
운 것 같아도 실천하기는 쉽지 않다. 디지털 변환에 대한 연구를 실시
할 때, GM의 글로벌 온라인 고객 경험 담당 이사인 데이비드 밍글David
Mingle과 한동안 대화를 나누었다. 그는 의사 결정자가 중점을 두고 헤쳐
나가야 할 중요한 도전은, 고객에게 초점을 맞춘 렌즈를 통해 진화하는
시장을 계속 관찰하고 그 결과를 반영하여 새롭고 더욱 공감적으로 사
고하는 것이라고 말했다.

> "자동차 업계는 오랫동안 상당히 내부적으로만 사고해왔습니다. 기업
> 의 직능이나 기업에 가장 좋은 것이 아니라 고객을 제일 먼저 생각하는
> 것은 이 업계에서는 대단히 어려운 도전입니다. 고객에게 가장 좋은 것
> 이 우리에게 가장 좋은 것이 맞지만, 전통적으로 자동차 업계는 그렇게
> 생각하지 않았지요."

대부분의 업계와 기업의 사정도 마찬가지다.

고객 경험 혁신 기업 엠코프MCorp의 상무 마이클 힌쇼Michael Hinshaw
는 고객의 입장이 되어 생각하는 방법에 관한 몇 가지 유용한 조언을 들

려주었다.[8]

- 당신이 누구의 여정 맵을 만들고 있는지 분명하게 알아라. 이를 위해서는 한 번에 한 명의 고객의 눈으로 보아야 한다. 여기서는 연구를 바탕으로 추출한 고객 페르소나를 활용하며, 이 페르소나는 핵심 세분시장을 대표하는 인물로 간주된다. 페르소나를 만드는 가장 좋은 방법에 대해서는 조만간 다룰 것이다.

- 고객에게 말하라. 기업은 대부분 정기적으로 고객의 시각을 수집하는 아웃사이드인outside-in 전략을 활용하지 않거나, 그렇게 하더라도 회사 전체와 그 통찰을 널리 공유하지 않는 경우가 많다. 이를 위해서는 의견을 수렴할 프로세스를 수립해야 할 뿐 아니라, 거기서 얻은 데이터를 해석하는 데 적용할 수 있는 전문지식도 필요하다. 이에 대한 최선의 방법 역시 곧 살펴볼 것이다.

- 각 접점에서 벌어지는 소통 과정에서 고객이 무엇을 가장 원하고 필요로 하는지에 중점을 두라. 그들이 각 단계에서 어떻게 생각하고 느끼는지 세심하게 생각해보라. 잊지 말자. 경험은 감각적인 것이다!

IDC의 소프트웨어 비즈니스 솔루션 담당 그룹 부사장인 마이클 포세트Michael Fauscette는 〈고객 여정 매핑의 주요 결함들The Major Flaws of Customer Journey Mapping〉에서 여정 매핑 과정에서 담당자가 고객 중심 사고를 놓치게 되는 몇 가지 중요한 이유를 꼽았다.[9]

포세트는 "문제는 ……여러 기업에서 여정 맵을 개발하고 사용하는 방식에 있다"라고 썼다. 그는 매핑 과정에서 나타나는 주요한 실수를 다음과 같이 정리했다.

• 제한된 시야: 앞에서도 논의했지만 각 담당 부서가 서로 고립되어 일하는 결과 주로 또는 전적으로, 각자 자신의 역할에 영향을 미치는 것으로서만 고객 여정을 이해한다.

• 투사: 포세트가 꼽은 것 중 가장 공감한 항목이다. 이런 경우를 너무 많이 보아왔기 때문이다. 투사는 자신의 개인적인 관점을 다른 사람의 관점으로 착각하는 현상이다. 종종 전략가는 마음을 열고 고객의 행동을 살피고 그들이 필요로 하고 선호하는 것을 찾아내기보다는 자신의 생각을 고객에게 투사한다.

• 정체성 파악: 많은 기업이 자신의 고객을 이해하는 데 제대로 시간을 투자하지 않는다. 데이터를 수집해 세심하게 분석해야 한다.

• 단선적 사고: 앞에서 논의했듯이 고객 여정 맵은 위에서 아래로 또는 왼쪽에서 오른쪽으로 그리는 경우가 많다. 그러나 고객은 단선적인 흐름으로 움직이지 않는다. 따라서 그렇게 디자인된 프로세스, 시스템, 부서는 판타지 세계에나 어울린다.

하트 오브 더 커스터머 Heart of the Customer의 창립자이며, 자신의 컨설팅 회사를 만들기 전에는 베스트 바이Best Buy와 갤럽Gallup에서 고객 경험 프로젝트를 이끌었던 노련한 고객 경험 전문가 짐 틴처Jim Tincher는, 여정 맵을 제대로 만들기 위한 기본 요건을 명료하게 제시했다.[10] 틴처가 뽑은 항목에서 앞에서도 다룬 것은 제외하고 몇 가지를 추가한다.

• 고객의 관점을 표현하라. 당신이 도입한 채널과 자산, 경로를 기반으로 해서 그럴 것이라고 당신이 판단한 대로가 아니라, 그들이 경험하는 그대로 고객이 하는 상호작용을 담아내라.

• 조사를 하라. 짐작하지 마라. 인지 편향에 휩쓸려 진실을 놓치지 마라. 실제 데이터와 조사를 기반으로 한 이야기에서 변화의 영감을 얻어라.

• 고객의 세분시장을 대표하라. 세분시장마다 전형적인 고객 경험도 상당히 다르다. 우리가 진행했던 어느 서비스 회사의 예약판매 프로젝트에서, 한 세분시장에서는 카테고리를 검색하는 데 전형적으로 2시간이 걸렸고, 다른 세분시장에서는 상당히 다른 도구를 활용하여 같은 일을 하는 데 한결같이 6주 이상이 걸렸다. 이렇게 큰 차이가 나는 경험을 하나의 지도로 대표하려 한다고 상상해보라.

• 고객의 목표를 포함시켜라. 훌륭한 고객 여정 맵은 여정의 각 단계에서(의식 지점부터 경험 지점까지) 고객이 목표하는 바가 무엇인지 보여준다. 예를 들어 처음에 당신의 회사에서 자신을 위한 제품을 구매

했던 한 고객이 나중에 친구에게 선물을 보내고 싶어 한다고 하자. 이럴 때 당신은 그 고객을 어떻게 도울 것인가.

• 감정에 초점을 맞춰라. B2B든 B2C든 어떤 경험이든 결정적으로 중요한 것은 감정이며, 감정을 전달할 수 있어야 훌륭한 고객 여정 맵이다.

• 접점을 표현한다. 고객 여정 맵은 접점의 순서와 유형을 전달하기 위해 구축하는 경우가 많으며, 그 접점에는 당신이 통제할 수 없는 것까지 포함된다.

• 진실의 순간을 부각한다. 상호작용 중에는 특히 더 큰 영향력을 발휘하는 것이 있다. 훌륭한 여정 맵이라면 이런 특별히 중요한 진실의 순간을 다른 진실의 순간과 구별해야 한다. 예를 들어 병원을 방문할 때 접수 과정에서 나쁜 경험을 하면 환자의 나머지 경험은 전부 부정적으로 물든다.

• 브랜드의 약속이 지켜지고 있는지 측정하라. 브랜드가 고객에게 했던 약속을 기업이 제공하는 고객 경험에서 어떻게 실천하고 있는지 보여주는 것은 훌륭한 여정 맵의 중요한 역할 중 하나다. 만약 당신의 브랜드가 고객의 수고를 덜어주고, 고객 개개인에게 맞춘 서비스나 독특한 서비스를 제공하겠다고 약속했다면, 여정 맵은 브랜드의 목표 달성 여부를 고객이 어떻게 생각하는지 보여줄 수 있는 최적

의 수단이다.

• 시간을 포함시켜라. 경험의 길이를 보면 중요한 맥락을 알 수 있다. 평균 통화 시간은 30초인가 아니면 10분인가. 구매자가 구매 상품을 결정하는 데 드는 시간은 20분인가 아니면 40시간인가.

• 파워포인트를 버려라. 고객의 경험처럼 중요한 것을 다루는 작업에서 왜 그렇게 기본적인 도구에 자신을 제한하는가. 잠시 후에 시각적인 선택지를 살펴볼 것이다.

여정 맵은 그 자체가 목적이 아니다. 이는 고객 여정팀이 임무를 수행하는 데 적합하도록 인력을 배치하고 그들이 일의 긴급성을 자각하게 하기 위한 기본적인 도구다. 여정 맵은 회사 전체에서 공유해야 한다. 훌륭한 디자이너라면 많은 양의 정보를 모든 부문의 사람들이 쉽게 이해할 수 있도록 인상적인 시각 요소에 담아낼 수 있어야 한다.

당장 시작하라. 결국 경험의 영역이야말로 비즈니스와 디자인이 만나는 곳이다.

3 경험 맵은 촉매가 되어야 한다

1만 단어의 가치를 지닌 한 장의 지도

여정 맵을 만드는 세세한 방법을 알아보기에 앞서 맵의 몇 가지 유형을
살펴보고 그중 당신은 어떤 맵을 만들고 싶은지 판단해보자.

경험 설계 작업 연습

짐 틴처는 여정 맵을 제대로 만들기 위한 10단계를 실행에 옮기는 방법
을 좀 더 쉽게 이해할 수 있도록, 자신이 좋아하는 여정 맵 하나를 예로
제시했다. 이 예는 우리가 지금까지 살펴보았던 것들에 비해 훨씬 더 정
교하다. 그래야 한다. 이는 고객과 상황 정보 그리고 필요와 목적과 상
태와 기기 사이의 관계를 심층적으로 보여주는 매우 효율적인 그리드
접근법이다. 이제 당신도 경험 설계 작업을 연습할 때가 되었다.

이 예에서 틴처는 어린아이가 있는 가족이라는 세분시장이 홈시어
터 시스템을 구매하기 위해 거쳐 가는 여정을 보여준다.[11] 이는 여정과

감정, 다양한 시나리오에서 소비자가 사용하는 테크놀로지를 전달하도록 디자인되었다.

이 맵에서 가장 눈에 띄는 지점은 고객 세분시장을 표현하는 사진이다. 이는 의도적인 것인데, 그래야 보는 사람이 고객에게 초점을 맞추고 제일 먼저 그 고객이 속한 세분시장을 더 잘 파악할 수 있기 때문이다. 그런 다음 시선은 세분시장에 대한 그 밖의 정보로 쏠린다. 고객의 의견을 그대로 인용한 부분이 여기에 해당한다.

이런 형식의 여정 매핑을 활용하면 더욱 심층적이고 완전한 이야기를 구성할 수 있다. 이는 여정이 어떤 식으로 전개되어야 할지 담당자가 더 잘 파악하고 이해하도록 도와주는 다차원적인 접근법이다. 나아가 여기서 당신은 여정 전체에 걸쳐 고객의 행동에 어떤 영감과 영향력을 제공할 것인지도 선택해야 한다. 경험도 그렇지만, 고객의 행동 역시 당신이 개입하든 개입하지 않든 일어날 것이기 때문이다. 현실이나 현재의 상황을 할 수 있는 선에서 개선하려는 것은 안 된다. 대신 당신이 생각하는 상황을 만들어내라. 모든 사람에게 이로운 바람직한 '미래 상태'가 어떠한 것인지 정의하라.

이 맵의 목적은 제품 조사와 분석 여정을 이해하는 것이다. 그래서 그 용도의 접점이 맵의 중심을 차지한다. 이 맵을 활용하면 각 접점이 고객의 경험에 어떻게 기여할 수 있는지 조직에서 논의하기가 쉬워진다. 그 가치가 얼마나 대단한지 알고 싶은가. 그렇다면 고객의 구매 여정과 관련 있는 다음의 네 가지 사항을 알면 회사의 전략이 어떻게 달라질지 생각해보라.

어린아이가 있는 가족

어린아이가 있는 가족 세분시장은 주로 1명 또는 2명의 자녀가 있는 25세~35세 사이 부부로 이루어진다. 생활이 바쁘기 때문에 새로운 기회를 찾는 일에서 친구들이나 가족, 특히 젊은 부모에게 많이 의존하고, 조사할 때는 인터넷을 활용한다. 대부분은 매장에 직접 갈 시간이 없어서 인터넷과 스마트폰으로 검색하여 조사한다. 그러나 직접 매장을 방문할 때는 필요한 정보를 숙지한 직원이 신속하게 서비스해주기를 기대한다. 어린아이가 있는 가정 구성원들은 대부분 웹사이트를 통해 구매하지만, 3분의 1 정도는 소매 매장에서 구매한다.

짧은 처리시간 ◆	긴 처리시간
브랜드 팬 아님 ◆	브랜드 팬
단순함 선호 ◆	특수 기능 선호

"저는 자주 묻는 질문(FAQ)이 있거나, 온라인 상담자가 있는 편이 좋습니다. 종이 문서를 다루는 건 좋아하지 않기 때문에 모든 걸 온라인으로 처리하지요."

"딱 하나 문제는 선택지가 너무 많다는 겁니다. 그게 일을 더 쉽게 하는지 더 어렵게 하는지도 저는 잘 모르겠습니다. 어쨌든 몹시 부담스러웠어요. 생각해야 할 게 너무 많아서 어려웠고, 뭐가 제일 나은지 판단할 수 없다는 느낌이 들었죠."

당신만의 고객 경험 여정 맵을 만드세요
Heart of the
Customer
Jim Timcher • 612-747-4021 • jim@heartofthecustomer.com

단계	의식 기간: 1주
목표	소비자가 제품 시장에 관해 배우기 시작한다. 이 단계의 핵심 목표는 선택할 수 있는 제품이 어떤 게 있는지 이해하고 문의사항 목록을 만드는 것이다.
친구와 가족	● 보통 친구나 가족의 집에서 제품을 보는 데서 프로세스가 시작된다.
구글, 제3자 웹사이트	●
소매점	쇼핑은 인터넷 검색에서 동영상이나 제품 샘플을 보는 것으로 시작된다. 보통 구글이나 특정 회사의 사이트에서 시작된다.
씨넷, 그밖의 리뷰 사이트	
소셜 미디어	
소매점 웹사이트	
일러두기	● 접점(인터랙션 영역)
접점에 대한 만족도	8.2 (남성) 7.5 (여성) 8.7 (남성) 6.3 (여성)
일러두기	○ 장려해야 할 고만족 영역
노력수준 (고객 노력지수)	예상한 정도의 노력 2.8

© 2013 Heart of the Customer

홈시어터 시스템 구매 여정 맵

조사	후보 압축	구매
기간: 2~3주	기간: 1주	기간: 1일
이 단계에서 소비자는 어떤 제품이 존재하는지 더 자세히 알아보려 노력한다. 그 과정에서 선택할 제품이 추려지기도 하지만, 기본적인 목표는 고려할 대상의 폭을 넓히고 최종 선택 기준을 결정하는 것이다.	이 시점에 소비자는 기준을 정했고, 대체로 발견 단계는 마무리했다. 이제 그들은 후보를 2~3개로 추리는 데 초점을 맞춘다.	최종 결정을 내렸고 구매도 완료했다. 소매점에서 구매할 수도 있지만 **어린아이가 있는 가족**은 온라인 구매를 선호한다.

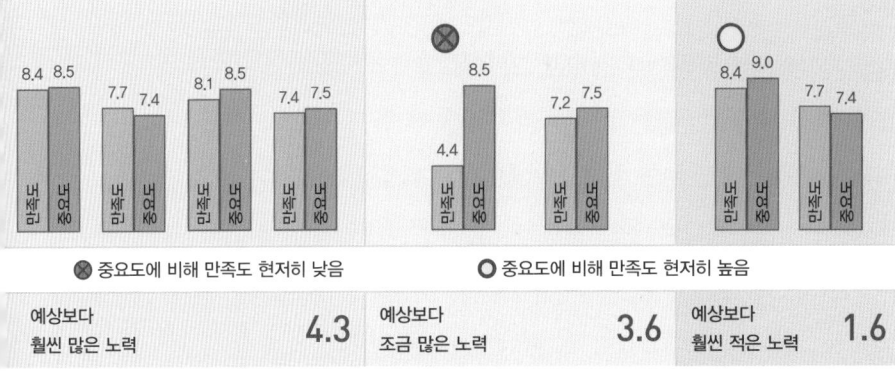

접점 맵

다음에는 그 제품을 갖고 있는 친구들과 대화하면서 무엇을 물어야 하는지 알아낸다.

어린아이가 있는 가족 쇼핑객 면담자들의 약 3분의 1이 소매점을 방문하여 브랜드와 선택할 수 있는 제품에 대해 알아보고 배우자에게 보여주기 위해 안내 책자를 가져간다고 말했다. 다른 매장을 방문할 수도 있고, 나중에 다시 처음의 매장으로 가서 질문을 하기도 한다.

마지막으로 소비자 블로그와 포럼, 리뷰를 참고하여 최종 후보를 둘로 추린다.

소매점 방문 후에는 리뷰 사이트를 보며 분석한다. 씨넷이나 아마존으로 곧바로 가는 이도 있고, 구글로 리뷰를 검색하는 이도 있다. 이 진실의 순간이 전체적인 고려사항이 정해지고 만들어지는 시점이다. 조사 중인 제품이 리뷰 사이트에 등록되어 있지 않을 경우 최종 결정을 내리지 않을 가능성이 크다.

조사 단계는 소셜 미디어 네트워크에서 다른 선택 가능성을 알아보는 데서 마무리된다.

소매점 웹사이트를 통해 리뷰 사이트에서 알아낸 내용을 보완하고, 특정 제품에 대해 더 자세히 알아보고 몇몇 후보를 고려대상에서 제외한다.

대부분의 어린아이가 있는 가족 세분시장에 속한 이들은 판매 웹사이트를 통해 최종 선택과 구매를 하지만, 아직 결정하지 못한 쇼핑객은 다시 실제 매장을 방문해 최종 결정을 내리고 구매하는 경우도 많다.

✚ 진실의 순간(결정적 인터랙션)

8.4 8.5   7.7 7.4   8.1 8.5   7.4 7.5   ⊗ 8.5   4.4   7.2 7.5   ○ 8.4 9.0   7.7 7.4

⊗ 중요도에 비해 만족도 현저히 낮음   ○ 중요도에 비해 만족도 현저히 높음

예상보다 훨씬 많은 노력	**4.3**	예상보다 조금 많은 노력	**3.6**	예상보다 훨씬 적은 노력	**1.6**

• 제품에 대해 알아보도록 자극하는 것은 광고보다는 친구와 가족일 가능성이 훨씬 크다. 친구의 집이나 뉴스피드에서 당신 회사의 제품군을 보고 호기심이 생겨야만 조사 과정에 들어간다. 이를 알았으니, 당신 회사의 마케팅과 브랜딩 전략을 어떻게 수정해야 할까.

• 가장 큰 효과를 발휘하는 두 가지 순간이 당신의 통제 밖에서 벌어진다. 잠재 고객이 리뷰 사이트나 이해관계가 없는 타 사이트를 볼 때다. 어떻게 하면 타 사이트가 당신 회사의 제품을 언급하고 공정한 리뷰를 쓰게 할 수 있을까. 고객이 마지막 진실의 순간에 기여하도록 어떻게 유도하고 보상할 것인가.

• 회사 사이트에서 중요도가 높은데 만족도가 낮은 영역이 있다면 거기가 바로 깊이 연구해보아야 할 지점이다. 고객이 소매 매장에서 구매하는 일에 높은 점수를 주고 있다면 그에 맞춰 회사의 자원을 배치하고 운용해야 한다. 새로운 고객 여정을 최적화하려면 웹사이트를 어떻게 바꿔야 할까.

• 조사단계는 고객 노력지수가 높다. 즉 고객이 예상했던 것보다 품이 훨씬 많이 들었다는 말이다. 이 과정을 더 단순화하면 시장점유율을 높일 수 있을까. 조사 채널을 화면이나 의도에 맞게 개선할 수 있는가. 마찰을 줄일 수 있는 창의적이고 단순한 방법을 찾아보라.

활동 그리드와 경험 그리드

여정 맵은 모든 접점을 포괄한다. 동시에 감정적인 여정도 담아내야 한다. 경험 설계에서 중요한 기둥 하나가 바로 감정이다. 심리학도 마찬가지다. 이에 대해서도 뒤에서 다룰 것이다. 다시 말하지만 당신이 디자인하는 여정은 바람직한 결과와 목표를 가능하게 만들어야 한다. 또한 고객 경험은 본질상 처음부터 끝까지 감정적인 반응을 일으키는데, 당신은 바로 그 반응을 디자인해야 한다.

틴처는 감정 영향 맵을 통해 고객 경험을 탐색해볼 수 있는 또 하나의 예를 제공해주었다. 앞의 접점 맵과, 뒤에 나오는 노인 세분시장에 속한 고객을 위한 신체검사 일정관리와 관련된 감정 영향 맵을 비교해보라. 이 의료센터는 고객의 감정적 수준에 초점을 맞춘다. 이 맵에도 접점이 포함되었고 진실의 순간도 표시되었지만, 초점은 고객이 경험 과정에서 느끼는 감정에 맞춰져 있다. 이러한 감정적인 영향을 이해할 때는 전형적으로 민족지학이나 일기 연구, 정량적 조사를 통해 수집한 점수를 결합하여 활용하는데, 이는 모두 사용자 경험 전문가가 사용하는 기법으로 이에 대해서도 뒤에서 더 논의할 것이다.

감정 영향 맵을 변화의 동력으로

감정 영향 맵은 기업이 안내하는 여정에 대해 고객이 어떻게 느끼는지 쉽게 논의할 수 있게 – 영감을 준다면 더욱 좋을 것이다 – 하고, 각각의 접

노인 세분시장

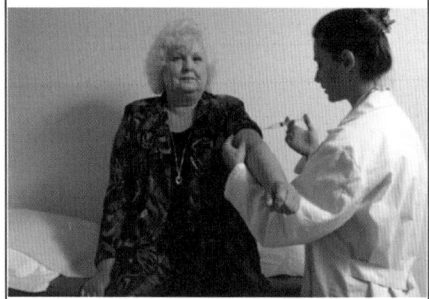

노인 세분시장은 65세 이상 노인으로 구성된다. 상당수는 은퇴하여 시간 여유가 있으므로 낮 동안에 검진 일정을 잡을 수 있다. 대다수는 전화로 직접 통화하여 방문 일정을 잡는 것을 선호한다. 몸이 안 좋을 때라도, '단골' 의사가 시간이 날 때까지 기다리려고 한다. 변하고는 있으나, 나이가 많을수록 자신의 건강기록을 온라인에서 활용하지 않고 종이 사본으로 갖고 있기를 원한다.

유연한 일정 ——◆—— 구체적인 시간에 맞춰야 함

다양한 서비스 활용 ——◆—— 좁은 서비스 범위

대면 ◆—————— 테크놀로지 활용

"의사에게 전화할 때는 전화를 얼마나 빨리 받는지, 얼마나 전문적이고 지식을 잘 갖추고 있으며 친절한지 주의 깊게 봅니다. 저에게 별로 관심이 없거나 제가 만족하고 있는지 충분한 시간을 들여 확인하지 않는다는 느낌이 들면, 이제 다른 의사를 찾아야 할 때가 되었다고 판단하죠."

"제 주치의는 정말 좋아요! 그분은 언제나 충분한 시간을 갖고서 제게 어떻게 지내냐고 묻고, 파일에 보관해둘 수 있도록 제 자료가 담긴 서류를 건네준답니다. 또 다른 의사는 늘 너무 서둘러서 얼굴도 못 볼 때가 많아요."

당신만의 고객 경험 여정 맵을 만드세요
Heart of the
Customer
Jim Timcher • 612-747-4021 • jim@heartofthecustomer.com

단계	일정 예약 목표: 2주를 넘지 않도록 한다.
목표	환자가 검진 일정을 정하러 전화를 건다. 노인 세분시장은 직원과의 직접 통화를 선호하는 경향이 강하다. 검진 전 금식과 같은 관련 정보제공도 이 과정에 포함된다.
환자의 감정적 반응	자동전화로 검진예약 필요성 알림. 직접 통화를 선호하지만 이메일이나 그 밖의 방법보다는 자동전화를 선호함. (의사가 시간이 되면 2주 이내에) / 환자가 예약을 위해 전화를 건다. 자동 전화시스템을 짜증스러워하는 사람이 많다. 특히 예약이 세 번째 선택지이기 때문이다. 통화를 시도했는데도 일정을 짜줄 사람이 없을 경우 그 짜증은 더욱 커진다.
일러두기	● 접점(인터랙션 영역)
이 단계에서 사용된 접점	전화 시스템 예약 상담원 재안내 정보
이 단계에서 찾은 정보	날짜 검진에 필요한 사항(예: 금식) 노인 세분시장에서는 인쇄물로 정보를 제공하는 것이 가장 효과적
노력수준 (고객 노력지수)	예상한 것과 거의 같은 수준

검진 일정 예약 여정 맵

접수	검진	수납
목표: 10분	목표: 30분	목표: 3분
심하게 지연되지만 않으면 접수와 대기는 노인들의 만족도에 큰 영향을 미치지는 않는다.	노인은 대부분 검진을 받은 경험이 많기 때문에 무엇을 하게 될지 잘 알고 있다. 대부분 기다리는 시간이 가장 큰 문제다.	안내사항이나 해당사항이 있는 경우에는 차후 예약 일정을 제공하고 환자를 보낸다.

고객 경험 인식 맵

방문 시 필요한 정보를 포함한 재안내 우편 발송은 반응이 매우 좋다. 특히 무엇을 검사할 것인지 정보를 추가했기 때문이다.

잠시 의사를 기다리는 것은 좋지도 나쁘지도 않은 경험이다. 부정확한 정보만 주지 않는다면 사이사이에 환자를 확인하여 앞으로 할 일을 알려주는 것도 도움이 된다.

검진 자체는 대체로 긍정적이다. 노인들은 무엇을 할지 알고 있고 의사가 서두른다는 느낌만 주지 않으면 대개는 결과에 만족한다. 대부분의 환자는 의사와 대면하는 시간의 양에 만족한다.

수납 절차는 신속하고 쉽다. 필요한 경우 예약 상담원이 예약을 처리해주고, 후속 정보를 인쇄한 종이에 제공해야 한다.

접수 절차는 진실의 순간이 될 수 있고, 나머지 경험 모두에 영향을 미칠 수 있다. 대기시간이 길거나 대기실이 소란스럽다면 경험의 질은 급속도로 떨어진다.

15분 이상 기다리면 만족감이 상당히 떨어진다.

10분이 마법의 시간이다. 10분보다 더 기다리면 불만감이 느껴지기 시작한다.

일단 부정적 과정이 이어졌다면, 의사가 이를 긍정적인 경험으로 돌려놓을 가능성도 적다.

환자가 예약 상담원과 이야기를 나누는데, 이는 병원에 대한 인상에 강력하게 영향을 미친다. 의사를 만날 수 있는지 여부에 따라 감정적 반응은 크게 달라진다. 2주 안에 예약할 수 없다면 이 진실의 순간은 부정적인 순간이 된다.

✚ 진실의 순간(결정적 인터랙션)

대기실 어린이 구역 접수 데스크 접수계 직원	예약실 간호사 의사	예약 상담원
대기시간. 예상 대기시간에 관한 정확한 정보는 긴 대기시간이 주는 감정적인 영향을 줄여준다.	무관심하게 혼자 두면 환자들은 금세 인내심을 잃는다. 간호사가 하는 일상적인 체크에 5분 정도 시간을 더 들이면, 그만큼 대기시간은 줄어들기 때문에 만족감을 떨어뜨리지 않는 데 도움이 된다.	노인들에게는 서류로 정보를 제공하는 것이 아주 중요하다. 환자가 방문할 약국에 직접 전화를 거는 것도 환자가 처방을 잘 따르게 하는 데 도움이 된다.
3.1 예상보다 훨씬 많은 노력	4.6 예상보다 조금 적은 노력 2.7	2.3 예상보다 조금 적은 노력

점이 고객에게 긍정적이거나 부정적인 감정적 반응을 이끌어내는 방식을 알려준다.

틴처는 다음과 같은 사항을 알게 되면 전략을 어떻게 수정하겠느냐고 질문한다.

> 2주는 마법의 시간이다. 예약하고 대기하는 데에 2주 이상 기다려야 되면 환자는 그 과정 전체를 불만스러워하고 더 이상 그 병원에 가지 않을 가능성이 커진다.
>
> 재안내 우편을 보내면 노인들은 주목하고 긍정적으로 반응하지만, 다른 세분시장의 반응은 중립적이거나 부정적이다. 예산의 압박으로 우편 안내를 중단해야 한다면 어떻게 하겠는가.
>
> 접수 속도는 나머지 모든 경험에 영향을 미치는 진실의 순간이다. 시끄러운 대기실이나 10분 이상의 대기시간은 나머지 시간 내내 이어지는 부정적인 반응을 촉발한다.
>
> 접수 절차는 노인들이 이 과정에 대해 예상했던 것보다 훨씬 많은 노력이 필요했고, 그 결과 고객 노력지수로 4.6점이 나왔다. 다른 세분시장에서는 더 낮은 점수가 나온 것을 보면 특히 노인 세분시장에서 접수가 문제를 일으키는 지점임을 알 수 있다.

이는 구체적인 예지만, 오늘날 당신 회사에서 고객 경험은 어떻게 전개되며, 마찰이 일어나고 대책이 없거나 기회를 놓쳐 성공을 방해하는 지점이 어딘지 잘 생각해보라. 지금도 그런 지점은 존재한다.

총체적인 경험 맵을 만들라

캐피탈 원 랩스Capital One Labs[12] (어댑티브 패스의 전신)의 디자인 부문 책임자 크리스 리스던Chris Risdon이 '경험 맵'이라고 부르는 것은, 특히 포괄적이고 심층적인 형식의 맵이다.

리스던과 어댑티브 패스는 내셔널 퍼블릭 라디오NPR와 에어비앤비AirBnB, 트위터Twitter 등의 기업과 일해왔다. 경험 맵은 고객 경험의 전체 범위를 정말로 깊숙이 파고드는 종합적인 도구로서 무척이나 훌륭하다. 리스던은 경험 맵을 이렇게 정의한다.

> 한 사람이 어떤 제품 또는 서비스를 대상으로 겪는 경험 전체를 밝혀내는 데 기여하는 하나의 인공물. 그러나 이 맵은 여정을 보여주는 것만은 아니다(그렇다면 단순히 여정 맵일 것이다). 그리고 경험을 확증하고 실행하고 유지하기 위해 시스템이 어떻게 작동해야 하는지 충분히 상세하게 보여주는 서비스 설계도도 아니다.

나는 리스던이 소개한 레일 유럽Rail Europe 사례를 통해 실질적으로 경험 맵이 어떤 것인지 충분히 파악할 수 있었다. 레일 유럽[13]은 북미 여행객에게 여러 웹사이트에 가지 않고 한곳에서 유럽 전체의 열차표와 탑승권을 예매하게 해주는 미국 기업이다.

이 맵은 책이나 화면으로 볼 때는 작아 보여도 실제로는 가로 길이가 150센티미터다. 때로는 이보다 더 길 때도 있다.

레일 유럽은 이미 견고하고 기능성이 뛰어난 웹사이트와 상까지 수

레일 유럽 경험 맵

경험 맵 작성 지침

사람들이 열차 여행을 선택하는 이유는 편리하고 쉽고
융통성이 있기 때문이다.

열차 승차권 예매는 전체 여행 과정에서
한 부분에 지나지 않는다.

고객 여정

단계	조사와 계획	쇼핑	예매
레일 유럽	목적지, 경로, 상품 조사	여행 신청 / 운임 리뷰 / 탑승권 선택	여정 확정 / 배송 옵션 / 지불 옵션 / 재검토 & 확정

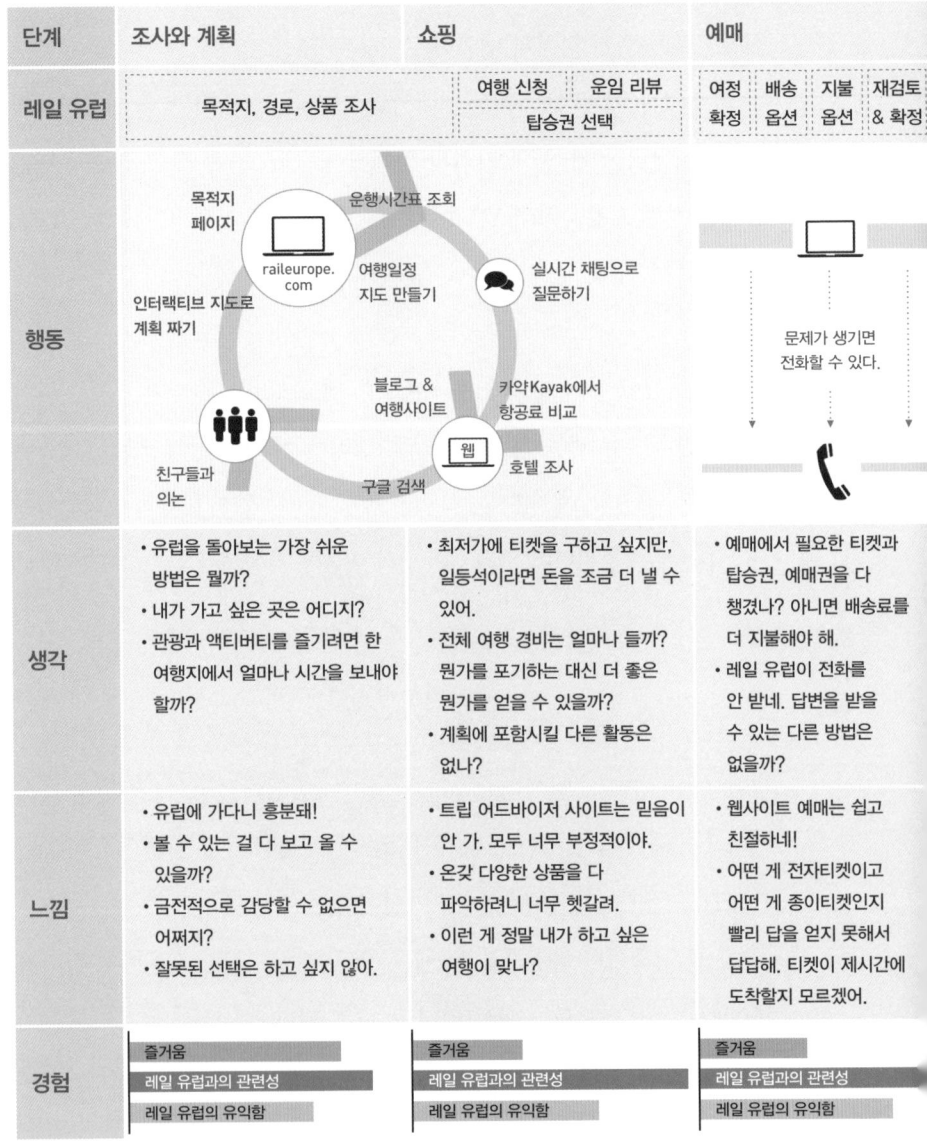

행동	목적지 페이지 / raileurope.com / 운행시간표 조회 / 여행일정 지도 만들기 / 실시간 채팅으로 질문하기 / 인터랙티브 지도로 계획 짜기 / 블로그 & 여행사이트 / 카약Kayak에서 항공료 비교 / 친구들과 의논 / 구글 검색 / 웹 / 호텔 조사		문제가 생기면 전화할 수 있다.
생각	• 유럽을 돌아보는 가장 쉬운 방법은 뭘까? • 내가 가고 싶은 곳은 어디지? • 관광과 액티버티를 즐기려면 한 여행지에서 얼마나 시간을 보내야 할까?	• 최저가에 티켓을 구하고 싶지만, 일등석이라면 돈을 조금 더 낼 수 있어. • 전체 여행 경비는 얼마나 들까? 원가를 포기하는 대신 더 좋은 원가를 얻을 수 있을까? • 계획에 포함시킬 다른 활동은 없나?	• 예매에서 필요한 티켓과 탑승권, 예매권을 다 챙겼나? 아니면 배송료를 더 지불해야 해. • 레일 유럽이 전화를 안 받네. 답변을 받을 수 있는 다른 방법은 없을까?
느낌	• 유럽에 가다니 흥분돼! • 볼 수 있는 걸 다 보고 올 수 있을까? • 금전적으로 감당할 수 없으면 어쩌지? • 잘못된 선택은 하고 싶지 않아.	• 트립 어드바이저 사이트는 믿음이 안 가. 모두 너무 부정적이야. • 온갖 다양한 상품을 다 파악하려니 너무 헷갈려. • 이런 게 정말 내가 하고 싶은 여행이 맞나?	• 웹사이트 예매는 쉽고 친절하네! • 어떤 게 전자티켓이고 어떤 게 종이티켓인지 빨리 답을 얻지 못해서 답답해. 티켓이 제시간에 도착할지 모르겠어.
경험	즐거움 레일 유럽과의 관련성 레일 유럽의 유익함	즐거움 레일 유럽과의 관련성 레일 유럽의 유익함	즐거움 레일 유럽과의 관련성 레일 유럽의 유익함

| 사람들은 오랜 시간 동안 여행 계획을 세운다. | 사람들은 정중하고 효과적이고 호감이 가는 서비스를 가치 있게 생각한다. |

예매 이후, 여행 이전

| 종이티켓 배송 기다림 |

여행

| 각종 활동, 예기치 못한 변경 |

여행 이후

| 경험 공유 |
| 예매변경에 따른 환불 |

계획변경 / 티켓상태 점검 / 전자티켓을 집에서 출력 / 우편으로 종이티켓 도착

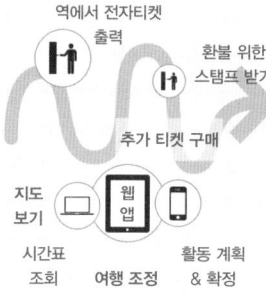

역에서 전자티켓 출력 / 환불 위한 스탬프 받기 / 추가 티켓 구매 / 지도 보기 / 웹 앱 / 시간표 조회 / 여행 조정 / 활동 계획 & 확정

사진 공유 / 웹 / 경험 공유 (리뷰) / 환불요청 / 환불할 티켓 우편 발송

- 필요한 걸 다 챙겼나?
- 레일 유럽 웹사이트는 단순하고 편리하지만, 문제가 생겼을 때 도움을 구할 수가 없어.
- 티켓들이 제시간에 도착하지 않으면 어쩌지?

- 곧 출국할 건데 레일 유럽이 전화를 안 받아. 짜증이 나.
- 유럽으로 티켓을 배송해주지 않겠다니, 어쩌란 거야?
- 우편으로 티켓을 받아서 다행이야!

- 기차를 탈 수 있을 거라고 생각했는데, 더 이상 기차가 없다. 우린 이제 어떻게 해야 하지?
- 기차를 맞게 탔나? 아니면 그 다음에는 어쩌지?
- 여행계획을 좀 더 세우고 싶어. 어떻게 할까?

- 한밤중에 모르는 장소에 있는 건 위험한 느낌이 들어.
- 환승할 기차가 제시간에 도착하지 않아서 스트레스 받았어.
- 우리에게 자기 나라를 구경시켜주고 싶어 하는 사람들을 만나는 건 즐겁고 특별한 행운이야.

- 사용하지 않은 티켓을 환불받으려고 해. 그럴 수 있을지 모르겠군.
- 사람들이 이 사진들 보면 좋아하겠지!
- 다음번엔 좀 더 다양한 여행 경로를 신중하게 검색해봐야겠어.

- 친구들에게 휴가 이야기 들려줄 생각하니까 신이 나!
- 집에 도착하자마자 티켓 환불문제를 처리해야 하니 좀 짜증 나는 걸.

| 즐거움 |
| 레일 유럽과의 관련성 |
| 레일 유럽의 유익함 |

| 즐거움 |
| 레일 유럽과의 관련성 |
| 레일 유럽의 유익함 |

| 즐거움 |
| 레일 유럽과의 관련성 |
| 레일 유럽의 유익함 |

기회들

전체			계획, 쇼핑, 예매
명확하게 가치 있는 제안을 전달하라. 단계: 첫 방문	사람들이 필요로 하는 도움을 제공하라. 단계: 전체	사람들이 자신만의 해결책을 만들도록 지원하라. 단계: 전체	사람들이 시간을 두고 계획을 세울 수 있게 하라. 단계: 계획, 쇼핑
고객을 더 노련하고 더 아는 게 많은 여행객으로 만들어라. 단계: 전체	뚜렷한 목적을 갖고 소셜 미디어를 사용하라. 단계: 전체		계획과 쇼핑과 예매를 웹에서 연결하라. 단계: 계획, 쇼핑, 예매

adaptive **path**

상한 고객센터를 통해 많은 수익을 거두었다. 리스던에 따르면 레일 유럽의 목표는 고객 여정의 모든 접점을 더 잘 이해할 수 있는 도구를 만드는 것이었다. 그렇게 하면 예산과 디자인과 기술적 자원을 어디에 집중시켜야 할지 더욱 완전하게 이해할 수 있다. 이는 모든 기업이 해야 하는 일이며, 그것도 한 번이 아니라 새로운 기기들이 등장하고 궁극적으로는 고객의 행동이 변화하고 진화하는 과정에 맞춰 반복적으로 해야 하는 일이다.

리스던의 설명에 따르면 고객 경험 맵은 다섯 가지 핵심 요소에서 출발한다. 렌즈, 여정 모형, 질적 통찰, 양적 정보, 교훈이다. 이는 경험 맵이 스스로 굳건히 설 수 있게 받쳐주는 벽돌이다. 경험 맵은 한 조직 전체가 다 볼 수 있고, 따로 세세히 설명하거나 틀을 알려줄 필요도 없다. 게다가 재설계의 모든 측면을 안내해 곧바로 실행에 옮길 수 있도록 하

고객이 상상할 수 있도록 여행을 시각화하라. 단계: 계획, 쇼핑	고객에게 결정을 내리는 데 필요한 정보를 충분히 제공하라. 단계: 쇼핑, 예매	종이티켓 경험을 개선하라. 단계: 예매 이후, 여행, 여행 이후	유럽에서의 여행 계획과 예매도 편리하게 하라. 단계: 여행
합리적인 시간 여유를 두고 배송을 종합적으로 처리하라. 단계: 예매		변화가 생겼을 때 사람들이 대처할 수 있도록 사전에 준비하여 도와라. 단계: 예매 이후, 여행	항상 상태를 명확하게 전달하라. 단계: 예매 이후, 여행 이후

정보 출처

이해 당사자 인터뷰	고객 경험 설문
인지적 시찰법	현재 레일 유럽의 문서들

 계속 진행, 비선형적 → 단선적 과정 〰〰 비선형이지만 시간 의존적

2011년 8월

는 것을 목표로 한다. 리스턴의 말처럼 "훌륭한 경험 맵은 결론이 아니라 촉매 같은 느낌을 준다."

레일 유럽의 경험 맵을 만들기 위해 어댑티브 패스는 2,500여 명을 대상으로 한 설문조사와 레일 유럽 고객을 대상으로 한 현장조사를 실시했다.

레일 유럽 채널별 접점

단계	조사와 계획	쇼핑	예매
채널			
웹	지도 테스트 여행일정 시간표 목적지 페이지 자주 묻는 질문 일반 상품 & 사이트 탐색	스케줄 조회 가격 조회 다도시 여행 요금 조회 탑승권 비교	웹 예매 – 패스 – 편도 티켓 – 다구간 티켓
콜 센터	안내책자 주문 계획(상품) 일정 일반 질문	웹 내비게이션 안내	예매 자동 결제 고객 대리 예매 웹 내비게이션 안내
모바일	여행 아이디어	일정	모바일 여행 예매
커뮤니케이션 채널 (소셜 미디어, 이메일, 채팅)	웹 내비게이션 안내 채팅	운임 비교측정 이메일 질문 웹 내비게이션 안내 채팅	예매 지원 채팅
고객관계			
레일 유럽 이외 채널	트립 어드바이저 여행 블로그 소셜 미디어 구글 일반 검색	항공사 비교 카약 철도 사이트	익스피디아Expedia

비선형적,
시간 제한 없음   → 단선적 과정   〰 비선형적이나
시간 의존적

여행 이전(문서)	여행	여행 이후
문서 옵션 선택 – 역에서 출력하는 전자티켓 – 집에서 출력하는 전자티켓 – 우편 발송되는 종이티켓	이메일이나 전화통화를 위한 고객 접촉 페이지	
티켓 옵션 관련 질문 티켓 발송 요청 문제해결(정보, 결제 등)	티켓 관련 질문 전화 일정, 파업, 서류 등 관련 질문	
	여행일정 접속 일정 조회 추가 티켓 구매	
이메일 확인 이메일을 통한 일반 안내 티켓 홀드	일정과 티켓 관련 질문 또는 문제해결	불만 또는 칭찬 설문
		콜센터를 통해 환불요청
	여행 블로그 철도 사이트 구글 검색	트립 어드바이저 리뷰 사이트 페이스북

모든 접점의 목록을 만들라

총체적 경험 맵을 만들려면 크든 작든 고객이 상품이나 서비스를 접하는 모든 접점을 정리하는 접점 목록 작업부터 시작한다. 당신도 상상할수 있겠지만 접점의 수는 놀라울 정도로 심지어 압도적으로 많은 경우도 종종 있다. 접점의 목록을 만드는 데 덧붙여 접점들 사이의 관계도고려해야 한다.

이 두 질문에 답해보라.

- 고객이 여러 스크린을 사용해야만 하는가.
- 처음부터 끝까지 하나의 스크린에서 가능한 여정을 만들 수 있는가.

어댑티브 패스는 우리가 참고할 수 있도록 접점 목록을 공유해주었다. 이 예에서 접점 목록은 여정의 여섯 단계로 나뉜다.

1 조사와 계획

2 쇼핑

3 예매

4 여행 이전(문서)

5 여행

6 여행 이후

각 접점은 다음과 같이 분류된다.

- 비선형적이고 시간 제한 없음
- 단선적 과정
- 비선형적이나 시간 의존적

일단 기초 작업이 끝났으니 이제 어댑티브 패스의 경험 맵을 살펴볼 텐데, 여기에는 다섯 개의 차원이 있다.

1 렌즈
2 여정 모형
3 질적 통찰
4 양적 정보
5 교훈

렌즈

렌즈는 당신이 여정을 바라볼 때 사용하는 필터다. 지침이 되는 기준인 렌즈를 통해 경험을 바라보면 전체 고객 여정을 맥락 속에서 파악하는 데 도움이 된다. 레일 유럽 경험 맵의 작성 지침은 다음과 같다.

사람들이 열차 여행을 선택하는 이유는 편리하고 쉽고 융통성이 있기 때문이다.

열차 승차권 예매는 전체 여행 과정에서 한 부분에 지나지 않는다.

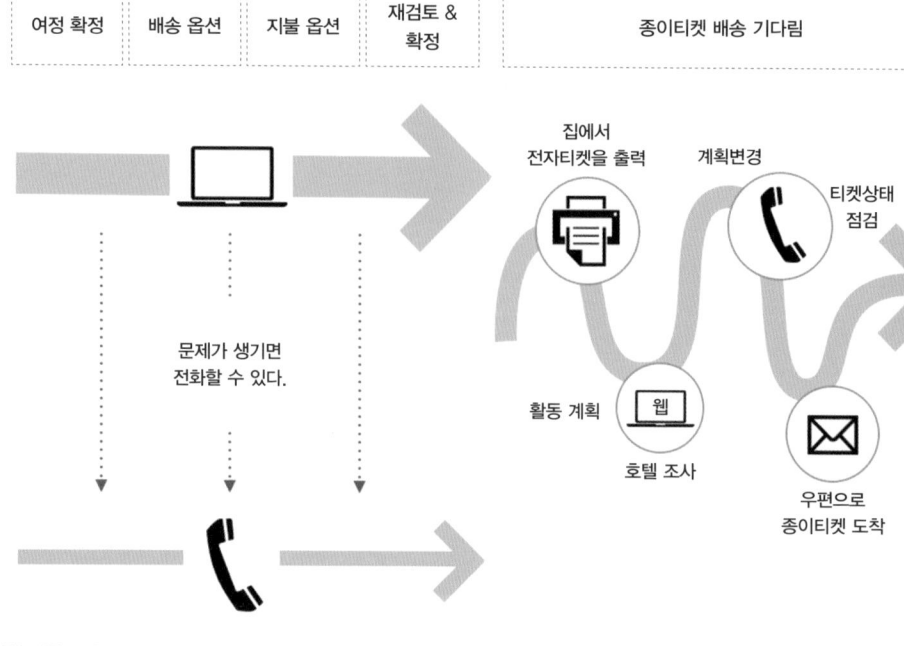

여정 확정 | 배송 옵션 | 지불 옵션 | 재검토 & 확정 | 종이티켓 배송 기다림

집에서 전자티켓을 출력

계획변경

티켓상태 점검

문제가 생기면 전화할 수 있다.

활동 계획

웹

호텔 조사

우편으로 종이티켓 도착

확대한 여정 모형 샘플

사람들은 오랜 시간 동안 여행 계획을 세운다.

사람들은 정중하고 효과적이고 호감이 가는 서비스를 가치 있게 생각한다.

리스던은 이어서 렌즈를 이렇게 정의한다.

당신 회사의 고객으로서 명확하게 다른 페르소나 또는 상당히 다른 경로를 따르는 사용자 유형이 있다면, 그러한 페르소나를 요약한 것이 바로 렌즈가 된다. 그럴 경우 당신은 각 페르소나에 대한 다수의 맵을 만

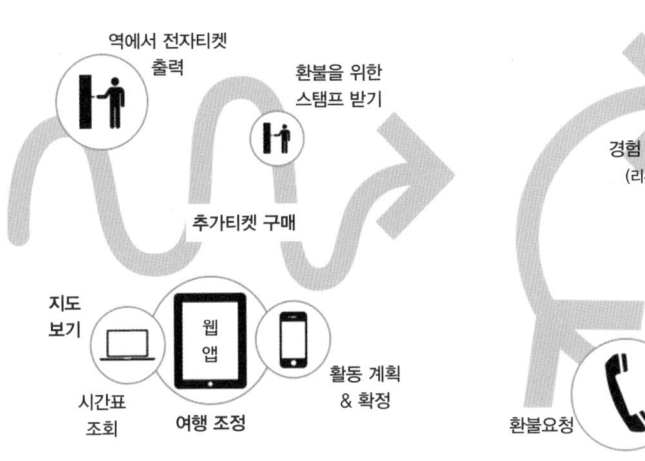

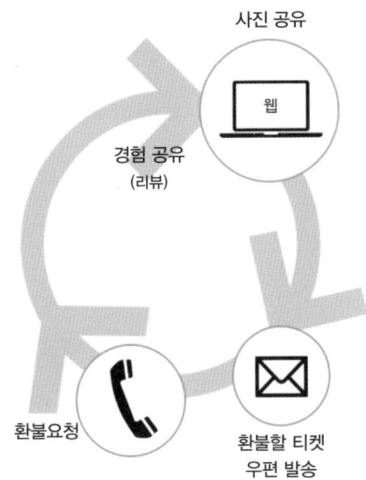

들어야 한다. 그러나 대개 경험의 알맹이나 맵에서 강조되는 기회와 문제 지점은 다르지 않을 것이다. 각 페르소나에 적용되는 핵심 접점에 초점을 맞출 것이기 때문이다. 이때 디자인 원칙이라든가 가치 제안 같은 포괄적인 지침이 렌즈가 될 수 있다.

그러니 여정과 구체적으로 그 여정 안의 접점을 들여다보면서 이렇게 자문해보라. "이것은 원칙에 부합하는가? 이것은 이 페르소나에게 필요한 것을 충족하는가?"

핵심은 당신이 여정을 검토할 때 어떤 기준을 세워두어야 한다는 것이다. 이때 기준은 페르소나 또는 맞춤형 가치 제안이 될 수 있다.

여정 모형

여정 모형은 리스던이 설명한 대로 각 여정의 성격에 따라 모든 여정이 다른 모습이기 때문에 이 예는 참조만 한다. 여정 모형은 고객 참여의 가장 중요한 측면과, 고객이 여정의 각 국면을 통과하고 서로 다른 채널과 화면 사이를 옮겨 다니는 방식 등을 표현하는 데 사용된다.

레일 유럽 여정 모형에서 리스던은 어떤 사람이 여행상품을 조사하고 티켓을 구매할 때 맞닥뜨릴 개연성이 큰 여정을 표현했다. 이 역시 여정에서 최선에 못 미치는 부분을 찾아내기 위해 구성한 경험을 보여주는 예일 뿐이다.

확대한 여정 모형에서는 고객이 두 번째 진실의 순간에서 마지막 진실의 순간으로 넘어가는 과정, 즉 여행 계획을 공개적으로 알리고, 경험과 사진을 공유하며, 태그에 레일 유럽을 써넣고, 게시물을 올리는 등의 활동을 그려볼 수 있다. 이런 시각적인 표현은 고객의 경험을 유발하는 계기에 대해 생각해보고, 어느 부분을 개선할 수 있을지 파악하는 데 도움이 된다.

리스던은 이렇게 말한다.

"[여정 맵은] 단순히 여정을 단계별로 그려 넣는 것이 아니다. 당신이 데이터를 추려서 만들어낸 모형을 바탕으로, 여정에 관련된 무언가를 드러내 보여주는 것이 이상적이다. 예컨대 어떤 채널을 다른 채널보다 선호하는 사람은 얼마나 되는지, 경험 가운데 어느 부분이 명백하게 엉망인지, 어느 부분을 그다지 고려하지 못했는지 등을 밝혀내는 것이다."

이는 보는 사람에게 추가적인 설명 없이도 그 자체로 하나의 이야기를 들려줌으로써 데이터에 생명을 불어넣는 효과적인 시각디자인의 좋은 예다.

질적 통찰

데이터 분석 결과 고객 경험의 특정 측면을 더 깊이 들여다봐야 한다는 판단이 서면 이를 부각하는 맵을 만들 수도 있다. 다음 페이지에 실린 리스던이 만든 맵이 그 한 예다. 그는 이렇게 설명한다. "이 경험 맵의 여정 모형은 채널 간 이동을 돋보이게 한다. 화살표의 크기나 밀도는 이동에 관한 질적 정보를 표시한다."

이 경험 맵은 현재의 데이터를 기반으로 볼 때 어떤 사람이 스크린이나 채널 사이에서 옮겨 다닐 가능성이 큰 때가 언제인지 보여준다. 어디로도 옮겨 다닐 필요 없이 당신이 디자인한 경험이 자연스럽고 매끄럽게 연결되어 있다고 상상해보라.

리스던은 어댑티브 패스가 맵의 질을 높이기 위해 사용하는 접근법을 이렇게 표현한다.

> "질적 통찰을 적용할 때 우리는 주로 '행동, 생각, 느낌'의 틀을 사용한다. 여기서 행동은 여정 모형이고, 생각은 "내가 이걸 사용할 수 있을까? 이게 효과가 있을까? 이 느낌이 마음에 들어"와 같은 틀로 구성하며, 느낌은 좌절감, 만족, 슬픔, 혼란 같은 반응을 적용한다."

[회사] 질적 통찰을 적용한 경험 맵

사고 내용	대상에 대해 생각하기 →	[대상] 개념 탐구 →	[대상] 상품 이해 →	
사람들	가족이나 친구 같은 신뢰하는 사람들과 이야기를 나눈다.			인정
웹 조사	• 최초의 이해 • 정신적 지주 • 다수의 소스와 채널로 이동할 수 있다	웹에서 기사나 개요 검색	경쟁 상품과 비교	
[회사] 웹사이트	대상에 대해 생각	활동 지점	활동 지점	
		활동 지점	활동 지점	
전화 센터		활동 지점 활동 지점	활동 지점	
고객 데이터		조언을 구하기 전에 초기 조사와 정보 수집	활동	
동기부여	– – –	– –	– –	
행동	– – –	– – –	– –	
잠재고객 발굴				

"대답을 구하기 위해 어떻게 질문해야 할지 모르겠어."

"정보는 너무 많이 찾아봤어. 지금 내게 필요한 건 참신한 관점이지."

"내가 원하는 게 안정과 안전이란 건 알고 있지만, 잘못된 시기에 잘못된 선택을 하는 게 아닌지 정말 겁이 나."

확신 얻기 ➡	선택 & 확인 ➡➡		모든 세부 사항을 제시하고 기다리기 ➡			행동
						가족이나 전문가와 대화
조정						
활동 지점	활동 지점	활동 지점	활동 지점	활동 지점	활동 지점	활동 지점
지점	활동 지점	활동 지점	활동 지점	활동 지점		활동 지점
활동						
	– – –		– – –			– – –
	– – – – –		– – –			–

맵에는 사람들이 매 단계에서 생각하고 느끼는 바를 표시할 수 있다. 여기에서 어떤 종류의 교훈을 얻을 수 있는지 파악하기 위해 레일 유럽 고객들의 각 진실의 순간과 그 순간을 연결하는 미시적 경험을 직접 살펴보자.

양적 정보

맵은 조사와 분석을 통해 확보한 양적 정보도 시각적인 표현으로 담아내야 한다. 면담과 설문, 디지털 인류학 같은 현장조사를 실시하는 것도 권장한다. 리스던은 양적 정보의 중요성을 이렇게 설명한다.

"어떤 경우에는 여정의 특정 부분을 강조하는 데도 사용할 수 있다. 예컨대 이 접점을 대하는 수는 10퍼센트에 지나지 않고, 저 접점을 대하는 수는 70퍼센트라는 식으로 말이다. 또 다른 경우, 특히 설문조사 결과는 접점 자체에 관한 정보일 수도 있다.

우리는 레일 유럽에 대한 설문을 실시하여, 매우 중요한 시사점을 던지는 세 가지 데이터 포인트를 얻어냈다. 여정의 어느 특정 국면의 즐거움과 그 국면에 대한 레일 유럽과의 관련성 말이다. 예를 들어 레일 유럽은 예매 단계에서는 매우 중요하지만 여행 이후에는 그리 중요하지 않다. 그리고 고객이 매 국면에서 인식하는 레일 유럽의 유익함의 정도가 있다. 이 데이터 포인트는 관련성과 유익함 간의 편차도 두드러지게 보여주었지만, 그 둘이 서로 잘 조화되는 지점이 어디인지도 알려주었다."

영 번째 진실의 순간(ZMOT)
조사와 계획 + 쇼핑

생각	• 유럽을 돌아보는 가장 쉬운 방법은 뭘까? • 내가 가고 싶은 곳은 어디지? • 관광과 액티버티를 즐기려면 한 여행지에서 얼마나 시간을 보내야 할까?	• 최저가에 티켓을 구하고 싶지만, 일등석이라면 돈을 조금 더 낼 수 있어. • 전체 여행 경비는 얼마나 들까? 뭔가를 포기하는 대신 더 좋은 뭔가를 얻을 수 있을까? • 계획에 포함시킬 다른 활동은 없나?
느낌	• 유럽에 가다니 흥분돼! • 볼 수 있는 걸 다 보고 올 수 있을까? • 금전적으로 감당할 수 없으면 어쩌지? • 잘못된 선택은 하고 싶지 않아.	• 트립 어드바이저 사이트는 믿음이 안 가. 모두 너무 부정적이야. • 온갖 다양한 상품을 다 파악하려니 너무 헷갈려. • 이런 게 정말 내가 하고 싶은 여행이 맞나?

첫 번째 진실의 순간(FMOT)
예매 + 예매 이후 / 여행 이전

생각	• 예매에서 필요한 티켓과 탑승권, 예매권을 다 챙겼나? 아니면 배송료를 더 지불해야 해. • 레일 유럽이 전화를 안 받네. 답변을 받을 수 있는 다른 방법은 없을까?	• 필요한 걸 다 챙겼나? • 레일 유럽 웹사이트는 쉽고 친절하지만, 문제가 생겼을 때 도움을 구할 수가 없어. • 티켓들이 제시간에 도착하지 않으면 어쩌지?
느낌	• 웹사이트 예매는 쉽고 친절하네! • 어떤 게 전자티켓이고 어떤 게 종이티켓인지 빨리 답을 얻지 못해서 답답해. 티켓이 제시간에 도착할지 모르겠어.	• 곧 출국할 건데 레일 유럽이 전화를 안 받아. 짜증이 나. • 유럽으로 티켓을 배송해주지 않겠다니, 어쩌란 거야? • 우편으로 티켓을 받아서 다행이야!

두 번째 진실의 순간(SMOT)
여행

생각	• 기차를 탈 수 있을 거라고 생각했는데, 더 이상 기차가 없대. 우린 이제 어떻게 해야 하지? • 기차를 맞게 탔나? 아니면 그다음에는 어쩌지? • 여행계획을 좀 더 세우고 싶어. 어떻게 할까?

느낌	• 한밤중에 모르는 장소에 있는 건 위험한 느낌이 들어. • 환승할 기차가 제시간에 도착하지 않아서 스트레스 받았어. • 우리에게 자기 나라를 구경시켜주고 싶어 하는 사람들을 만나는 건 즐겁고 특별한 행운이야.

마지막 진실의 순간(UMOT)
여행 이후

생각	• 사용하지 않은 티켓을 환불받으려고 해. 그럴 수 있을지 모르겠군. • 사람들이 이 사진들 보면 좋아하겠지! • 다음번엔 좀 더 다양한 여행 경로를 신중하게 검색해봐야겠어.

느낌	• 친구들에게 휴가 이야기 들려줄 생각하니까 신이 나! • 집에 도착하자마자 티켓 환불문제를 처리해야 하다니 좀 짜증 나는 걸.

궁극적으로 당신은 맵을 활용하여 각 진실의 순간에 경험 점수를 매길 수도 있다. 전체 맵을 보면 각 진실의 순간에서 세 가지 요인에 대해 회사가 부여한 점수를 나타내는 막대를 볼 수 있다.

이 역시 매우 효과적인 시각화 기법이다.

즐거움

레일 유럽과의 관련성

레일 유럽의 유익함

세 가지 핵심 요인에 점수 매기기

또 다른 맵에서는 화살표를 사용하여 양적 정보를 다른 방식으로 시각화함으로써 특정 접점에서 채널 간 이동의 양을 표시했다.

당신 자신이 맵을 만들 때 사용하는 표시 방법은 분명히 이와 다를 테지만, 근본적인 용도는 같다. 데이터를 시각화하는 방법은 실제로 벌어지고 있는 상황과 일어나야 하는 상황을 명료하게 전달해야 한다.

활동 지점　　　활동 지점　　　활동 지점

지점　　활동 지점　　　활동 지점

화살표로 시각화한 양적 정보

교훈 뽑아내기

일단 고객 여정 맵 또는 경험 맵을 만들었다면, 고객 경험 설계팀은 이를 활용하여 다음 주요 질문에 대해 깊이 생각해보아야 한다.

- 경험을 개선할 수 있는 지점은 어디인가.
- 바람직한 경험이 불명확하거나 모호한 지점은 어디인가.
- 우리가 혁신할 수 있는 지점은 어디인가.

여기 진실의 순간마다 당신이 찾아낼 만한 기회의 종류와 이를 활용하여 개선할 수 있는 행동의 예가 있다. 이렇게 얻은 교훈은 고객 경험 향상 전략을 개발할 수 있는 동력이 된다.

정리하자면 잘 만든 고객 여정 맵이란 그 자체로 명확하게 상황을 보여주어야 하며, 실행에 옮길 수 있고 영감을 줄 수 있어야 한다. 또한 변화의 필요성을 알리고, 변화의 힘을 믿고 밀고 나가도록 이해 당사자를 집결할 수 있어야 한다.

이러한 작업은 커져가는 사용자 경험의 중요성을 한층 부각한다. 고객은 선택할 수 있다. 게다가 선택할 수 있는 것들은 점점 더 많아지고 있다.

영 번째 진실의 순간(ZMOT) — 조사와 계획 + 쇼핑

기회들

전체

명확하게 가치 있는 제안을
전달하라.

단계: 첫 방문

사람들이 필요로 하는 도움을
제공하라.

단계: 전체

사람들이 자신만의 해결책을
만들도록 지원하라.

단계: 전체

고객을 더 노련하고 더
아는 게 많은 여행객으로
만들어라.

단계: 전체

뚜렷한 목적을 갖고
소셜 미디어를 사용하라.

단계: 전체

첫 번째 진실의 순간(FMOT) — 예매 + 예매 이후 / 여행 이전

계획, 쇼핑, 예매

사람들이 시간을 두고 계획을
세울 수 있게 하라.

단계: 계획, 쇼핑

고객이 상상할 수 있도록
여행을 시각화하라.

단계: 계획, 쇼핑

고객에게 결정을 내리는 데
필요한 정보를 충분히
제공하라.

단계: 쇼핑, 예매

계획과 쇼핑과 예매를 웹에서
연결하라.

단계: 계획, 쇼핑, 예매

합리적인 시간 여유를 두고
배송을 종합적으로 처리하라.

단계: 예매

두 번째 진실의 순간(SMOT) — 여행 + 마지막 진실의 순간(UMOT) / 여행 이후

예매 이후, 여행, 여행 이후

종이티켓 경험을 개선하라.

단계: 예매 이후, 여행, 여행
이후

유럽에서의 여행 계획과
예매도 편리하게 하라.

단계: 여행

변화가 생겼을 때 사람들이
대처할 수 있도록 사전에
준비하여 도와라.

단계: 예매 이후, 여행

항상 상태를 명확하게
전달하라.

단계: 예매 이후, 여행 이후

6부

소중한
페르소나

고객을 개인으로 보고
그들의 입장에서 생각하라

페르소나는 아주 구체적이어야 하며
실제 고객 정보에서 추출해야 한다.

1 경험 설계의 출발점은
   사람이다

**고객의 삶에 구체적인 욕망과 희망과 꿈을 부여하려면
상세하고도 섬세한 초상을 완성해야 한다.**

인간 중심 디자인에서 기본이 되는 기법 중 하나는 고객의 초상을 만드는 일이며, 이를 '페르소나'라고 한다. 페르소나를 활용하면 당신이 갖고 있는 고객 데이터와 그간 실시했던 관찰 연구의 내용을 가지고 회사에서 현재 제공하고 있는 경험과 앞으로 디자인할 더 풍성하고 새로운 경험 모두에 관해 여태껏 모르고 있던 새로운 사실을 알려주는 이야기를 만들 수 있다. 경험 설계는 바로 이 지점에서 설계도를 그리기 시작하며 설계도의 출발점은 바로 사람이다.

절대 추측해서는 안 된다

현재 당신의 회사에서 상품을 구매하는 사람들뿐 아니라 타깃으로 삼고 있는, 아직 상품을 구매하지 않은 사람들에 대한 페르소나도 만드는 것이 좋다. 현재 고객 및 잠재 고객, 그리고 그들의 행동과 목표를 정확하

게 그리기 위해서는 인구통계학과 심리측정, 문화기술연구를 결합해 연구해야 한다. 절대 추측해서는 안 된다! 이와 같은 연구를 깊이 있게 파고들 수 있는 시간과 자원과 예산이 누구에게나 있는 것은 아니지만, 가능한 한 이에 가깝게라도 노력해야 한다. 고객을 대상으로 하는 무척 단순한 면담으로도 설계에 반영할 수 있는 풍부한 정보를 얻을 수 있다.

페르소나를 개발할 때 자주 저지르는 큰 실수는 고객에 대한 추정을 바탕으로 하는 것이다. 페르소나를 만드는 목적은 오직 설계팀에 자신이 실제로 존재하는 사람들에게 상품을 팔고 있다는 사실을 되새기게 하는 것이기 때문에, 페르소나는 아주 구체적이어야 하며 실제 고객 정보에서 추출해야 한다. 그렇지 않으면 고객에 대해 갖고 있던 잘못된 추측을 더욱 강화하는 위험을 초래할 수 있다.

일단 데이터를 수집하고 분석했으면 기호와 생활방식, 구매 습관 등에 관한 세부 내용을 가지고 캐릭터 집합을 구성하는데, 여기에 속하는 개개인이 하나의 고객 그룹을 나타낸다.

페르소나를 만들 때 좋은 방법 하나는 시나리오나 대본에서 인물을 소개하는 방식으로 여러 고객 유형을 묘사하는 것이다. 259쪽에 시트콤 〈프렌즈Friends〉의 등장인물 캐릭터를 묘사한 예가 있다.[1] 보통의 시나리오는 이런 묘사를 시작으로 시각적 요소와 인물의 행동과 목적 등 살을 붙여나간다.

페르소나를 사용하면 고객과 아직 고객이 아닌 사람들 모두를 더욱 인간적인 관점에서 바라보게 되고, 훨씬 더 친밀한 대상으로 느낄 수 있다. 이는 특히 그들에게 감정이입을 할 수 있게 해주는 막강한 도구다. 각각의 페르소나에게는 그 자신의 영향력이 미치는 생태계가 있다는 사

등장인물

모니카 ···   똑똑하다. 냉소적. 방어적. 매우 매력적. 지금 갖고 있는 것은
           모두 스스로 일해서 얻은 것. 세련된 업타운 레스토랑의 보조 셰프.
           연애에서는 재앙 수준.

레이철 ···   응석받이. 사랑스럽다. 용감하다. 겁쟁이. 모니카의 고등학교 시절
           단짝. 지금 갖고 있는 것 중 자기가 일해서 얻은 것은 하나도 없다.
           처음으로 독립생활 중. 일을 할 준비가 전혀 되어 있지 않음.

피비 ···   다정하다. 괴짜. 뉴에이지 방랑아. 모니카의 예전 룸메이트.
           길에서 머리핀을 팔고 지하철에서 기타를 연주한다. 선량한 영혼.

로스 ···   지적. 감정적. 낭만적. 모니카의 오빠. 갑자기 이혼함.
           싱글인 상태를 엄청나게 못마땅해함. 고생물학자. 중요한 사항은
           아님.

조이 ···   잘생김. 마초. 곧잘 우쭐함. 모니카와 레이철과 복도를 사이에 두고
           살고 있음. 배우 지망생. 사실은 알 파치노가 되고 싶어 함.
           여자와 스포츠, 여자와 뉴욕, 여자와 무엇보다 자신을 사랑함.

챈들러 ···   익살스러움. 건조함. 모든 사람의 인생에 대한 냉소적 논평자.
           자기 인생에 대해서도 그러함. 뭘 하는 곳인지 분명하지 않은 사무실
           건물의 답답한 칸막이 책상 앞에서 컴퓨터로 무언가 지루한 일을
           한다. 유머감각으로 삶을 버텨나가고 있다. 그리고 군것질로.

           모두 20대. 모두 각자의 답을 찾으려 애쓰고 있다.

실을 잊지 마라. 경험에 관한 한 그들의 작은 세계를 이해해야만 우리도 그들 세계의 일부가 될 수 있고 또한 그 세계도 우리의 일부가 될 수 있으니 말이다.

돌비 래버러토리스 프로젝트

흥미로운 페르소나 작업을 조사하던 중에, 연구 및 디자인 회사 볼트 피터스Bolt | Peters의 흥미로운 사례연구를 발견했다. 볼트 피터스는 사용자 인터페이스와 사용성, 사용자 경험을 중심으로 활동하는 에이전시로 나는 이들에게서 대단히 깊은 인상을 받았다. 어댑티브 패스의 경우처럼, 페이스북은 미래를 디자인하는 독특한 전문가 집단을 내부에 유치하기 위해 볼트 피터스를 합병했다.

특히 볼트 피터스가 작업한 돌비 래버러토리스Dolby Laboratories 프로젝트가 유난히 관심을 사로잡았다. 돌비는 영화와 홈시어터, PC, 모바일 기기, 게임 등의 서라운드 음향과 이미징, 음성 테크놀로지와 관련된 일을 하는 회사다. 돌비는 고객의 행동을 인간적인 관점에서 파악함으로써 이를 더 잘 이해하고자 했다. 그들은 볼트 피터스에게 차후 프로젝트의 기반이 될 페르소나를 만들어달라고 요청했다.[2]

볼트 피터스는 사용자 환경과 인구통계학이 아니라 사용자 **행동** 연구에 초점을 맞춤으로써 페르소나를 만들었다. 그들은 20차례 면담을 실시했고 질적, 양적 고객 데이터 분석에도 대대적으로 투자했다. 이를 통해 볼트 피터스는 소비자 가전제품군에 대해 각자 특유한 기호를 지닌 여섯 가지 페르소나를 추출했다.

이 페르소나는 각각의 기호 프로필을 지닌 소비자가 그들의 엔터테인먼트 기기에서 무엇을 원할지 현실적인 그림을 제공해준다. 여기서는 두 명의 돌비 소비자 페르소나를 소개하는 예를 살펴보자. 현실도피자 팀과 엔터테이너 메건이다.

팀은 손재주가 있고 혼자 지내기 좋아하며 무엇인가에 잘 몰두하는, 오디오 세팅을 완벽하게 만들어가는 일로 스트레스를 푸는 사람으로 묘사된다. 게임에 몰두하며, 풀 서라운드 사운드로 HD 영화 감상을 즐긴다. 오디오 애호가 같은 면도 있어서 완벽한 튜닝과 깔끔한 사운드를 좋아한다.

사실 팀은 소리를 워낙 즐기기 때문에 이동할 때나 일을 할 때도 청취 경험을 한껏 누리기 위해 최고급 헤드폰으로 음악을 듣는다. 그는 기술에 관한 한 전문가 수준이고 쇼핑을 할 때는 꼼꼼히 평가해서 판단한다. 팀에게 돌비라는 브랜드는 좋은 음질을 상징하지만, 더불어 현실에서 완전하게 도피할 수 있게 해주는 완벽하게 조율된 사운드를 의미해야 한다.

반면 메건은 공동체를 지향하는 사교적인 성격이며 완벽한 엔터테이너다. 그녀는 친구나 이웃과 함께하는 활동에 참여하기를 원하고, 중요한 경기가 있을 때는 집으로 사람들을 초대해 서라운드 사운드가 갖춰진 화면으로 함께 시청한다.

메건은 서라운드 시스템을 배경음향이나 음악에도 사용한다. 비디오게임을 서라운드 시스템에 연결해서 할 때도 있지만, 친구들이 집에 왔을 때만 있는 일이다. 집에 있지 않을 때는 일을 하면서 음악을 듣기도

현실도피자 팀

재주가 많음   외톨이   몰두형

"오디오 세팅을 완벽하게 만들어가는 일로 스트레스를 해소합니다."

▶ 팀이 사용하는 기기들

 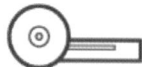

게임

팀은 긴장을 풀기 위해 두 시간 정도 온라인 게임에 몰두한다.

영화

팀이 좋아하고 몰입하는 또 하나의 취미는 서라운드 시스템에서 블루레이로 영화를 감상하는 것이다.

엔터테이너 메건

공동체   분위기   융화성

"친구나 이웃과 함께하는 활동에 참여하고 싶어요."

▶ 메건이 사용하는 기기들

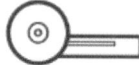

TV와 영화

메건은 파티를 열어 친구들과 함께 평면티비와 서라운드 시스템으로 중요한 경기를 보거나 새로 산 블루레이를 감상한다.

모바일

때때로 다른 활동을 할 때 음악을 듣는다.

팀에게 돌비는
알고리즘을 의미한다.

돌비는 **완전한 현실도피를 위한
완벽하게 조율된 사운드를**
의미해야 한다.

▶ 팀의 성격에서 핵심적인 차원들

기술적 능력	전문가
쇼핑	꼼꼼히 따져 봄
엔터테인먼트 동기	자발적

오디오
완벽하게 튜닝된
깨끗한 사운드를
추구한다.

모바일
팀은 헤드폰도 사운드가
훌륭한 것을 쓰며, 일할
때 헤드폰을 쓰고 있다.

메건에게 돌비는
극장을 대신하는 물건이다.

돌비는 **뒤처지지 않는
최첨단을 제공하는 방법을**
의미해야 한다.

▶ 메건의 성격에서 핵심적인 차원들

장비에 대한 욕망	최신
엔터테인먼트 동기	사교
품질 유형	최고 품질

게임
이따금 친구들이
놀러오면 가벼운 게임을
즐긴다.

오디오
TV로 게임을 할 때나
배경음악을 틀어놓을
때 음질 좋은 서라운드
시스템을 사용한다.

한다.

메건은 최신 제품을 갖춰야 하는 성격이고 구매할 때는 대단히 신중하게 평가한다. 품질에 관한 한 극단적으로 까다롭다. 현재 메건에게 돌비는 극장을 대신하는 물건을 뜻하지만, 중요한 일이 일어나는 바로 그때 그 한가운데에 있게 해주거나 최신의 가장 좋은 것을 소유하게 해주는 방법을 상징해야 한다.

사용자 시나리오 만들기

일단 고객 페르소나에 대한 설명을 손에 넣었으면, 경험 설계팀은 고객이 모든 접점에서 회사와 제품과 접촉하는 모든 상황의 시나리오를 만들어보아야 한다. 이는 고객에게 필요한 것, 그들의 목표, 포부, 얻고자하는 결과 등에 대해 묘사해야 한다. 이러한 사용자 시나리오는 섬세하고 통찰력 있는 고객 여정 맵이나 경험 맵을 만드는 데 없어서는 안 될도구다. 퀘스처너블 메소드Questionable Methods가 온라인으로 공유한 사용자 페르소나와 시나리오의 예[3]를 살펴보자.

시나리오

- 밥은 나이 지긋한 아버지다.
- 그는 자칭 전문가다.
- 아들에게 차를 한 대 사주려고 한다.
- 밥은 컴퓨터를 잘 알고, 자기가 어느 정도까지 돈을 쓸 것인지도

명확히 알고 있다.

- 온라인과 인쇄물을 통해, 특히 《컨슈머 리포트 Consumer Reports》를 통해서 구체적으로 조사했다.
- 여러 가지로 정보를 수집한 다음 집에서 컴퓨터로 모든 걸 자세히 알아보았다.

이 시점에 시나리오는 밥이 혼다 Honda 핏 Fit을 구매하도록 돕는 단계까지 진전된다. 밥을 비롯하여 핏에 흥미를 보일 만한 사람들이 관심 있어 하는 자동차 브랜드에서 일한다고 상상해보자. 이와 비슷한 유형의 시나리오를 경험할 법한 일련의 다른 페르소나를 잘 이해하고 있다면 그들에게 손을 내미는 방법을 찾는 데도 도움이 된다. 나아가 어떻게 하면 더 나은 디자인과 마케팅과 관심 영역과 서비스를 제공할 수 있는지도 파악할 수 있다.

1967년에 미시건 주 앤아버에서 창립한 사용자 경험 컨설팅 회사 TeCEd는 사용자 모델링 서비스를 제공한다. 그들이 제공한 프로세스 설명을 보면 큰 도움이 된다.

페르소나 개발은 최초의 시장조사에서 얻은 데이터를 바탕으로 작성된 사용자 프로필에 대한 가정에서 시작된다. 연구자는 면담과 관찰을 통해 각 프로필에 해당하는 목표와 동기, 상황에 따른 영향력과 전형적인 사용자 스토리를 밝혀나가면서 프로필을 확장하고 확정한다. 한 프로필을 대표하는 허구의 인물(페르소나)을 만드는 것이 '실제 사용자'를 대상으로 하는 디자인 작업에 토대가 된다.

일반적으로 페르소나와 시나리오에는 다음과 같은 속성과 행동이 포함되어야 한다.

- 이름
- 나이
- 생활방식과 일하는 스타일
- 다른 페르소나와 구별되는 이야기를 담은 재치 있는 한 줄 문구

: 브라이언은 40대지만 온라인에서는 20대처럼 행동하며, 자신한테 필요한 걸 찾을 때까지 눈에 불을 켜고 화면을 넘긴다. 세상을 만드는 창조적인 동력이 되겠다는 자신의 비전에 힘을 실어주는 경험이 있다면 열성적으로 참여한다. 한마디로 그는 혁명가다!

- 사용자 경험에 영향을 미치는 핵심적인 자질과 성격

: 제품 채널과 채널 통합(앱, 웹사이트, 소셜 미디어, 모바일)에 대한 기대

- 자주 수행하는 작업 + 할 수 있기를 바라는 작업
- 사용하는 도구와 접점
- 신뢰하는 조언자와 정보 제공자
- 디자인 영역이나 경험 설계와 관련 있는 문제 지점들
- 제품이 해결하거나 야기할 수 있는 목표와 포부
- 제품 사용 이전과 도중과 이후의 시나리오

또 페르소나를 개발할 때 도움이 되는 고객에 관한 질문들은 다음과 같다.

- 우리는 누구를 위해 디자인하는가.
- 그가 달성하려고 시도하는 활동은 무엇인가.
- 그는 어떤 맥락 속에서 그 일을 시도하는가.
- 그에게 익숙한 것은 무엇인가.
- 그의 필요와 욕구는 무엇인가.
- 이 공간에 대해 그는 어떻게 생각하고 있는가.
- 그의 목표는 무엇인가.
- 그를 움직이는 동기는 무엇인가.
- 우리의 사용자, 고객, 관객이 할 만한 일은 무엇인가.
- 우리가 염두에 두어야 할 문화적인 고려사항은 무엇인가.
- 유사한 경쟁 경험은 무엇인가.
- 관련 있는 테크놀로지나 기기는 무엇인가.
- 이 프로젝트를 뒷받침할 만한 기술 환경은 무엇인가.
- 사업의 목적은 무엇인가(재원? 지원? 비전?).

고객이 어떤 상황에서 당신의 회사나 제품을 접하는지 반드시 늘 염두에 두고 있어야 한다. 텍사스 주 댈러스에서 디자인과 심리학에 관심을 두고 강연자이자 컨설턴트로 활동하는 스티븐 P. 앤더슨 Stephen P. Anderson[4]은 경험 디자인이란 근본적으로 "사람들과 그들의 활동, 그 활동의 맥락"에 관한 일이라고 말한다.

앤더슨은 이를 항상 상기할 수 있도록 다음 도표[5]를 만들었다. 땅콩 모양의 가운데를 가로지르는 수평선이 명시적인 고려사항(과제, 사용자, 사업목표)과 심층적인 고려사항(통찰, 동기, 행동, 좋은 경험과 탁월한 경험을 구

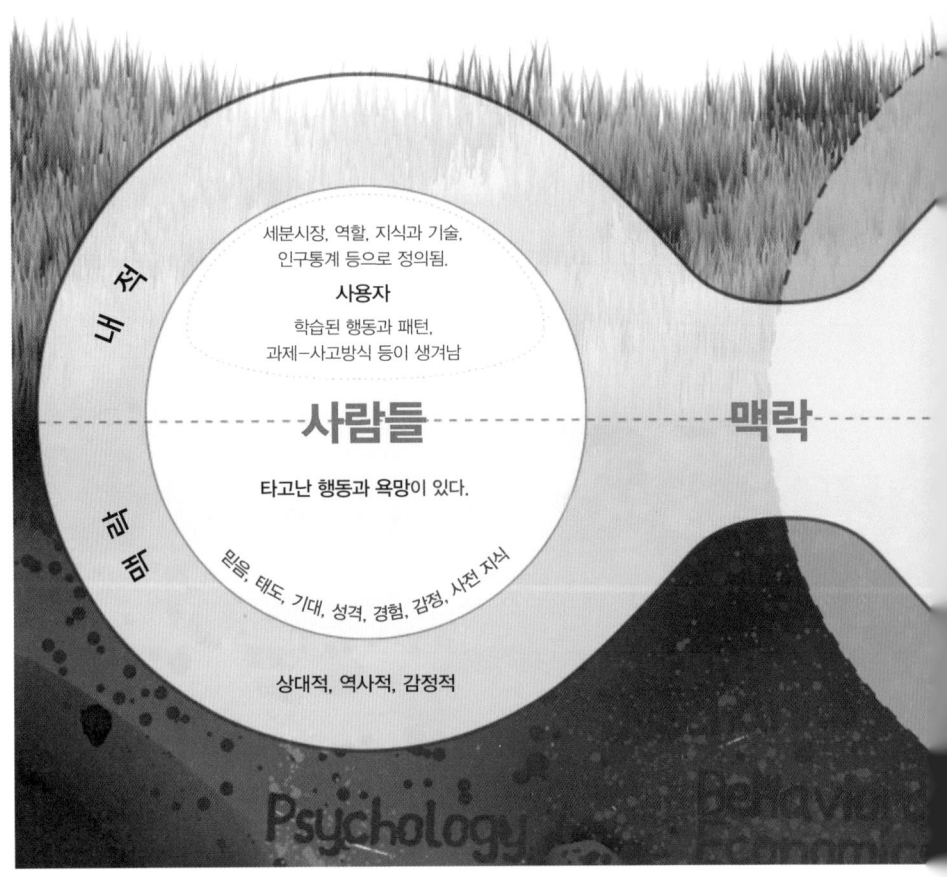

세분시장, 역할, 지식과 기술,
인구통계 등으로 정의됨.
사용자
학습된 행동과 패턴,
과제-사고방식 등이 생겨남

사람들

맥락

타고난 행동과 욕망이 있다.

믿음, 태도, 기대, 성격, 경험, 감정, 사전 지식

상대적, 역사적, 감정적

경험 디자인이 고려해야 하는 맥락 샘플

별하는 그 밖의 더 미묘한 사항)을 나누고 있다.

이를 고려하면서 동시에 사람들이 지닌 바람과 신념 체계, 이전의 경험, 감정, 성격 유형 등에 대한 묘사도 사용자 시나리오에 포함하는 것이 좋다. 또한 그들이 당신 회사의 제품과 연관된 활동뿐 아니라, 그 밖에 어떤 유형의 활동을 하고 싶어 하는지도 묘사하라. 여기에는 필수적

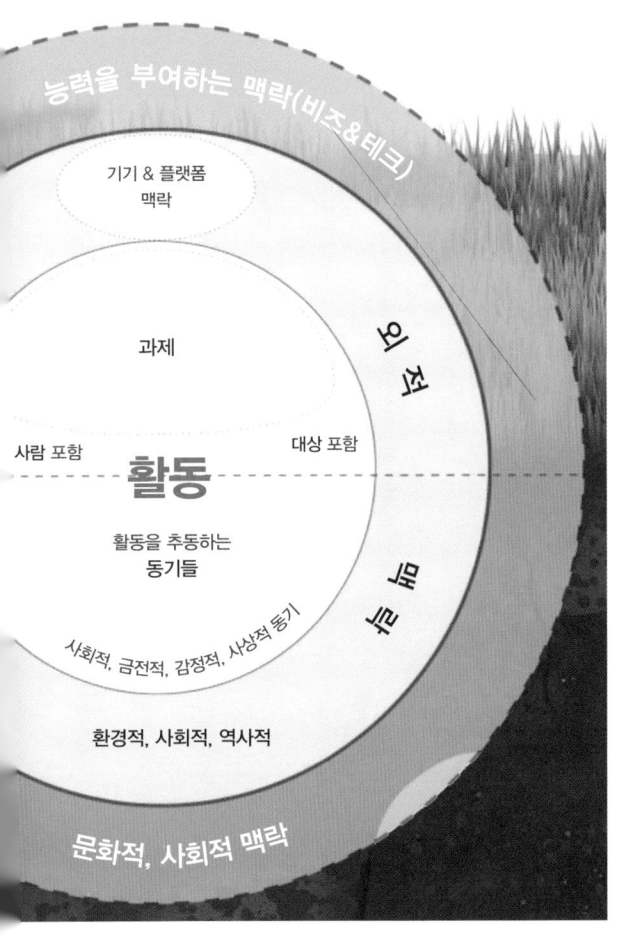

능력을 부여하는 맥락(비즈&테크)

기기 & 플랫폼
맥락

과제

외적

사람 포함   대상 포함

활동

활동을 추동하는
동기들

내적

사회적, 금전적, 감정적, 사상적 동기

환경적, 사회적, 역사적

문화적, 사회적 맥락

인 것은 아니라도 예컨대 엔터테인먼트처럼 그들이 높은 가치를 두는
활동도 포함시켜야 한다.

그 밖에 고려해야 할 맥락으로는 그들이 사는 곳, 속해 있는 공동체
의 유형, 문화적인 이슈가 있고, 또한 그들이 과거에 당신의 회사와 접
촉했던 날 어떤 경험을 했는지도 고려해야 한다. 자신을 대상으로 삼아

이 모형을 시험해보는 것도 좋다.

문제점과 기회를 평가하라

다음 단계는 문제를 해결하거나 새로운 해법을 도입함으로써 얻게 되는 기회를 평가하는 것이다. 이제 페르소나와 시나리오, 지금까지 고객과 그들이 품은 기대, 그들이 어려워하는 일, 행동에 관해 알아낸 사실, 고객 여정 맵이나 경험 맵을 가지고 브레인스토밍 워크숍이나 콘셉트 회의를 연다.

이런 회의에서는 페르소나별로 고객이 여정의 모든 단계에서, 즉 거래 이전과 도중과 이후의 모든 단계에서 어떤 경험을 하는지 자세히 검토한다. 또한 그들이 각 단계에서, 예컨대 다양한 소셜 네트워크와 리뷰 사이트, 당신의 회사가 실시하는 설문조사나 그 밖의 여러 조사를 포함하여 모두, 어떤 내용을 다른 사람에게 공유하는지도 평가한다.

재빨리 일의 추진력을 높이고 팀원 모두가 전체 과정에 잘 참여하도록 하려면 처음에는 작은 데서부터 시작하는 것이 좋다. 무모하게 전체 생태계에 대한 계획을 한꺼번에 세우려고 하지 마라. 기대와 경험의 격차 분석으로 시작하는 것도 시도해볼 만한 방법이다. 이는 현재 당신의 회사에서 제공하고 있는 경험과 앞으로 제공할 수 있는 경험을, 브랜드의 약속 대 현실, 제품의 약속, 고객지원과 고객서비스, 공동체 구축, 충성도와 지지 등의 관점에서 비교해보는 것이다. 이렇게 파악한 경험의 차이는 즉각적으로 해결할 수 있다.

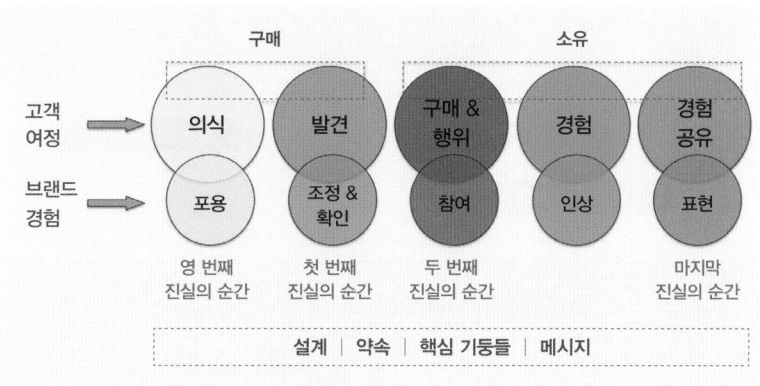

구매 여정 동안 소비자가 공유하는 것

최소한 다음의 다섯 가지 기본적인 참여 형태에 대해서는 평가해보 아야 한다.

1 의식
2 고려
3 행위
4 소유
5 충성도 & 지지

브랜드의 약속을 예로 들어보자. 272쪽 도표의 사분면은 다양한 페 르소나가 브랜드의 약속에 대해 어떻게 평가하고 있는지 보여준다. 이 런 평가를 할 때 아주 좋은 방법 하나는 'IFTTT if this, then that(이럴 때는 저 렇게)' 시나리오를 실행해보는 것이다. 사람들이 어떤 제품이나 서비스 에 대해 더 많은 정보를 알고자 한다면, 그들이 할 수 있는 일은 무엇일

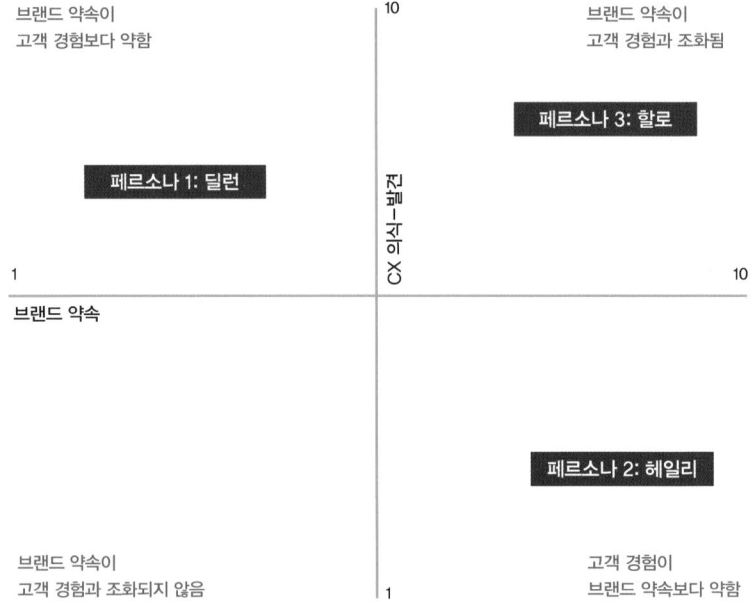

서로 다른 페르소나의 브랜드 인식 평가

까. 아마도 당신은 컴퓨터나 모바일 기기로 랜딩 페이지나 마이크로 사이트에 들어오면 된다고 답할 것이다.

그렇다. IT 문화나 프로그래밍에 대해 잘 알고 있는 사람이라면 IFTTT가 린든 티베츠Linden Tibbets가 개발한, 페이스북이나 에버노트, 웨더, 포스퀘어, 드롭박스 등 다양한 웹 어플리케이션을 연결해주는 서비스란 사실을 알 것이다.[6] 이 서비스를 사용하는 이유는 모든 실행할 수 있는 행동을 빠짐없이 챙기도록 도와주기 때문이다. 경험 평가도 마찬가지로 작동한다.

이 프로세스는 각각의 고객 유형에게 각 진실의 순간에 어떤 경험을 제공해야 할지 파악하고 이를 공식화하는 데 도움이 된다. 예를 들어 어떤 고객이 유튜브에서 당신의 회사나 제품에 관한 동영상을 찾았다면, 당신은 반드시 고객의 다양한 상황과 포부, 키워드에 맞춘 다량의 유용한 비디오를 큐레이팅 하거나 만들어서 제시해야 한다.

어떤 사용자가 제품에 문제가 있어 도움이 필요할 때는, 그 사람의 기대에 부응하는 방식으로 그가 회사와 접촉할 수 있는 몇 가지 경로를 제시해서, 비록 제품에 대해 부정적인 경험을 한 뒤라도 호의적인 기억을 남겨야 한다.

또 만약 어떤 고객이 구매를 넘어서 제품 경험에 지속적으로 가치를 더할 수 있게 도와주는 관계를 원한다면, 사용자에게 제품을 더 잘 활용할 수 있는 새로운 방법과 제품의 수명을 연장하는 새로운 서비스를 알려주는 프로그램을 소개해야 한다. 이런 일은 관계를 구축하는 수단으로 보아야 한다. 덧붙여서 제품의 생명주기 동안 항상 고객과의 커뮤니케이션을 원활하게 유지해야 한다.

IFTTT 시나리오는 스토리 라인으로 파악하는 것이 좋다. 이 시나리오는 앞으로 어떤 새로운 경험을 디자인해야 하는지 알려줄 것이다. 이런 IFTTT 평가방식을 사용하면 경험 설계가 활동에 중점을 두고 더욱 폭넓은 고객의 필요와 욕망을 포괄할 수 있는 기획으로 이어진다.

일단 이 단계가 마무리되었다면, 다양한 페르소나가 현재 겪고 있는 고객 경험에 대해 당신도 간접적으로 경험해보았을 것이고, 제공하고 있는 경험과 제공해야 하는 경험 사이에 여러 가지 격차가 드러났을 것이다. 이제 당신이 디자인하고자 하는 새롭고 개선된 경험에 대한 계획을 세우기 시작할 때다.

2 스토리텔링

**이야기란 삶을 더욱 강력하고, 명확하며,
의미 있는 경험으로 바꾸는 것이다.**

_로버트 매키|Robert Mckee

좋은 고객 경험 생태계라면 먼저 고객의 주의를 사로잡고 그런 다음 고객이 기업과 함께하는 여정 내내 기쁨을 안겨준다. 책을 읽으면서 책장 속으로 빨려 들어가는 것처럼, 영화를 보면서 장면 속 주인공이 되는 것처럼, 비디오게임을 하면서 게임 속 영웅이 되는 것처럼, 고객을 참여시키고 감동시켜야 한다. 여기서 든 예는 모두 이야기의 유형이다. 고객 경험 역시 이야기의 한 종류다. 이는 곧 당신의 경험 설계팀이 스토리텔러 역할을 해야 하는 것을 의미한다.

다시 찾아가고 싶은 경험을 이야기하라

스토리텔링은 원시시대부터 우리 조상들이 모닥불 가에 둘러앉아 행하던 오래된 예술형식이다. 사람은 선천적으로 이야기를 듣고 싶은 욕구를 갖고 있고, 뛰어난 이야기꾼에게 강렬한 매력을 느낀다. 그러나 안타깝게도 기업은 광고를 잘 만드는 일 외에는 스토리텔러 역할을 거의 하지 않는다. 흥미진진한 이야기 속으로 사람들을 몰입시키기보다는 브랜드의 메시지를 주입하려고 일방적으로 떠들어댈 뿐이다. 그러는 과정에서 흔히 선정적이고 지나치게 극적인 말을 늘어놓음으로써 이야기의 신빙성을 떨어뜨릴 뿐 아니라 심지어 듣는 이들을 짜증스럽게 만든다.

훌륭한 이야기꾼은 듣는 이의 반응에 맞추어 이야기를 조절하는 능력이 뛰어나다. 청중이 이야기를 어떻게 받아들이고 있는지 세심하게 관심을 기울이고 그 반응에 따라 이야기를 조율한다. 이야기가 진행되는 속도도 주의를 끌기에 적당하도록 신중하게 바꾼다. 생생한 이미지를 떠올리며 감정을 술렁이게 만들 줄도 안다. 한 장면이나 장이 시작될

경험은 여기서 시작된다

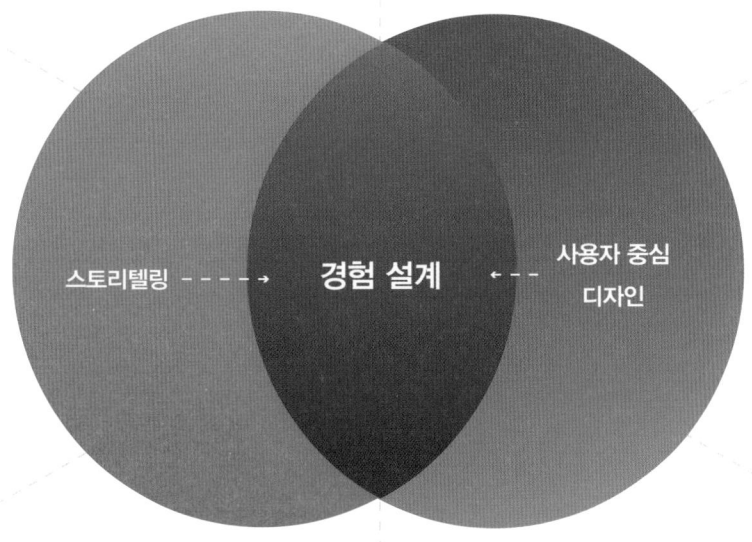

스토리텔링 - - - - → 경험 설계 ← - - 사용자 중심 디자인

때에는 눈을 뗄 수 없이 주의를 집중시키고, 끝날 때는 서둘러 다음 장면을 따라가게 이끈다.

책이나 게임이나 영화나 음악이 끝나면 우리는 그것이 계속 이어지기를 바란다. 그 이야기가 우리에게 계속 다시 찾아가고 싶은 경험을 만들어주었기 때문이다. 어린 자녀에게 동화책을 읽어줘 본 부모라면 무슨 말인지 아주 잘 알 것이다. 바로 이런 종류의 경험을 고객을 위해 디자인해야 하는 것이다.

프란시스코 인카우스테Francisco Inchauste가 《스매싱 Smashing》에 실은 〈스토리텔링을 활용한 사용자 경험 개선 Better User Experience with Storytelling〉 시리즈 기사에서, 영화감독이자 시나리오 작가 신디 채스테인Cindy Chastain은 기업이 뛰어난 스토리텔러가 되는 것이 얼마나 가치 있는 일인지 탁월하게 표현한 바 있다.[7] 이 시리즈의 두 번째 기사에서 인카우스테는 채스테인과 인터뷰를 하며 경험 디자인의 한 요소로서 스토리텔링에 관해 질문했다. 채스테인은 이렇게 말했다.

> "우리는 혼돈에서 질서를 잡고, 의미를 부여하며, 듣는 사람에게서 감정을 이끌어내는 이야기를 들려줍니다. ……서사 예술을 제대로 알면 더 좋은 이야기를 구성할 수 있고, 이는 활기 없는 특징과 기능을 가진 서비스도 고객의 정신과 감정을 사로잡는 전체적인 경험으로 탈바꿈하는 데 도움이 되지요."

아주 오랫동안 대부분의 기업은 자신들이 고객에게 들려주는 이야기는 그들의 브랜드 메시지라고 생각해왔다. 이는 너무 제한적인 생각이다. 채스테인 역시 그 점을 지적했다.

> "브랜드 메시지는 더 이상 팔리는 물건이 아닙니다. 팔리는 건 경험이지요. 우리가 찾는 무형의 기쁨, 감정, 의미를 이야기나 서사 기술을 사용하여 바꿀 수 있다면, 우리는 훨씬 더 강한 매력을 발휘하는 제품 경험을 구축하게 될 겁니다. 기업은 더 매력적인 경험을 만들어낼수록 충성도가 높고 경험에 까다로운 기준을 지닌 수많은 고객에게서 이득을 얻게 되지요.
>
> 이를 이해하지 못하고서 제품 경험에 어떤 특징을 포함시키고 어떻게 실행할지 선택한다면 진부하고 고객의 생각과 동떨어진 결과가 나올 수밖에 없어요. 물론 우리에게는 사업 목표가 있고, 사용자의 필요와 디자인 원칙, 최선의 관행이 있죠. 하지만 이는 감정과 의미를 위한 디자인은 말할 것도 없고, 한 팀이 동일한 개념적인 공간 안에서 협력하게 해주지도 못합니다."

고객이 기업과 관련된 모든 참여를 하나의 이야기로서, 시작과 중간과 끝이 있는 흥미로운 드라마로 생각하기 시작한다면, 우리는 매혹적이고 기억에 남는 경험, 고객에게 공유하고 싶은 마음이 솟아나게 하는 경험을 만들 수 있는 대단히 큰 이점을 누리게 될 것이다.

어떤 이야기를 다른 이야기보다 훨씬 더 흥미진진하게 만드는 것은 무엇일까. 좋은 이야기를 만드는 한 요소는 인상적인 도입부다.

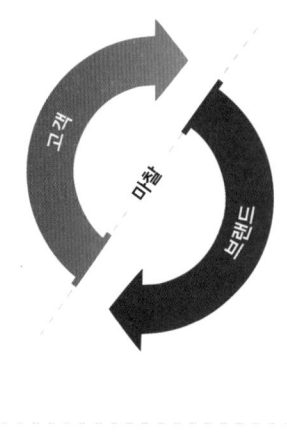

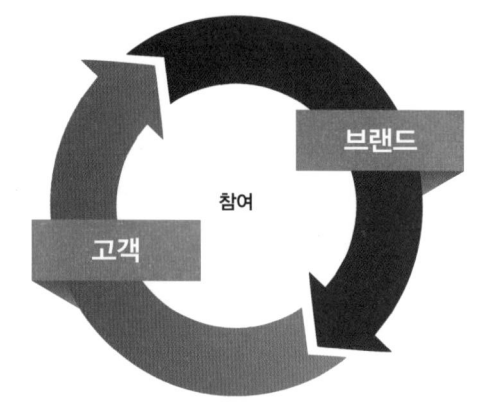

포용 = 경험

참여

브랜드

고객

미래의 경험

포용은 경험의 영역을 형성하는 핵심이다

위대한 스토리텔러는 주의를 확 사로잡는 첫 문장으로 독자를 이야기 속으로 끌어들인다. 에드워드 불워 리턴Edward Bulwer-Lytton의 소설《폴 클리포드Paul Clifford》에서 "어둡고 폭풍우가 치는 밤이었다"라는 첫 문장이 그렇고, 프란츠 카프카Franz Kafka의《변신Die Verwandlung》의 첫 문장, "어느 아침 어지러운 꿈을 꾸다 깨어난 그레고르 잠자는 침대 속에서 자신이 섬뜩한 벌레로 변해 있는 것을 발견했다"가 그렇다.

영화와 텔레비전 드라마는 종종 사건이 열띠게 진행되고 있는 한가운데로 곧바로 들어가며 시작하는데, 이를 라틴어로 '사건의 중심으로in medias res'라고 한다. 베토벤은〈교향곡 5번〉을 처음 듣는 사람도 곧바로 기억할 만큼 강렬한 네 개의 음으로 시작함으로써 전 시대를 통틀어 가장 극적인 곡을 작곡했다.

마케팅에서도 관심을 끄는 일을 대단히 강조하는데, 사실 이는 필수 조건이다. 그러나 이제는 관심을 끄는 것만으로는 충분하지 않다. 주목은 열망과 동일한 것이 아니다. 주목으로는 부족하다. 당신이 누군가의 관심을 끌었다고 해서 이것이 그들과 관계를 맺었다는 의미는 아니다. 관심은 덧없이 흩어져버릴 수 있지만 관계는 장기적으로 이어질 수 있고, 심지어 무한히 이어질 가능성도 있다. 당신이 해야 할 일은 고객의 주목을 끄는 것만이 아니라, 그들을 당신의 품 안으로 끌어안는 것이다.

일단 누군가의 주목을 끌었다면, 이제는 무언가 의미 있고 서로에게 득이 되는 관계를 만들어가야 한다. 그러기 위해서는 배려와 이해, 디자인이 필요하다. 의미와 방향성이 있어야 하고, 또한 반드시 자연스러운 느낌이 들어야 한다. 우리는 앞에서 '포용'을 다룬 적이 있다. 이는 당신이 누군가의 주의를 끌고 이로써 무엇인가 의미 있는 일을 하는 기회를 갖게 되는 순간, '경험의 영역'을 형성하는 단계 가운데 핵심적인 순간이다.

모든 접점에서 일어나는 고객과의 상호작용을 이런 기회로 만드는 것이 바로 포용이다. 포용은 누군가를 끌어안는 것이며, 이는 비유적으로 말하자면 당신이 고객을 상대로 하고자 하는 일이기도 하다. 포용은 애정과 존중과 지지의 표현이며, 기분 좋은 포용이 되려면 자연스럽고 편안해야 한다. 누군가 힘차게 안아주는데도 마치 질식할 것처럼 불편했던 적이 누구나 있었을 것이다. 그렇기 때문에 포용도 신중하게 조절해야 한다. 이때가 바로 고객이 경험에 매료되느냐 마느냐 판가름 나는

관심은 사랑과
동일하지 않다

순간이다.

포용을 디자인하는 것은 고객 경험의 의미와 목적 그리고 바람직한 이후의 효과까지도 디자인하는 것이다. 그 결과는 서로에게 이로운 호혜다. 호혜야말로 모든 관계의 기본이다.

인간의 행동에 영향을 미치는 방법은 두 가지다. 행동을 조종하는 것과 행동에 영감을 주는 것이다. 우리는 조종할 수도 있고 영감을 줄 수도 있다. 오늘날에는 조종에 지나치게 큰 의미를 부여한다. 소비자로서 영감을 받는 것이 아니라 조종당한 적이 얼마나 많은지 생각해보라. 이제 포용을 위한 디자인을 한다면 고객 경험과 고객관계가 어떻게 달라질지 상상해보라.

이야기 곡선은 무엇인가

브랜드 스토리텔링이 효과적이지 못한 이유는 대개 우리가 고객을 포용하기보다는 그들의 관심을 끌고자 고함을 치고 괴성을 지르기 때문이다. 또한 좋은 이야기 곡선을 지닌 이야기를 만들지 못하기 때문이기도 하다. 잘 만들어진 이야기는 드라마가 차곡차곡 쌓여 절정에 이른다. 또 이야기가 너무 예상대로 진행되거나 따분해지지 않게끔 사이사이 솟아오르는 극적인 요소가 배치된다.

282쪽 전통적인 스토리텔링은 효과적인 이야기 곡선을 그린 것으로, 주인공이 직면하는 몇 가지 위기가 사이사이 극적 긴장을 끌어올리도록 짜여 있다. 여기서 제시하는 좋은 이야기의 요건은 다음과 같다.

- 시작: 주인공 소개와 첫 위기.
- 중간: 몇 가지 위기가 추가로 발생하고, 각 위기는 이전 위기에 더해지며 극적 긴장을 끌어올린다.
- 끝: 마지막 위기가 승리를 가져오는 절정으로 이어진다. 대단원이라고도 한다.

이제 대부분의 기업이 고객에게 들려주는 전형적인 스토리텔링을 살펴보자. 이는 드라마를 초기에 몰아두는 캠페인 모형이다. 즉 모든 종류의 자원을 주목을 끄는 도입에만 집중하고, 고객 경험이 전개되는 나머지 단계에는 거의 배분하지 않는 방식이다. 그러면 이야기는 흩어지다가 결국에는 희미하게 소멸된 채로 다음 캠페인이 시작될 때를 기다

이야기 곡선

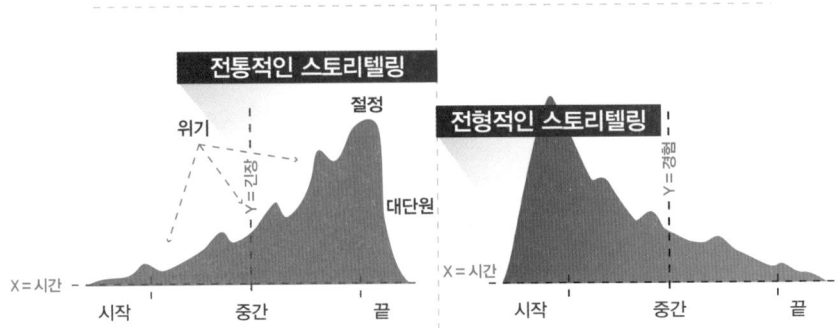

경험 곡선

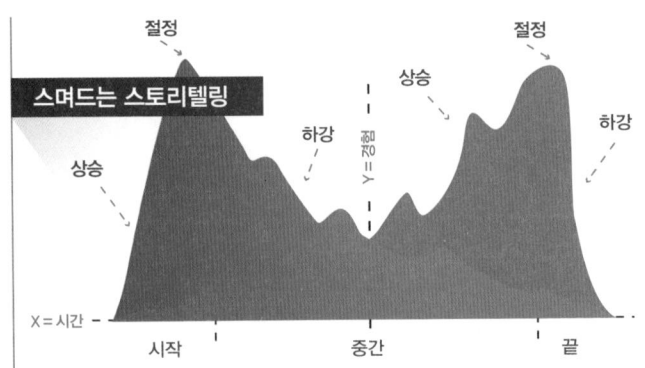

린다.

"이것 보세요! 우리를 보세요!"

"당신은 이걸 원하지 않나요? 우리와 함께해요. 우리처럼 되세요!"

"미안하지만 이제 우리는 시간도 돈도 떨어져서 가야겠네요. 하지만 걱정 마세요. 나중에 창의적인 캠페인을 가지고 다시 돌아올 테니까요! 따로따로 떨어진 점을 연결할 수 있을지 없을지는 장담할 수 없지만요!"

경험을 위한 스토리텔링이라면 그 이야기는 결코 끝나지 않는다. 한 편의 좋은 이야기가 마무리되고 있을 때 또 다른 이야기가 막 시작된다. 나는 이를 스며드는 스토리텔링pervasive storytelling 또는 응답하는 스토리텔링responsive storytelling이라고 표현한다. 한 이야기의 끝이 또 다른 이야기의 시작이다. 이는 항상 각각의 스크린과 각각의 네트워크에서 문화적으로도 맥락상으로도 관련이 있다.

스며드는 스토리텔링이 가능하려면, 언제나 즐거움과 역량을 부여하는 경험에 고객 스스로 참여할 수 있게끔 주요 이야기 곡선뿐 아니라 서로 겹치는 미시적 곡선까지도 다 짜놓아야 한다. 이게 바로 미시적 경험이다. 이를 미시적 이야기로 생각하라.

진실의 순간마다 이에 해당하는 좋은 이야기가 있어야 하고, 각 이야기에는 그만의 작은 시작과 중간과 끝이 있어야 하며, 결말은 언제나 더 원하는 마음을 남겨야 한다. 인카우스테가 《스매싱》에서 이에 대한 좋은 예를 제시했다.[8] 그는 애플 아이폰의 포장과 박스를 여는 과정에 담

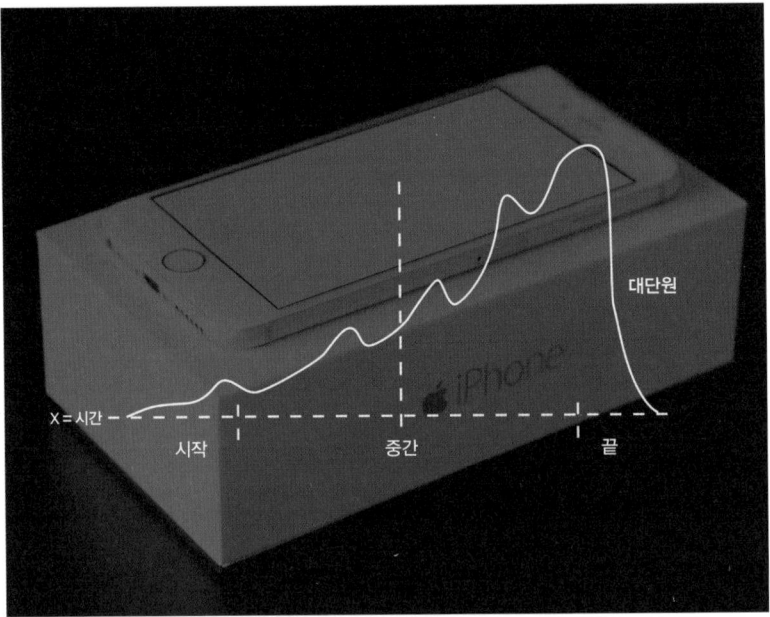

아카비트Akavit**의 케이트 브릭스**Kate Briggs**가 만든 애플 아이폰의 패키징 스토리**

겨 있는 심층적인 이야기를 검토했다. 그는 아이폰 박스 위에 전통적인 스토리텔링 곡선 그래프를 그려 요점을 강조했다.

아이폰을 사본 사람이라면 누구나 상자를 열고 아이폰과 부속 장비의 포장을 하나씩 풀 때의 극적인 느낌을 흐뭇하게 기억할 것이다. 포장을 한 겹 한 겹 풀어나가는 동안 작은 드라마가 하나씩 전개된다. 상자 자체의 디자인도 걸작이다. 물론 절정은 아이폰을 손에 쥐고 그 안에 담긴 풍성한 세상을 탐색하기 시작하는 순간이다. 애플이 다음 이야기를 이어가기 시작하는 것도 바로 이 지점이다.

아이폰은 시험해보고 싶은 좋은 기능으로 가득하다. 인카우스테가

지적했듯이, 이야기는 모든 것을 명백하게 들려주는 것이 아니다. 이야기의 목적이 순전히 메시지를 전달하는 게 아니라는 말이다. 이는 제품 하나 속에 담겨 있을 수도 있고, 애플이 교묘하게 보여주었듯이 포장에 묻어 있을 수도 있다. 그러나 동시에 고객이 기업 또는 제품을 접하는 모든 만남에도 들어 있을 수 있다. 실제로 이를 이야기로 들려줄 수도 있다. 비디오로, 또는 잘 표현된 사진으로, 심지어 타이포그래피로도 말이다. 인카우스테는 이렇게 썼다.

> "많은 경험이 스토리텔링을 사용하여 사용자를 끌어들이는 설득력 있는 메시지를 만들어낸다. 그러나 그 이야기가 늘 즉각적으로 눈에 띄거나 명시적으로 파악되는 것은 아니다. 대신 좋은 경험을 하다 보면 그 바탕에 좋은 이야기가 깔려 있는 것을 발견하게 된다. 일련의 상호작용을 연결하면서 더 큰 이야기로 엮을 수도 있고, 우리가 어떤 제품이나 브랜드에 대해 정서적인 유대를 형성하게 되는 가운데 이야기가 모습을 드러낼 수도 있다."

고객 경험 스토리텔링을 브랜드 메시지를 전달하는 예술이 아니라 참여하는 예술로 생각하라.

참여의 A.R.T.

고객의 관심을 붙잡아 두고 동시에 진정으로 그들을 포용하기 위해서는 모든 만남을 디자인할 때 다음 세 가지를 반드시 염두에 두어야 한다.

- A(Action, 행동): 행동은 말보다 소리가 더 크다. 사람들은 어떻게 행동하고 싶어 하며, 어떤 결과를 추구하는가. 당신은 그들이 그렇게 할 수 있는 직관적이고 자연스러운 기회를 어떻게 제시할 것인가.

- R(Reaction, 반응): 반응은 참여에 대한 감정적인 응답이다. 당신은 사람들이 어떻게 반응하기를 원하며, 그 이후에는 무엇이 뒤따라야 하는가. 대화는 어떻게 전개되는가. 누가, 왜, 어느 정도로 참여하고 있으며, 그 속에는 그들을 위해 무엇이 담겨 있는가.

- T(Trade, 거래): 거래는 판매와 구매에만 한정되지 않는다. 오히려 일련의 교환으로써 이루어지는 과정이다. 참여는 사람들을 당신에게 더 가까이 데려다줄 수도 있지만 더 멀리 밀어낼 수도 있다. 사람들을 포용함으로써 그들이 당신과 당신의 브랜드, 제품, 서비스에 대해 더 잘 알아보도록, 그리고 다른 사람들이 당신이 제공한 경험에 귀 기울이게, 나아가 구매까지 하게 영감을 준다면 포용을 확실한 호혜로 바꿀 수 있다.

그러니 **인식, 발견, 거래, 사용, 지원, 충성**까지, 전체 고객 여정에 걸쳐 사려 깊고 서로에게 이롭도록 미시적인 상호관계를 디자인해야 한다.

3 스토리보딩

애니메이션처럼 경험에도 스토리보드가 필요하다.

최고의 스토리텔러는 이야기의 구조를 어떻게 짜고, 등장인물에게 어떤 경험을 하게 할지 미리 구상해두기 위해 이야기의 개요를 만든다. 영화를 만들 때 스토리보드를 제작하는 것이 이에 해당한다. 스토리보드는 관객이 등장인물의 여정에 몰입할 수 있도록 이야기를 들려주어야 한다. 한 프레임 한 프레임 그 속에 담긴 이미지가 장면으로 전환되면서 이야기가 전개된다. 우리는 스토리보드에 간단하게 표현된 줄거리와 단순한 스케치를 따라가면서 사건의 연속과 맥락, 행동, 행위, 위치를 알게 된다. 모든 것을 보고 느낀다. 그 결과 매혹적이고 잊을 수 없는 여정에서 영감을 얻게 된다.

스토리보드로 감정이입의 통로를 만들어라

그러나 스토리보드는 눈에 보이는 게 다가 아니다. 그 용도는 영화나 인터랙티브 시퀀스 또는 애니메이션 시퀀스를 시각화하는 것이지만, 진짜 목적은 제작에 참여하는 모든 사람이 아이디어를 검토하고, 인물과 그들의 여정과 플롯의 사실성을 재차 시험해보도록 돕는 것이다. 더불어 모든 단계의 논리적, 감정적 효과도 시험하여 이야기 저변에 숨어 있는 느낌이 정서적인 중요성을 확보하도록 만든다.

또한 스토리보드는 의미 있는 고객 경험 모델을 만드는 데도 탁월한 기술이며, 고객에게 어떤 경험을 제공해야 할지 판단할 때 큰 영감을 준다. 스토리보드를 만들면 감정이입의 통로가 생겨난다. 스토리보드에 슈퍼 파워가 있다면 바로 감정이입 능력이다.

스토리보드를 발명한 사람은 1930년대에 월트디즈니프로덕션에서 일하던 웹 스미스Webb Smith라는 애니메이터다. 그는 낱장의 종이에 장면을 하나씩 그린 다음 게시판에 이야기의 순서대로 핀으로 꽂았다.

1930년대 초에 스토리보드는 만화책처럼 생긴 '이야기 스케치'에서 정교한 소묘로 진화했다.[9] 스토리보드를 사용한 가장 유명한 예 가운데 하나는 애니메이션 장편영화로 만들어진 〈백설 공주와 일곱 난쟁이Snow White and the Seven Dwarfs〉다. 제작진은 수천 장의 스케치를 그려서 벽에 붙여놓고 각 장면을 연출하며 생명을 불어넣었다. 당시 그들은 예술성이나 기술에서 가장 앞선 선구자였다.

스토리보드는 디즈니와 애니메이터들이 비용이 많이 들어가는 애니메이션 작업 전에 이야기의 모든 세부 사항을 만들 수 있게 해주었다. 정보를 서로 공유하고 해결해야 할 문제를 짚어내고 담당 부서 간 협력이 필요한 모든 일을 쉽게 해준 것 역시 스토리보드였다. 디즈니에서는 일찍부터 이야기를 담당하는 사람(아이디어를 갖고 있는 이)들과 스케치하

우리가 발명한 모든 매스컴 도구 가운데
여전히 가장 보편적으로 이해되는 언어는
바로 그림이다.

_월트 디즈니|Walt Disney

는 화가(카투니스트)들이 파트너가 되어 함께 일하면서, 생각하는 사람과 행동하는 사람이 상호보완적으로 협동하는 체제를 구축했다. 스토리 아티스트는 영화의 내용을 만드는 일 대부분을 책임지고 있었다. 결국에는 그 역할이 하나로 합해졌다.

줄거리가 있는 스토리보드를 만드는 일은 전적으로 한 인물의 감정적인 여정을 실현하는 일과 관련 있기 때문에, 사용자 경험과 여정을 탐색하고 표현할 수 있는 엄청난 잠재력을 갖고 있다. 시나리오와 감정, 포부, 서사를 동원해 생각함으로써 우리는 애니메이터가 스토리보드로 영화를 상상하듯이 여정이 실제 삶에서 어떻게 전개될지 상상할 수 있다. 월트디즈니 피처애니메이션 스튜디오에서 이야기 만드는 일을 하는 버니 매틴슨 Burny Mattinson은 확실히 감정이입을 느낀다.

"실제로 스토리 스케치를 하고 있으면 스스로 그 이야기에 감정적으로 끌려들어 갑니다. 열정적인 것들을 저절로 찾게 되지요. 자신이 느끼는 것을 단순하게 표현하는 그림을 그리려고 노력하게 됩니다."

스토리보드는 전체 고객 여정을 그린다

스토리보드의 용도는 당신이 전하고 싶은 이야기를 들려주고, 그 이야기가 진실하게 들리도록 만드는 것이다. 애니메이터와 대화를 많이 나누다 보면 그들에게 반복해서 듣는 말이 있다. 신빙성과 진정성이 진하게 담겨 있을 때 스토리보드가 성공한다는 것이다. 신빙성은 신뢰와 자기 평가를 기반으로 하는 척도를 일컫는다. 내 마음 깊은 곳에서 이 이야기를 믿는지, 내 경험에 비추어 이 이야기가 진실하게 느껴지는지 말이다.

예를 들어 픽사Pixar가 영화제작 전반에서 기본으로 삼는 것은 '무언가가 나에게 울림을 일으킨다면 그것은 당신에게도 울림을 일으킬 것'이라는 생각이다. 이는 일종의 양적 연구로, 외부를 바라보는 대신 내면을 들여다본다. 감정이입은 바로 이렇게 사람과 사람 사이를 연결하는 데서 시작된다.

픽사 애니메이션 스튜디오가 장편영화 한 편을 만드는 데 대략 4년이 걸린다는 사실을 알고 있는가.[10] 그들은 제대로 된 이야기를 만드는 데는 시간이 걸린다는 것을 알고 있다. 실제로 픽사는 스토리보드를 만드는 과정을 스토리 '리보딩re-boarding'이라고 표현한다. 일단 이야기를 펼쳐나가기 시작하면 변화를 일으키는 새로운 아이디어가 필연적으로 나오게 마련이며 이는 창조적인 일에서 아주 중요한 부분이라는 것을 잘 알고 있기 때문이다.

애니메이션 영화를 만드는 데 그렇게 오랜 시간이 걸리는 이유, 그리고 그 작품들이 강렬한 인상을 남길 수 있는 이유는, 형식적인 요소를 통해 감정을 미세하게 조정하는 과정이 있기 때문이다. 관객이 영화 속에 제시된 아이디어를 연결하고, 경험을 감정적으로 의미 있는 무언가로 바꿀 수 있게끔, 연속된 사건을 가장 적절하게 디자인하게 해주는 것이 바로 스토리보딩이다.

거울아 거울아, 가장 소중한 존재는 에어비앤비의 고객들이니?

에어비앤비의 공동창립자 브라이언 체스키Brian Chesky는 어느 해 크리스 마스 휴가 때 월트 디즈니의 전기를 읽었다. 〈백설 공주와 일곱 난쟁이〉 를 제작할 때 스토리보드가 대단히 중요한 역할을 했다는 이야기[11]는 그에게 에이비앤비를 다음 단계로 이끌어가는 영감을 주었다.

에어비앤비는 자연스럽게 '백설 공주'라는 이름이 붙은 프로젝트에 착수했다. 에어비앤비를 구성하는 모든 숙소의 주인과 손님을 위한 여 정 전체를 처음부터 끝까지 시각화하는 작업이었다. 그들은 스토리보딩 프로세스에서 도움을 받기 위해 픽사의 애니메이터 닉 성Nick Sung에게 일을 맡겼다.

에어비앤비에서 스토리보드는 디즈니에서 〈백설 공주와 일곱 난쟁 이〉를 만드는 과정에서 했던 것과 똑같은 역할을 했다. 이는 단순한 업 무로서의 숙소 임대에서 벗어나 고객 경험과 서비스, 고객의 생활방식 까지 고려해 장기적이고 폭넓은 관점에서 우선순위를 정하는 일이었다. 세쿼이아 캐피털Sequoia Capital의 블로그[12]에서 에어비앤비의 최고기술책 임자 Chief Technology Officer(CTO) 네이선 블레차르치크Nathan Blecharczyk는 다 음과 같이 말했다.

"스토리보드를 만든 것은 우리 회사에 참신한 활력을 불어넣은 짜릿한 사건이었습니다. 이제 우리는 모두 고객 경험 가운데 어떤 '프레임'에 대한 일을 개선하려고 하는지 알고 있죠. 고객서비스팀부터 경영팀까 지 처음 입사한 사람에게는 제일 먼저 스토리보드부터 보여줍니다. 상

에어비앤비 본부에 전시된 에어비앤비 페르소나들(사진촬영: 후이 이Hui Yi)

품과 조직에 관한 결정을 내릴 때도 필수적입니다. 무엇이 우선사항인지 의문이 생길 때마다 우리는 이 상품 또는 이 아이디어가 어느 프레임에 기여할 것인지 자문하죠. 이는 모든 가능한 기회를 시험하는 리트머스 시험지이자 회사의 초점 조정 장치입니다."

여정을 시각화하기에 앞서 그들은 먼저 에어비앤비 커뮤니티를 정의하는 사람들, 그러니까 숙소의 주인과 손님이 어떤 사람들인지 이해해야 했다. 앞에서 살펴보았듯이 페르소나를 만드는 일은 당신이 포용하기를 바라는 바로 그 사람들을 사람 대 사람의 관점에서 바라보게 해주는 멋진 방법이다.

에어비앤비의 경우에는 여섯 가지 페르소나를 만들었다. 카산드라(캐주얼 호스트Casual Host), 폴(프로호스트Pro-Host), 스티븐(세미프로 호스트Semi-Pro Host), 에이드리엔(정통 여행자), 베로니카와 릭(휴가 임대 여행자), 홀리와 헨리(호텔 여행자). 이 페르소나를 각자의 개성뿐 아니라 행동과 기대, 포부 등이 생생하게 표현되도록 인간적으로 묘사했다.

이 스토리보드는 우리에게 에어비앤비의 경험에 대해 전체적으로 생각해야 한다는 것을 상기시켜준다. 이를 활용하여 중요한 접점을 고려하고, 전략적인 우선순위를 정하고, 고객의 필요를 해결하며, 실제 삶에서 일이 차지하는 맥락을 기억하라.

'백설 공주' 스토리보드를 탐색하는 동안 아래의 질문에 대해 생각해보라.

- 각 프레임 안에서 그 사람은 무엇을 생각하거나 느끼고 있는가.
- 이 인물에게 여정의 다음 단계로 넘어가도록 동기를 부여하는 것은 무엇인가.
- 그들을 위한 경험을 개선하거나 확장할 수 있는 기회로는 어떤 게 있는가. 당신이 하는 일은 그 인물이 느끼고 알고 생각하고 결정하고 행동하는 것에 어떻게 영향을 미치는가.

'백설 공주' 프로젝트 팀은 그 인물이 전하고자 하는 메시지와 이야기, 감정을 철저히 탐색했다. 그리고 그 과정에서 핵심 개념을 이해했다. 프로젝트 팀은 각자의 기능과 역할을 뛰어넘어 결합되었다. 하나의 팀으로서 그들은 사명과 목적에서 하나가 되었다. 그들은 함께 여정의 모든 단계에서 가장 중요한 경험적 순간을 발견하고 핵심적인 정서적 지점이 어디인지 부각했다. 이는 특히 중요했다. 그들도 깨달았듯이, 경험은 에어비앤비 숙소에 도착한 다음에야 시작되는 것이 아니었기 때문이다. 사실 경험은 여행과 함께 시작되며, 여기에는 에어비앤비가 통제할 수 있는 영역을 벗어난 실제 세계의 수많은 요소도 포함된다.

당신이 제공하고자 하는 경험의 스토리보드를 만들다 보면, 경험 설계팀의 창의성에도 활력이 붙어 아이디어를 정교하게 다듬을 수 있고 완전히 새로운 아이디어가 떠오를 수도 있다. 스토리보딩은 제품 생산자나 마케팅 담당자, 엔지니어, 사용자 경험 디자이너, 심지어 재정 담당자도 활용하고 있다. 또한 에어비앤비는 채용과정을 완전히 재고하는 데도 스토리보드를 사용했다. 지원자들이 보이는 감정 상태를 바탕으로 최선의 채용방식을 개발하고 채용과정의 문제점을 해소하며 지원을 제공하는 기반으로 삼은 것이다.[13]

한 직원은 《패스트 컴퍼니 *Fast Company*》와의 인터뷰에서 이렇게 말했다. "스토리보드를 사용하여 회사 내 모든 사람의 의견을 결정 맵을 통해 정리하는 방법을 찾고 있습니다. 회사 안에 존재하는 모든 훌륭한 생각이 상품에 반영될 수 있도록 말입니다."

에어비앤비 본부에 전시된 '백설 공주' 프로젝트(사진촬영: 후이 이)

스토리보딩 시나리오

스토리보드에는 아이디어를 극화하는 독특한 능력이 있다. 그런데 스토리보딩을 단순히 이야기를 시각화하는 수단으로만 착각하는 사람도 종종 있다. 스토리 아티스트 닉 성이 테크놀로지와 브랜드 분야에서 일하며 목격한 바에 따르면 그 과정은 다음과 같다. 한 팀이 수차례 아이디어 회의를 해서 전체의 틀을 만들어놓으면 누군가가 그림을 그리고 조직 내에서 공유한다. 그러나 이걸로 끝이다. 닉은 자신의 경험을 토대로 브랜드가 스토리보딩에서 잘하는 점과 잘못하는 점이 무엇인지 이야기해주었다.

"디자이너는 사용자 중심의 관점에서 생각하도록 스토리보드를 만들기는 하지만 겉핥기로만 이루어집니다. 이미지가 구체적이고 예리하지

않으면 딱히 무언가를 정확하게 드러내주지 못하기 때문이죠."

나 역시 같은 함정에 빠졌다. 이 장을 쓰는 동안 담당 편집자가 현실 세계의 진실의 순간을 활용한 스토리보드를 만들어보라고 권유했다. 커피를 좋아하고 바삐 살아가는 사람들에게는 아주 흔한 시나리오다.

우리 주인공이 좋아하는 커피가 다 떨어졌다. 경험 설계자는 경이로운 경험을 디자인하기 위해, 기대를 넘어서는 경험을 찾아 온갖 종류의 해결책을 탐색한다. 이 경우에는 온디맨드 on-demand 배송 서비스였다. 나는 시나리오를 시각화하기는 했지만, 고객과 그의 세계를 더 잘 이해하게 도와줌으로써 창의성의 무대를 펼칠 만큼 이야기와 고객의 포부와 감정을 실감나게 탐색하지는 못했다.

닉이 나에게 가르쳐준 가장 중요한 질문은 이것이다. 이 일에서 진짜 핵심은 무엇인가. 또는 이 상황의 드라마는 무엇인가. 이런 질문은

❶ 나는 내 네스프레소 머신이 좋아. 캡슐이 다 떨어져가는군. 지금 네스프레소 매장이나 식료품점에 갈 시간은 없는데, 당장 커피가 필요해!

❷ 여기 전화가 있군. 당장 할 수 있는 게 뭐지? 앱이 그렇게 많은데 뭔가를 찾기는 너무 어려워. 누군가를 매장으로 보낼까? 이 정도 일이 왜 이렇게 어렵지?

❸ 구매 대행 서비스에 네스프레소가 있는지 볼까? 아, 여기 있었군!

❹ 고르고, 결제하고, 한 시간 안에 배송이라. 야호!

❺ 정말 빠르군. 네스프레소가 이런 서비스를 제공한다는 게 마음에 들어. 즉시 배송도 마음에 쏙 들어. 난 네스프레소가 정말 좋아.

❻ 이건 뭐지? 구매 대행 업체에서 감사카드를 보냈네? 다음번 구매할 때 10달러를 할인해주고 개인별 서비스까지 해준다고?
오늘 정말 멋진 경험을 했어!

하나의 진실의 순간을 강조하기 위해 네스프레소를 주제로 만들어본 스토리보드

그 순간의 핵심을 겨냥하여 행위의 감정적이고 전술적 동기를 포착하기 위한 것이다. 삶이란 중립적이지 않고 상품은 무無의 상태에서 얻을 수 있는 것이 아니다. 이렇게 질문을 하면 다음과 같은 차이를 밝혀낼 수 있다.

> 지금 네스프레소 매장이나 식품 매장에 갈 시간이 없는데 난 지금 당장 커피가 필요해!
> 너무 들볶이는 상황이라 기본적인 욕구도 간신히 해결할까 말까야.

앞 문장은 상황을 묘사하고, 뒤 문장은 감정 상태를 묘사한다. 전자는 커피와 시간을 절약하는 서비스가 필요하다는 말이고, 후자는 힘든 상황에서 벗어나고픈 욕구가 있고 시간이 적게 들고 잠재적으로 더 다양한 서비스가 필요하다는 뜻이다. 더 오래 지속되어온 문제를 드러내는 것일 수도 있다.

스토리보딩은 두 가지 핵심적인 형식으로서 가치를 지닌다. 먼저 과정으로서 스토리보딩은 추측하고 비평하고 연결하는 단계이며, 어떤 아이디어가 만들어내는 감정적인 울림, 그리고 그 울림을 불러일으키고 뒷받침하는 서사 구조를 시험해보는 장이다. 더불어 스토리보드는 탐색의 결과로 만들어진 형태로 하나의 작업 모형이다. 이 과정이 가치 있는 이유는 여러 통찰을 이끌어내며 또한 이를 시험해볼 수 있기 때문이다. 또한 디자인에 관한 의사결정을 이끌어낸 가정과 그 결정을 실행할 수 있는 잠정적인 방법을 모두 비평하는 기회를 제공한다.

정말로 탄탄한 스토리보드 시퀀스를 개발하려면 다음의 과정이 필요하다.

- 개념화Ideation: 콘셉트와 주제 개발
- 모형화Modeling: 서사적, 시각적, 영화적 아이디어의 구조화
- 비평 Critique: 주로 공동작업으로 이루어지며, 더 큰 영화의 맥락 안에서 하나의 훌륭한 시퀀스를 – 훌륭한 시퀀스 하나만은 아니지만 – 만들기 위해 서사 구조와 시각적 구조를 감정적인 울림면에서 분석 검토함
- 반복Iteration: 위의 비평을 바탕으로, 시퀀스가 더욱더 강력한 설득력과 울림을 발휘하도록 조정함

이뿐 아니라 다음 요소를 구사하는 능력에 따라 스토리보드는 성공할 수도 실패할 수도 있다.

- 시각 언어: 시각요소를 통해 아이디어와 감정을 전달하는 능력
- 관점: 주제의 논지, 저자가 취하는 시각
- 스토리 감성: 특정 유형의 소재에 관심을 갖는 선천적인 성향(강점 + 편향)
- 진정성과 믿음: 재미있다고 느끼지 않으면서 농담을 할 수는 없음

이 작업의 요점은 각 진실의 순간 사이를 정서적으로 연결하는 것이 무엇인지 정의하고 더욱 정교하게 다듬으며 고객 여정 전체에 걸쳐 반드시 고객이 바라는 경험을 할 수 있게 하는 것이다. 처음에 이 작업은

발견, 고려, 거래(구매), 서비스(지원), 만족(고객보유), 충성도를 결정하는 진실의 순간과 그 순간으로 이어지는 맥락에 초점을 맞추어야 한다.

마지막으로 모든 접점에서의 모든 경험에 대한 이야기를 만들어야 하며, 여기에는 최소한 다음의 것이 포함되어야 한다.

- 상태
- 목적
- 디자인
- 환영, 온보딩Onboarding[14], 상자 열기
- 제품이나 서비스의 용도
- 제품 안내 또는 지원
- 후속 고객 접촉
- 고객 재참여 유도, 보유
- 경험과 고객 행동에 대한 보상

스토리보드에는 스토리텔러가 필요하다

앞의 항목에 딱 하나만 덧붙인다면 그것은 서사와 목소리, 열정, 연극성을 비롯한 그 밖의 연출기법을 동원하여 이해 당사자가 스토리보드를 생생하게 받아들이도록 해야 한다는 것이다. 월트 디즈니는 스토리보딩의 대가였을 뿐 아니라 스토리텔링의 대가였다. 그가 만든 이야기는 디즈니의 직원들에게 영감을 주고 그의 비전을 전달하고 모든 단계에서

그 비전이 생생하게 실현되게 했다.

> 1934년 겨울에 월트는 수석 애니메이터들을 사운드스테이지에 불러
> 모았다. 그는 스포트라이트 하나만 비춘 무대에 섰다. 장편 애니메이션
> 제작에 착수할 예정이라고 발표하던 순간이었다. 월트는 자신이 머릿
> 속에 그리고 있는 것을 애니메이터들이 정확하게 이해하도록 등장인
> 물들의 특징적인 버릇을 실제 연기로 보여주고 목소리를 흉내 내면서
> 〈백설 공주와 일곱 난쟁이〉에 관한 이야기를 이어나갔다. 이 모든 과정
> 은 세 시간이 걸렸다. 월트는 애니메이션에 대한 사랑으로, 한 조직이
> 특정한 프로젝트나 문제에 초점을 맞춰야 할 때, 또는 꿈을 꿀 수 있는
> 힘을 발현해야 할 때 이야기를 들려주는 것이 효과적인 도구가 될 수
> 있음을 깨달았던 것이다. 월트는 꿈이 변화를 일으킬 수 있다고 믿었
> 다.[15]

다음 장으로 넘어가기 전에 마지막으로 스토리보드의 예를 하나 더
당신과 나누고 싶다. 월트 디즈니의 정신에서 영감을 얻어 나의 프로
젝트 '백설 공주'를 선보이고자 한다. 이 장의 초고를 완성한 직후 나는
닉 성과 공동 작업에 착수했다. 그는 현재 그가 서사디자인전략 Narrative
Design Strategy이라고 부르는 분야에서 컨설팅 스토리 아티스트로 일하고
있다. 닉과 나는 우리가 함께 겪고 싶은 경험과 여정에 대한 영감을 줄
수 있는 스토리보드를 만들었다. 함께 일해보니 닉은 정말로 소중한 조
언자였다. 스토리보딩에 대한 그의 열정은 이 장을 쓰고 새로운 가능성
에 눈뜨게 해주었다.

1

2

3

4

이 책을 만드는 과정에 바탕이 되어준 스토리보드를 프레임별로 살펴보자. 이는 당신을 염두에 두고 디자인한 것이며, 따라서 이 여정의 주인공은 당신이다.

1 촉매

솔라의 팀은 회사 내에서 변화를 주도하는 업무를 맡고 있다. 경영진은 디지털 고객에 대해 잘 모른다. 솔라의 팀에게 해결책을 내놓으라는 과제가 떨어졌지만, 그 말은 분명 매출을 늘리고 주주 가치를 증대시키라는 명령이다. 그들은 이런저런 전문가를 영입했지만 그중 누구도 솔라가 실제로 어떤 조치를 취해야 하는지 안내해주지 못했다.

2 탐색

자료를 찾으면서 솔라는 경험 디자인에 대한 다양한 접근법을 열린 마음으로 살펴보았다. 블로그 포스트와 기사를 읽었고, 전국을 돌아다니며 여러 컨퍼런스에 참여했다. 그럴수록 점점 좌절감만 커졌다. "모두 똑같은 말을 하지만 알맹이는 하나도 없어"라고 동료들에게 말했다.

그러다 누군가가 그녀에게 'X'에 대해, 그리고 내가 수년 동안 사람들을 변화의 주체로 만든 일에 대해 말해주었다. "바로 이거야! 마침내 내 생각과 맞아떨어지는 사람을 발견했어!" 솔라는 환호했다. 그녀는 읽고 또 읽었다. 이어서 온라인에서도 자료를 검색했다. 솔라는 계획을 세우고 이를 시간순으로 정리했다. 제일 먼저 할 일은 고객과 고객 여정을 이해하는 것임을 깨달았다.

3 시도

솔라의 주도로 팀원들은 새로운 방법론을 접하게 되었고, 이는 팀원들에게 도전과 활력을 불어넣었다. 그녀는 스토리보드를 통해 디지털 고객의 여정을 함께 검토했다. 회사의 전략 중 어느 부분에 허점이 있는지 누구나 쉽게 파악할 수 있었다. 고객도 감정이 있다는 것을 그들도 느낄 수 있게 된 것이다. 이 과정 전체는 모든 사람이 고객 여정을 감정적인 측면에서 접근하게 만들었다. "상품에 초점을 맞추기는 너무 쉽죠. 하지만 정말 중요한 건 사용자와 그들이 품고 있는 포부, 실제 삶의 맥락이에요." 한 팀원의 말이었다.

4 확인

열심히 일하고 감정이입을 한 효과가 나타났다. 그들의 성공이 점점 더 확연히 드러났다. 솔라는 팀의 성공을 자랑스럽게 회사에 보고했다. 변화가 일어나고 있다!

7부

경험 흐름

경험은 흘러야 한다

모든 것은 항상 움직인다.
모든 것은 흐른다. 모든 것은 진동하고 있다.

_윌리엄 해즐릿William Hazlitt

1 경험 흐름은 모든 매핑 과정이 엮인 메들리다

인간의 행동은 욕망과 감정과 지식이라는
세 가지 원천에서 흘러나온다.

_플라톤Platon

지금까지 그리드와 페르소나, 시나리오, 스토리보드, 고객 여정 맵, 경험 맵을 다루었다. 이제는 이 모든 것을 하나로 결합하는 방법을 탐색할 시간이다. 바로 경험 흐름을 만드는 일이다. 서로 다른 맵은 서로 다른 사람과 분야에 적용된다. 어떤 방법을 사용하든 당신은 고객에게 오늘보다 더 가까이 다가가게 될 것이다.

경험 흐름은 모든 경험을 자연스럽게 하나로 연결한다

경험 흐름은 일반적으로 고객의 거래 이전, 거래 도중, 거래 이후 단계의 개요다. 그러면서 동시에 시나리오와 감정과 행동도 고려한다. 기업이 현재의 경험을 최적화하고, 새롭고 더 개선된 경험을 디자인할 수 있는 기회도 찾아준다. 경험 흐름은 고객 참여의 무한회로 전체에 걸쳐 있는 모든 경험을 매끄럽고 자연스럽게 하나로 연결한다.

고객 여정 맵은 우리가 고객의 입장에서 생각하게 만든다. 경험 맵은 고객 경험에서 개선이나 혁신이 필요한 접점을 정확히 찾아 집중하게 해준다. 경험 흐름은 당신이 고객 경험에 관해 모아온 모든 질적, 양적 정보를 걸러서 하나의 커다란 포스터로 만들어준다. 이는 회사 전체가 모든 조치와 단계, 목적, 맥락, 포부를 포괄하여 경험에 관한 비전과 표준을 기준으로 조직을 정비하게 해주는 도구다.

지난 몇 년간 나는 운 좋게도 암스테르담에서 꽤 많은 시간을 보낼 기회가 있었는데, 한번은 필립스 디자인의 브랜드 커뮤니케이션 디자인 글로벌 책임자 토마스 마르차노Thomas Marzano를 만날 수 있었다. 그의 팀은 경험 흐름의 개척자이며, 그와 만났던 경험은 이 장을 쓰는 데 영감을 주었다.

하나의 과정이자 틀로서 경험 흐름은 브랜드 경험과 사용자 경험, 고객 경험을 모두 한꺼번에 설명할 수 있게 해준다. 필립스는 이를 '기대에서부터 첫인상을 거쳐, 발견과 사용, 마지막으로 기억까지' 고객의 모든 경험을 매핑하게 해주는 방법이라고 설명한다.

한마디로 경험 흐름은 스토리보드와 정교한 고객 여정 맵, 경험 맵을 종합해놓은 것이라 할 수 있다. 경험 흐름을 만드는 과정에는 우리가 지금까지 논의했던 모든 방법이 다 포함될 뿐 아니라 거기에 몇 가지 새로운 도구와 단계가 더해진다.

필립스 디자인의 크리에이티브 디렉터 렘코 티머르Remco Timmer는 그 방법이 얼마나 효과적인지 이렇게 설명했다. "갑자기 모든 사람이 최종 사용자의 관점에서 생각하기 시작하면서, 현재 우리가 갖고 있는 전제를 뛰어넘어 사고하고 정말로 중요한 해법이 무엇인지 찾게 된다." 경험 흐름은 마케팅과 디자인, 제품 개발, 고객지원, 소셜 미디어, 정보 기술, 계획부터 실행까지 경험 설계의 모든 측면과 관련된 전략을 조화시키도록 도와준다.

경험 흐름을 만드는 방법을 설명하기에 앞서 필립스가 한 작업의 예를 하나 살펴보자. 필립스는 경험 흐름을 활용하여, 브로워드 건강의학센터Broward Health Medical Center의 플로리다 소재 암 센터에서 평범한 일과 동안 환자와 간호사, 의사 들이 경험하는 임상적이고 감정적인 필요를 알아내 명확하게 밝혔다. 이를 통해 필립스 건강관리 디자인 컨설팅 팀원들은 이러한 필요에 더 적합한 환경을 만들 수 있었다.

필립스 건강관리 디자인의 크리에이티브 디렉터 장 부Giang Vu는 이렇게 설명한다.

> "우리는 경험과 관련된 문제와 센터의 몇 군데 지역에서 일어나는 병목 현상을 발견했다. 예를 들면 환자가 치료받기 위해 복도에서 기다리고 있다든가, 중요한 치료가 이뤄지는 구역인데도 의료진이 직접 시각적으로 관찰하지 못하는 곳이 있다는 점이 그랬다. 우리는 환자들이 차를 마실 수 있는 카페를 비롯해 의료진 간의 의사소통을 원활하게 하고 환자에게 더 나은 치료를 제공하게 도와주는 새로운 중앙 치료소 등 경험의 질을 높일 수 있는 여러 요소를 새로운 디자인에 포함시켰다."

브로워드 건강의학센터의 최고운영책임자 나타시아 오르Natassia Orr는 이렇게 소감을 밝혔다. "나는 새 디자인에 완전히 반했습니다. 우리 환자들은 새로운 서비스에 끝없이 만족할 거예요."

필립스는 성공적인 경험 흐름을 만드는 일에는 다양한 분야의 전문가로 이루어진 팀이 필요하다는 사실을 배웠다. 영업과 마케팅 전문가, 데이터 과학자, 사람을 연구하는 사람들, 제품 디자이너를 비롯하여 혁신팀에 영감을 줄 수 있는 분야에서 선구적으로 사고하는 사람 말이다. 필립스에서 경험 흐름을 만드는 과정은 모든 팀원이 혁신의 가능성에 마음을 열게 도와주었고, 그럼으로써 팀원들은 "우리는 그런 일을 할 수 없어. 그건 우리가 여태 일해오던 방식이 아니야. 이건 효과가 없을 거야. 돈이 너무 많이 들어. 그래서 얻을 수 있는 투자수익이 뭐지?"라는 식의 사고에 더 이상 발목 잡히지 않게 되었다.

경험 흐름을 디자인하는 법

1단계: 범위를 정하라

1 프로젝트의 틀을 잡아라

타깃 고객집단을 **명확하게 정의하고** 사업의 목표와 도전, 타이밍, 핵심 팀과 실현 가능한 것을 기술한다. 경험 흐름을 만드는 목적을 **정확하게** 정하라. 필립스는 특정한 흐름에 맞춰 프로젝트의 틀을 잡는 방법을 이렇게 설명한다.

범위는 '독일의 젊은 전문직 여성이 집에서 요리하는 법'처럼 아주 넓을 수도 있고, '믹서를 쉽게 세척하는 법'처럼 특정 제품 유형에 관한 것일 수도 있다.

경험의 틀을 만들어라. 이는 처음에 당신이 갖고 있는 지식을 바탕으로 현재 경험의 성격을 대략적으로 매핑하는 것으로, 여기서는 고객 매핑 유형 중 하나를 사용하면 된다.

2 사용자의 통찰을 모아라
고객의 심리, 인구통계, 선호도, 기대, 포부를 조사하라. 다음과 같은 방법이 있다.

• 공식적, 비공식적 면담: 사람들의 진짜 동기와 포부를 더욱 온전하게 밝히는 데 도움이 된다. 설문에 참여하는 사람들이 응답하는 것과 그들이 실제로 생각하고 느끼는 것 사이에는 종종 차이가 있기 때문이다.

• 집에서 작성한 기록 또는 일기: 참가자가 더 솔직하게 마음을 열게 함으로써, 그들의 개인사와 자신에 대한 인식, 구체적인 주제에 관해 더 자세히 이해할 수 있다.

• 동행 취재와 관찰: 앞에서도 이야기했듯이 사람들의 일상을 면밀히 관찰하면 질문해볼 생각도 못했던 중요한 행동과 필요를 발견할 수 있다.

• 발상 워크숍: 여러 그룹의 사람이 연구 중인 사안에 대해 논의하는 워크숍으로, 일대일 면접에서는 드러나지 않는 사람들의 공통점을 찾을 수 있다.

• 온라인 커뮤니티 조사: 개인과 커뮤니티가 나누는 지속적인 대화는 대면했을 때는 포착할 수 없는 역학관계를 더 잘 이해하게 해준다.

2단계: 흐름을 만들어라

1 경험을 매핑하라

모든 조사 내용을 검토하여 고객의 필요와 욕구에 관한 통찰과 양식을 밝혀내는 과정으로, 경험을 개선하고 완전히 새로운 경험을 만들 수 있는 기회를 찾는 게 그 목적이다.

2 이해를 돕는 도구들

• 이슈 카드: 여기서는 팀원이 자신이 발견한 핵심 이슈를 카드당 한 가지씩 적는다. 예를 들어 "나는 요리할 시간이 별로 없다"라거나 "식단을 건강하게 챙겨먹지 못하는 것 같아 걱정이다" 같은 문제를 쓸 수 있다. 이렇게 하면 팀이 문제를 하나씩 논의하는 데 도움이 된다.

• 페르소나: 팀원이 페르소나를 활용하여 고객의 문제에 대한 해결책을 찾아낸다.

• 이해 당사자 맵: 이 단순한 맵은 하나의 경험에 참여한 서로 다른 유형의 사람이 그 경험에서 서로 어떻게 상호작용을 하는지 보여준다. 필립스는 병원이라는 배경에서 환자와 그 가족, 의사, 간호사를 예로 들었다. 이 맵은 경험 흐름 맵 옆에 놓인다.

3단계: 해결책을 탐색하라

- 기회 워크숍을 연다: 서로 다른 부서의 직원을 모아 이슈 카드에 적힌 문제에 관해 토론하며 함께 해결 방법을 모색한다.
- 아이디어 창출 워크숍을 연다: 이때는 다른 업계 사람을 초대하여 팀원과 함께 더 많은 아이디어를 이끌어내는 기회를 갖는다. 팀원은 이 회의에서 나온 모든 아이디어를 기록한 다음 이것으로 시나리오와 스토리보드를 만들어 실제 삶에서 그 아이디어가 어떻게 발현될지 상상해본다.
- 피드백을 받는다: 다음 단계는 지금까지 나온 아이디어를 실제로 사람들을 상대로 시험하는 것이다. 신속하게 의견을 수렴하여 팀원이 해결책을 개선할 수 있게 하는 게 목적이다.
- 경험 흐름을 그림으로 그린다: 이 시점이 되면 팀원은 새로운 해결책을 적용한 경험 전체를 머릿속에 그릴 수 있다. 페르소나를 중심에 두고 모든 경험을 묘사하라.

시각화된 경험 흐름
- - - - - - - - - - - - - - - - - - - -

필립스는 주로 경험 흐름을 시각화하는 데 가로로 긴 이미지 형식을 사용하고 이를 다음의 몇 가지 요소로 구성한다.

- 페르소나와 전형적인 계기들
- 장면

- 사건(접점)

- 통계

- 필요

시각화는 일반적으로 다음 세 모형 가운데 하나로 이루어진다.

1 고객 의사결정 여정
2 행동 순환주기
3 생애주기 이행

여기서 우리는 소비자 의사결정 여정에 초점을 맞출 것이다. 이 책 전체의 주제나 지금까지 사용한 예들과 잘 맞아떨어지기 때문이다.

마르차노는 필립스의 독일 내 주방가전 제품군과 관련하여 소비자 의사결정 여정의 좋은 예를 제공해주었다. 이는 고객 경험 전체에서 필립스의 요소와 비필립스 요소로 나뉜다. 그 흐름은 어떤 제품을 찾고 구매하고 소유하는 과정에 얽혀 있는 장면과 질문, 접점을 표현한다. 이런 형태의 흐름은 전형적으로 **마케팅 혁신, 브랜드 경험 형성, 메시지 배치**에 사용된다.

행동 순환주기는 어떤 제품을 사용하는 단계와 관련된 문제를 묘사한다. 예를 들면 제품의 수리나 폐기에 관한 내용이 포함될 수 있다. 이는 **제품 개선, 셀링 포인트(차별화 셀링 포인트) 정의, 라인 확장**에 가장 많이 사용된다.

생애주기 이행은 이를테면 아이를 갖는다거나 나이가 든다거나 하는 커다란 통합적인 주제를 바탕으로 고객 경험에서 장기간에 걸친 시기를 표현한다. **포트폴리오 관리**, 다음 단계로 넘어가는 **새로운 기회 찾기**에 가장 많이 사용된다.

브랜드 약속과 경험 연결하기

브랜드가 내건 약속을 지키는 그 순간 필립스는 모든 브랜드에 경험 설계를 위해 어떻게 노력하고 있는지 질문한다. 이게 바로 브랜드 설계가 경험 설계와 만나는 지점이다.

만약 "우리가 친절하고 혁신적이고 효과적인 브랜드라면", 그렇다면 "사람들이 우리 브랜드에 대해 이렇게 생각하고 느끼게 하려면 어떻게 해야 할까?"

필립스가 자사의 경험을 토대로 내놓은 대답은 다음과 같다.

- 당신이 그 제품과 서비스를 경험하는 방식이다.
- 당신이 필립스를 발견하고 접점에서 상호작용을 하는 방식이다.
- 당신이 온라인에서 필립스를 발견하고 상호작용을 하는 방식이다.
- 필립스가 당신에게 광고를 통해 이야기하는 방식이다.
- 필립스에 대한 당신의 생각과 느낌을 결정하는 사소한 모든 것이다.
- 바로 브랜드다.

고객 의사결정 여정

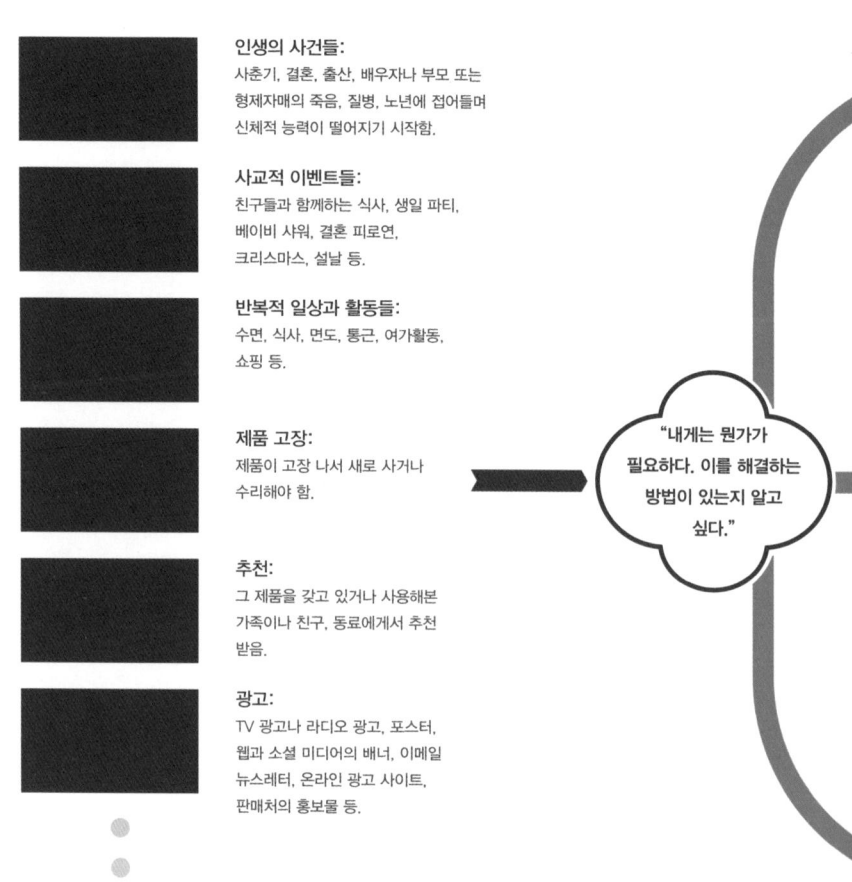

인생의 사건들:
사춘기, 결혼, 출산, 배우자나 부모 또는
형제자매의 죽음, 질병, 노년에 접어들며
신체적 능력이 떨어지기 시작함.

사교적 이벤트들:
친구들과 함께하는 식사, 생일 파티,
베이비 샤워, 결혼 피로연,
크리스마스, 설날 등.

반복적 일상과 활동들:
수면, 식사, 면도, 통근, 여가활동,
쇼핑 등.

제품 고장:
제품이 고장 나서 새로 사거나
수리해야 함.

추천:
그 제품을 갖고 있거나 사용해본
가족이나 친구, 동료에게서 추천
받음.

광고:
TV 광고나 라디오 광고, 포스터,
웹과 소셜 미디어의 배너, 이메일
뉴스레터, 온라인 광고 사이트,
판매처의 홍보물 등.

"내게는 뭔가가
필요하다. 이를 해결하는
방법이 있는지 알고
싶다."

그 필요와 관련된
자료 찾아 읽기

웹사이트
– 관련 주제 읽기
– 해결책 탐색하기
– 영감 찾기

서점
– 관련 잡지 찾기
– 잡지들 훑어보기
– 관련 내용이 실린
잡지 구매

블로그와 포럼
– 다른 사람들의 의견
읽기
– 조언 구하기

주제와 관련된
콘텐츠 검색

검색 엔진
– 해결책을 찾기 위한
검색어 입력
– 연관 주제 검색
– 연관 사이트 검색

가족, 친구, 동료에게
조언 구함

가족, 친구, 동료
– 주변 사람에게 조언
구함

소셜 미디어
– 소셜 미디어
이웃에게 조언 구함

정보 수집
어떤 선택이 나에게 유용할까 / 어떤 제품에 돈을 쏠 가치가 있을까

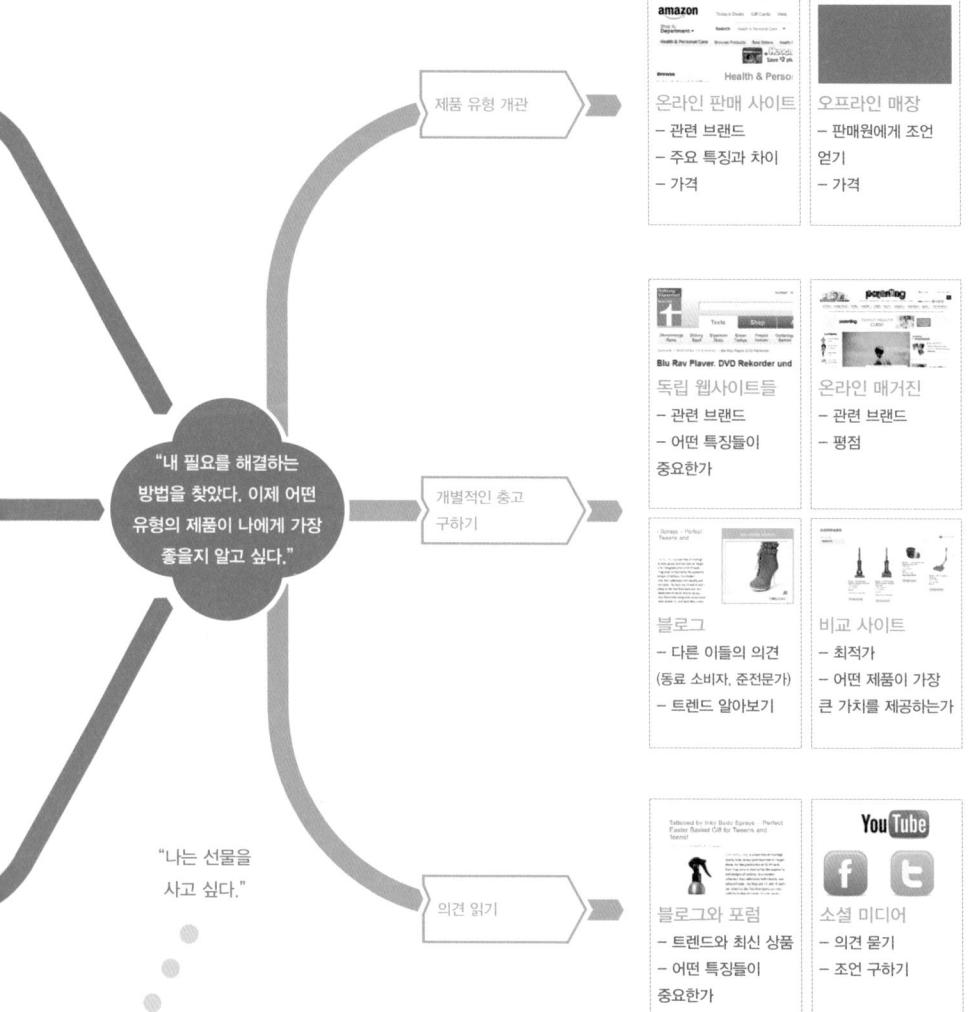

제품 유형 개관

온라인 판매 사이트
– 관련 브랜드
– 주요 특징과 차이
– 가격

오프라인 매장
– 판매원에게 조언
얻기
– 가격

"내 필요를 해결하는
방법을 찾았다. 이제 어떤
유형의 제품이 나에게 가장
좋은지 알고 싶다."

개별적인 충고
구하기

독립 웹사이트들
– 관련 브랜드
– 어떤 특징들이
중요한가

온라인 매거진
– 관련 브랜드
– 평점

블로그
– 다른 이들의 의견
(동료 소비자, 준전문가)
– 트렌드 알아보기

비교 사이트
– 최적가
– 어떤 제품이 가장
큰 가치를 제공하는가

"나는 선물을
사고 싶다."

의견 읽기

블로그와 포럼
– 트렌드와 최신 상품
– 어떤 특징들이
중요한가

소셜 미디어
– 의견 묻기
– 조언 구하기

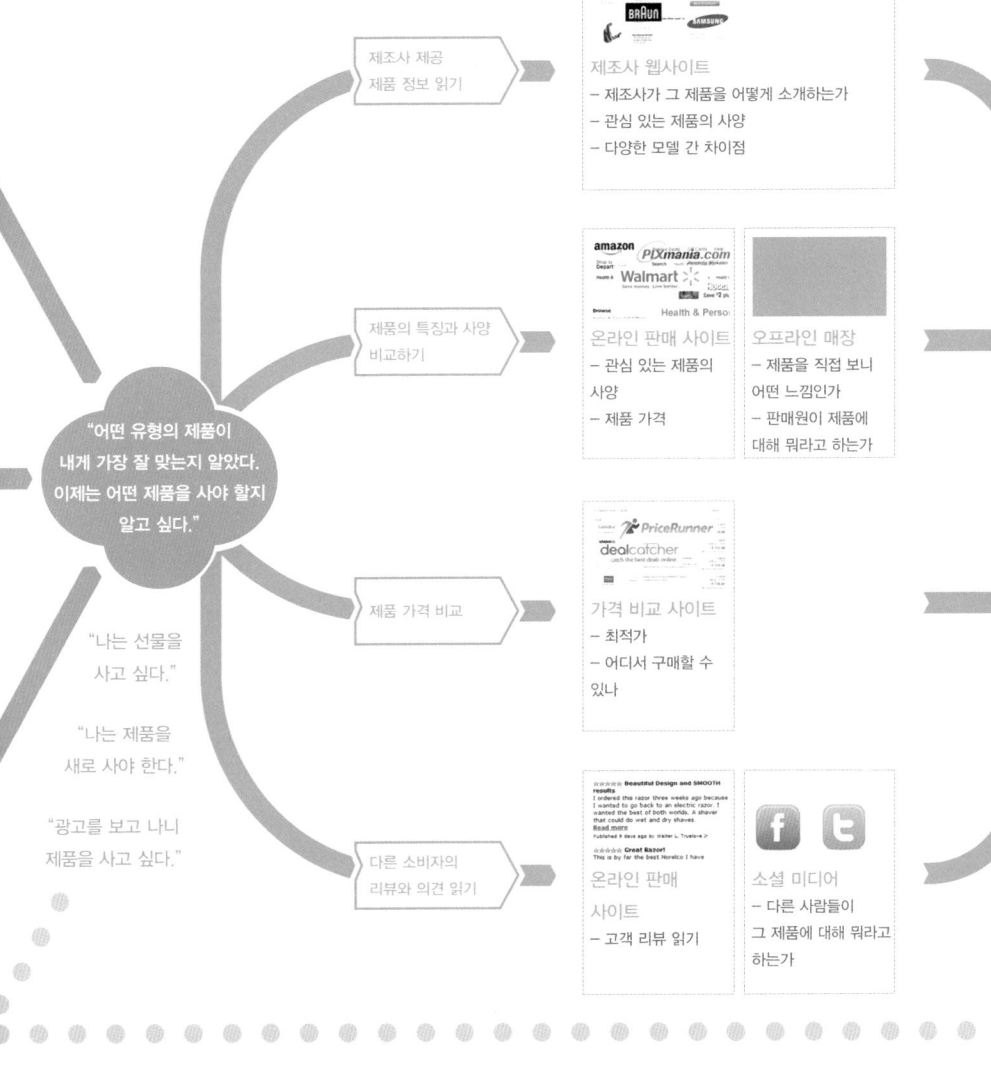

"어떤 유형의 제품이 내게 가장 잘 맞는지 알았다. 이제는 어떤 제품을 사야 할지 알고 싶다."

"나는 선물을 사고 싶다."

"나는 제품을 새로 사야 한다."

"광고를 보고 나니 제품을 사고 싶다."

제조사 제공 제품 정보 읽기

제조사 웹사이트
- 제조사가 그 제품을 어떻게 소개하는가
- 관심 있는 제품의 사양
- 다양한 모델 간 차이점

제품의 특징과 사양 비교하기

온라인 판매 사이트
- 관심 있는 제품의 사양
- 제품 가격

오프라인 매장
- 제품을 직접 보니 어떤 느낌인가
- 판매원이 제품에 대해 뭐라고 하는가

제품 가격 비교

가격 비교 사이트
- 최적가
- 어디서 구매할 수 있나

다른 소비자의 리뷰와 의견 읽기

온라인 판매 사이트
- 고객 리뷰 읽기

소셜 미디어
- 다른 사람들이 그 제품에 대해 뭐라고 하는가

구매 자극

가장 저렴하고 안전하고 빠르게 제품을 손에 넣는 방법

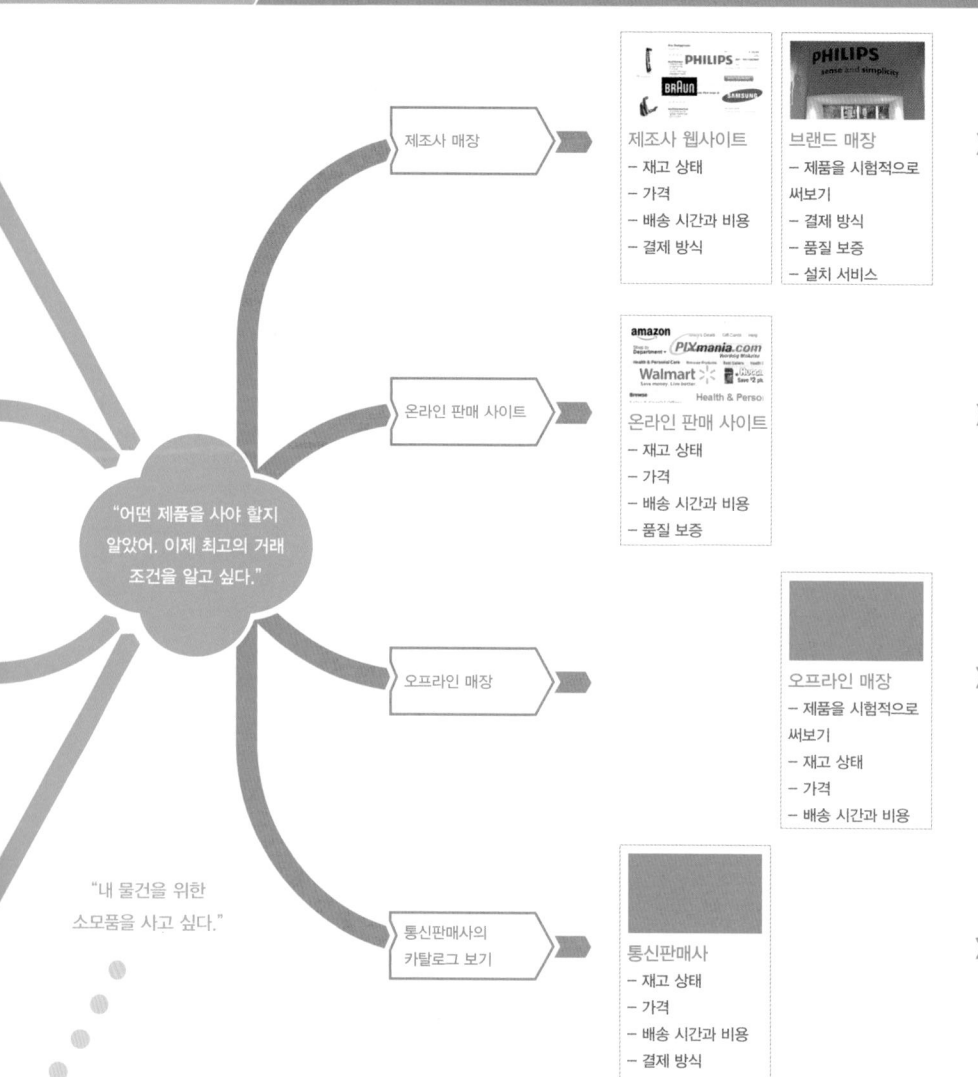

"어떤 제품을 사야 할지 알았어, 이제 최고의 거래 조건을 알고 싶다."

"내 물건을 위한 소모품을 사고 싶다."

제조사 매장

제조사 웹사이트
- 재고 상태
- 가격
- 배송 시간과 비용
- 결제 방식

브랜드 매장
- 제품을 시험적으로 써보기
- 결제 방식
- 품질 보증
- 설치 서비스

온라인 판매 사이트

온라인 판매 사이트
- 재고 상태
- 가격
- 배송 시간과 비용
- 품질 보증

오프라인 매장

오프라인 매장
- 제품을 시험적으로 써보기
- 재고 상태
- 가격
- 배송 시간과 비용

통신판매사의 카탈로그 보기

통신판매사
- 재고 상태
- 가격
- 배송 시간과 비용
- 결제 방식

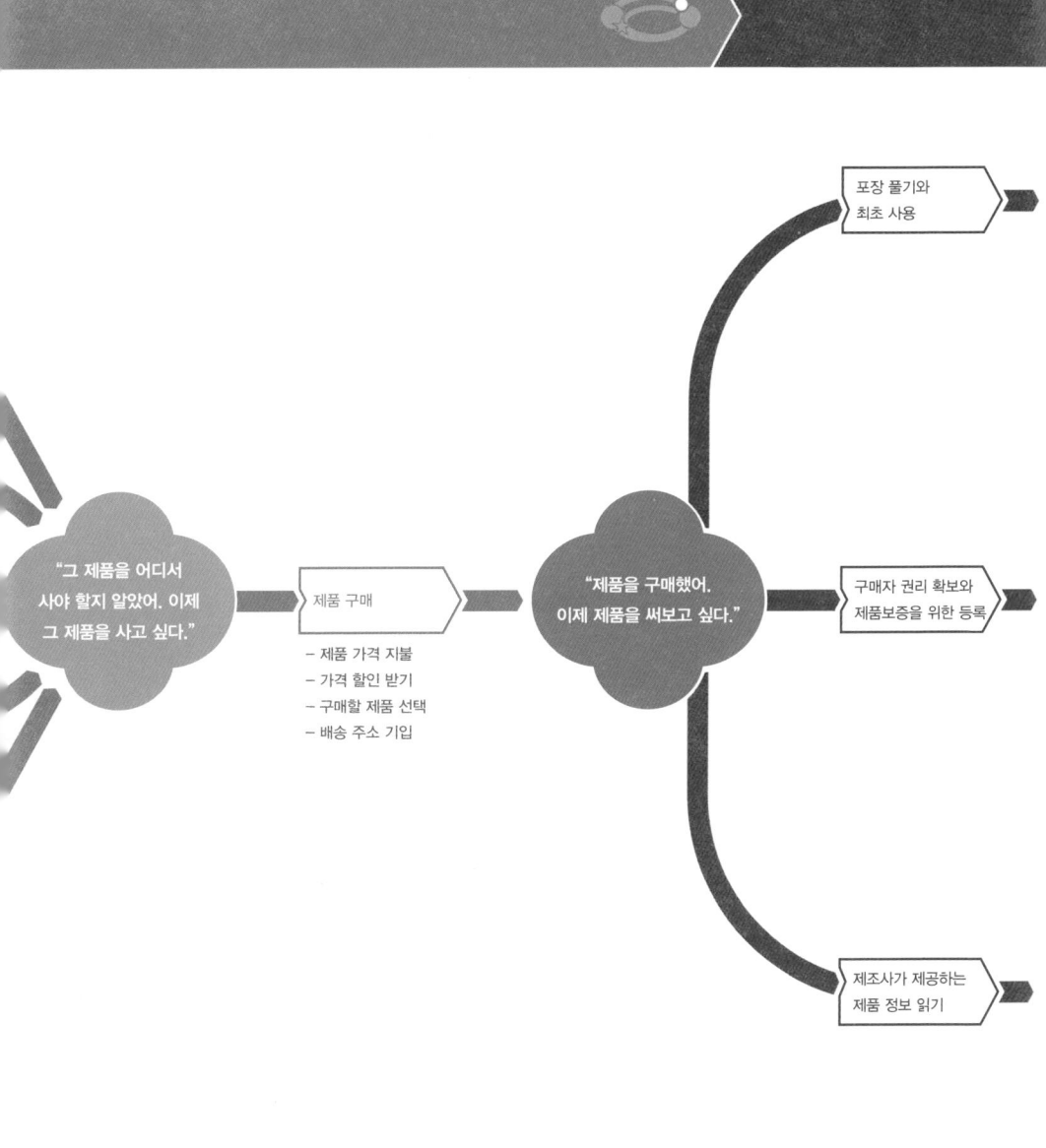

"그 제품을 어디서
사야 할지 알았어. 이제
그 제품을 사고 싶다."

제품 구매

– 제품 가격 지불
– 가격 할인 받기
– 구매할 제품 선택
– 배송 주소 기입

"제품을 구매했어.
이제 제품을 써보고 싶다."

포장 풀기와
최초 사용

구매자 권리 확보와
제품보증을 위한 등록

제조사가 제공하는
제품 정보 읽기

확인을 통한 확신

제품의 첫 사용, 무엇을 할 수 있는지 시험적으로 사용해본다

집
– 제품 포장 풀기
– 모든 부속이 다
들어 있는지 내용물
확인

최초 사용
– 설치와 설정
– 작동 확인
– 제품 사용에
익숙해지기

제품에 대한 숙달

정보와 요령, 영감을
주는 콘텐츠 읽기

제조사 웹사이트
– 보증을 위해
온라인으로 제품 등록

등록 엽서
– 보증을 위해
오프라인으로 등록
엽서 발송

"제품을 사용해보았다.
이제 이 제품을 최대한
활용하고 싶다."

새 소모품 구입

제조사 웹사이트
– 제품 업데이트와
정보 제공을 위한
온라인 등록
– 사용설명서 읽기

제품 수리 또는
교환하기

적극적 사용으로 제품 백배 누리기

제품을 최대한 활용할 수 있도록 그 제품으로 할 수 있는 모든 일을 알아본다

제품 사용

– 기본 사용 패턴
익히기
– 부속 용품
사용해보기

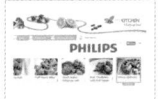

제조사 웹사이트

– 정보와 요령 검색
– 영감을 주는 콘텐츠
읽기

검색 엔진

– 정보와 요령 검색
– 영감을 주는 콘텐츠
읽기

블로그와 포럼

– 정보와 요령 검색
– 영감을 주는 콘텐츠
읽기

서점

– 정보와 요령, 영감을
주는 내용이 있는
책이나 잡지 구입

관련 웹사이트

– 정보와 요령 검색
– 영감을 주는 콘텐츠
읽기

가족, 친구, 동료

– 정보와 요령 묻기
– 영감을 주는 내용
묻기

제조사 웹사이트

– 교체해야 하는
부속 구입

**온라인 판매
사이트**

– 교체해야 하는
부속 구입

오프라인 매장

– 교체해야 하는 부속
구입

제조사 웹사이트

– 품질보증 정책
– FAQ 읽기
– 고객서비스센터
연락

오프라인 매장

– 고객서비스
담당자 접촉
– 제품 반품하기

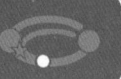

자발적 홍보
제품을 추천하고 사용경험을 공유한다

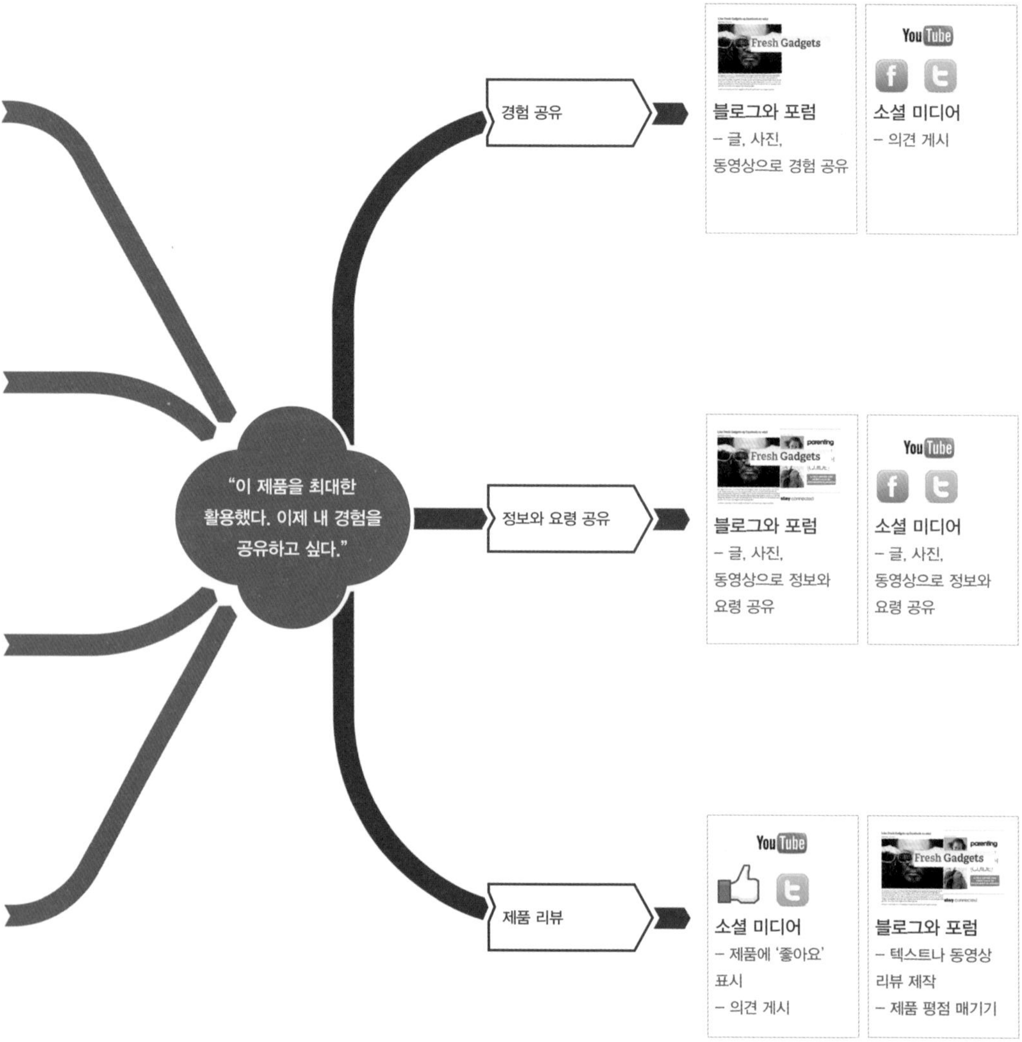

경험 공유

블로그와 포럼
– 글, 사진,
동영상으로 경험 공유

소셜 미디어
– 의견 게시

"이 제품을 최대한
활용했다. 이제 내 경험을
공유하고 싶다."

정보와 요령 공유

블로그와 포럼
– 글, 사진,
동영상으로 정보와
요령 공유

소셜 미디어
– 글, 사진,
동영상으로 정보와
요령 공유

제품 리뷰

소셜 미디어
– 제품에 '좋아요'
표시
– 의견 게시

블로그와 포럼
– 텍스트나 동영상
리뷰 제작
– 제품 평점 매기기

가족, 친구, 동료
– 대화를 통한 경험
공유

가족, 친구, 동료
– 대화를 통한 정보와
요령 공유

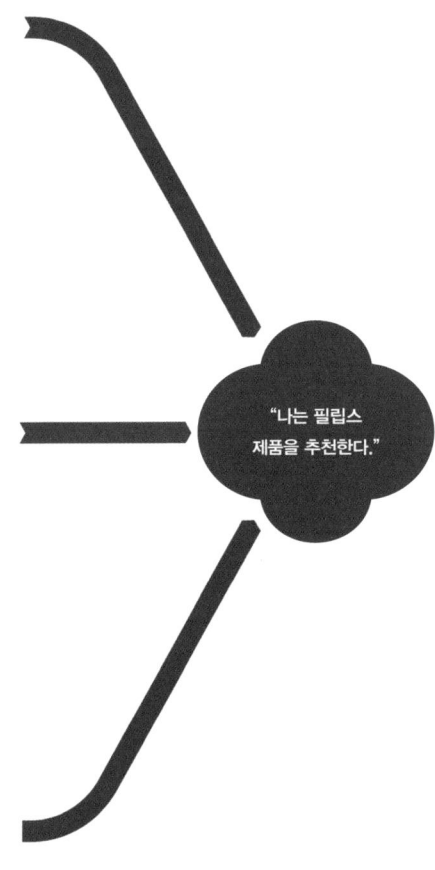

"나는 필립스
제품을 추천한다."

제조사 웹사이트
– 텍스트 리뷰 작성
– 제품 평점 매기기

**온라인 판매
사이트**
– 텍스트 리뷰 작성
– 제품 평점 매기기

PHILIPS

이 모든 미시적 경험을 바탕으로 어느 브랜드에 대한 고객 평가가 이뤄진다면, 또한 고객이 남들과 다른 경험을 하길 원하며 모든 접점에서 이러한 의지를 드러낸다면, 그렇다면 이 모든 경험에 공통적으로 있어야 하는 것은 무엇일까?

이게 바로 X다. 경험은 브랜드의 핵심에서, 그러니까 브랜드가 의미하고 상징하는 것에서 시작되며, 고객 여정의 모든 미시적인 순간과 브랜드의 약속을 관철하겠다는 철저한 헌신에서 진화해나간다. 관계의 모든 단계에서 약속을 지키지 못한다면 과연 어떤 관계가 유지되겠는가.

필립스는 브랜드의 약속이란 고객과 소비자와 이해 당사자에게 헌신하는 것임을 되새겨준다. 그들이 정의한 브랜드 약속은 "당신에게 의미 있는 혁신을 실현한다"이다. 또한 핵심 정체성, 즉 **친절한 브랜드, 혁신적인 브랜드, 효과적인 브랜드**로 자신들의 회사를 정의한다.

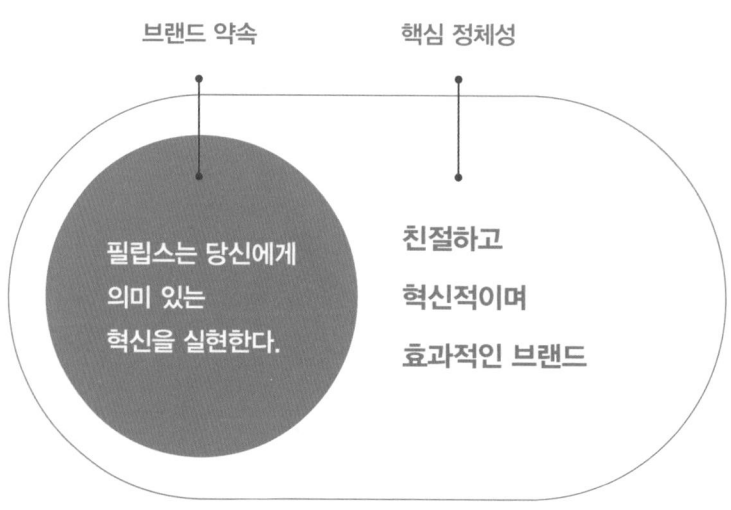

브랜드 약속

핵심 정체성

필립스는 당신에게
의미 있는
혁신을 실현한다.

친절하고
혁신적이며
효과적인 브랜드

필립스는 경험 흐름을 만들 때는 브랜드의 약속과 핵심 정체성을 선언문에 적어서 회사의 모든 사람에게 온전하고 명확하게 표현해야 한다고 조언한다.

필립스는 선언문에 표현된 가치가 각 진실의 순간에 경험을 창조하는 과정에서 어떤 방식으로 투입되어야 하는지 간명한 도표로 표현했다. 이는 당신이 직접 경험 설계 여정을 시작할 때 유용한 지침이 되어줄 것이다.

- 광고 = 연결의 촉매
- 영 번째 진실의 순간: 웹사이트 = 정보 제공과 알림(소비자가 정보를 찾아가는 모든 곳)
- 앱 = 상호작용과 설득(필립스와 무관한 공간에서 공유된 경험과 정보)
- 첫 번째 진실의 순간: 매장 = 구매 고무
- 포장 = 확신을 주는 설득
- 두 번째 진실의 순간: 제품 = 즐거운 참여
- 마지막 진실의 순간: 고객서비스 = 홍보 동기부여

경험 흐름은 우리가 여태까지 살펴본 모든 매핑 과정이 아름답게 엮인 메들리다. 각 매핑의 하나 혹은 몇 가지 요소를 사용하라. 무엇을 하든, 무엇이라도 하라.

광고 웹사이트 앱 매장

연결의 촉매 정보 수집 상호작용을 통한 확신 구매 자극

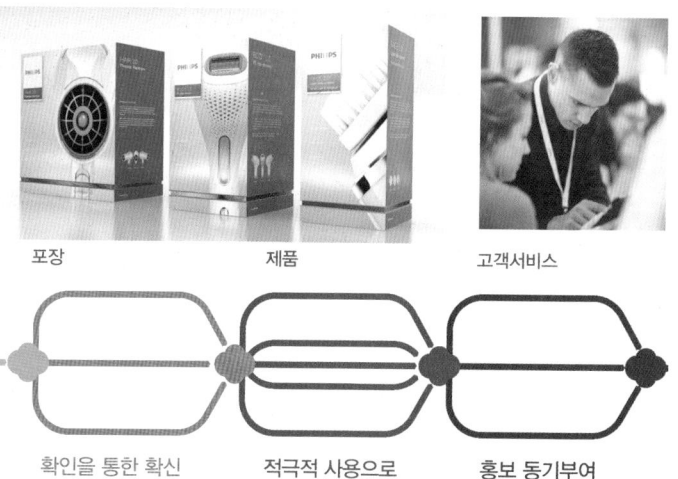

포장   제품   고객서비스

확인을 통한 확신   적극적 사용으로   홍보 동기부여
제품 백배 누리기

8부

어떻게
디지털 고객을
사로잡을
것인가

다른 사람들이 원하는 감각과 지각을
이해하고 알아보는 일에 투자하라

텔스트라^{Telstra} 매장은 물리적인 세계와
디지털 세계가 한데 만나고
고객들이 그 사이를 아주 자연스럽게
오갈 수 있는 환경에서
모든 것을 제공한다.

1 디즈니는 10억 달러를 투자했다

사람들에게 만족감을 주려면 선택지를 가능한 한 최소한으로 추려야 한다.

경험 설계 디자인을 활용하여 고객에게 기쁨을 안겨주는, 진정한 변화의 새로운 방식을 창조한 구체적인 사례에 대한 이야기로 돌아가 보자. 먼저 디즈니의 매직밴드가 지닌 마법 같은 능력을 다시 살펴보자. 이는 경험의 영역을 제대로 생생하게 살린 경우로, 경험 흐름이나 시간의 흐름과 더불어 전반적인 경험을 개선할 수 있는 새로운 방식을 더욱 참신하게 드러내준다.

우리의 손님이 되어주세요

디즈니가 고객이 하고 싶어 하는 경험이 무엇인지, 어느 지점에서 의도치 않은 마찰이 일어나는지 이해한다면 지구에서 가장 행복한 장소인 디즈니랜드는 더욱 행복한 곳이 될 것이다. 물론 핵심적인 목표는 마찰을 줄이고 기회를 실현하고, 더욱 혁신적인 방식으로 고객에게 그들이

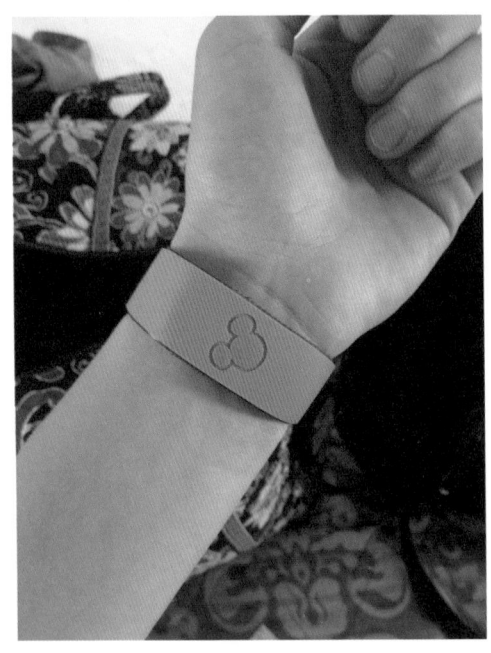

마법 같은 경험을 선사하는
디즈니 매직밴드1

기대한 이상의 경험을 제공하는 것이다. 환상적인 새로운 경험은 보거나 듣거나 맛보거나 어떤 감각으로든 일단 느끼면, 이게 없으면 안 될 것 같은 새로운 표준이 된다. 고객은 더 경험하기 위해서 다시 찾아오고, 이 경험에 관한 모든 것을 공유하려 할 것이다.

경험 디자인은 디즈니가 하는 모든 일의 중심에 자리 잡고 있으며, 이는 디즈니가 설립된 이후 늘 그래왔다. 아주 세세한 곳곳에서 이를 느낄 수 있다. 예를 들어 디즈니랜드에 가보면 어떤 건물은 전체 구조에 비해 출입구나 문이 상당히 작다는 사실을 눈치 챌 것이다. 이는 바로 월트 디즈니 본인이 생각해낸 디자인 특징으로, 방문객이 자신을 실제보다 더 크게 느끼거나 이야기의 주인공이 된 것처럼 생각하게 하려는 한 방편이었다.[2]

매직밴드가 만드는 새로운 경험이 얼마나 마법 같은지 소개하기 위해 짧은 이야기를 하나 들려주겠다.

어느 날 사랑스러운 로버츠 가족이 매직킹덤파크를 방문했다. 그들은 디즈니 앱을 열고 '미녀와 야수' 성의 '우리의 손님이 되어주세요Be Our Guest' 레스토랑에서 식사 예약을 했다. 그런데 놀랍게도 디지털 요정이 그들에게 인사를 건네며 앱을 이용하여 미리 음식을 주문하는 방법을 알려주었다. 그러나 로버츠 가족은 어리둥절하기도 하고 그 방법이 못 미덥기도 했다.

"이건 너무 심하게 멋진데. 우리가 누구인지 어떻게 알고서? 우리가 음식을 너무 빨리 주문해서 도착했을 때 다 식으면 어쩌지? 우리가 도착했을 때 빈자리가 없어서 기다려야 하면 또 어쩌고?"

"걱정하지 마세요." 디지털 요정이 싹싹하고도 확신에 찬 목소리로 대답했다. "여러분 손목에 차고 있는 그 특별한 팔찌가 바로 마법의 팔찌니까요. 이 동네에 전해오는 누구나 다 아는 이야기인데, 그 팔찌를 차고 있으면 아주 특별한 존재가 되어서 누구나 알아본답니다."

그 가족이 레스토랑에 다다르자 정말로 직원들에게 신호가 갔다.

"로버츠 가족이 오고 있다!"

가족은 안내를 받아 자리에 앉았다.

곧바로 음식이 준비되었다.

"우리가 누군지 어떻게 알았지? 이 모든 게 어떻게 가능하지?"

마법 같았다. 적어도 겉으로 보기에는 말이다.

사실 매직밴드에는 근접각 센서가 장착되어 있어서, 레스토랑 호스트에게 주문 알림이 간다. 또 손님이 도착하면 매직밴드가 특수기능이 장착된 직원들의 아이폰에 신호를 보낸다. 테이블과 천장에도 센서가 있어서 손님들이 언제, 어디에 앉았는지 추적할 수 있다.

대범한 비전

이는 시작일 뿐이다. 매직밴드와 이와 결합한 앱이 구현하는 테크놀로지는 디즈니가 마법적인 경험을 만들 수 있는 방법에 대해 훨씬 더 많은 것을 가르쳐주고 있다. 매직밴드는 디즈니의 경험 설계 세계로 들어가는 디지털 열쇠다. 처음에 디즈니의 매직밴드를 디자인한 사람들이 구상한 것은 회전식 개표구를 비롯한 여러 장해물이 없는 공원이었다. 디즈니는 매직밴드에서 얻은 데이터를 연구하여 모든 마찰과 비효율성의 원인을 밝혀내 제거하고 있다.

매직밴드는 '그리드'의 윤곽을 실시간으로 그려냄으로써 디즈니의 경험 설계팀이 탁월한 경험을 가능하게 하는, 비범할 정도로 혁신적인 그리드를 디자인하게 해준다. 또 관람객은 현금을 가지고 다니지 않아도 된다. 그들이 차고 있는 매직밴드가 지갑이다.

매직밴드는 2008년에 당시 월트 디즈니 월드리조트의 사장이었던 메그 크로프턴^{Meg Crofton}이 기획했다. 그는 디즈니월드를 경험할 때 일어나는 모든 마찰을 제거하는 일을 한 특별팀에게 맡겼다. 미키와 미니, 구피, 플루토, 도널드로 이루어진 원래의 패브 파이브^{Fab 5}를 따라 같은 이름으로 부르는 이 다섯 명의 디즈니 베테랑은 매직킹덤의 시스템을 완전히 새롭게 상상하여 구현했다. 아이디어를 모델에서 현실로 구현하기까지 2년 동안 노력했고 놀이공원에서 이 시스템을 공식적으로 운영하기까지 또 18개월이 걸렸다.

《와이어드》의 디자인 부문 필자 클리프 쿠앙Cliff Kuang이 쓴 기사에 인용된 내용을 보면, 월트디즈니컴퍼니의 최고운영책임자 톰 스태그스Tom Staggs는 매직밴드의 목적을 이렇게 설명했다. "첨단 과학기술은 마술과 구별되지 않습니다. 이것이 우리가 테크놀로지를 바라보는 관점입니다. 방해가 되는 것을 치워버릴 수 있다면 관람객은 더 많은 추억을 만들 수 있지요." 사용자 경험을 바라보는 완벽한 관점이다.

같은 기사에서 크로프턴은 매직밴드가 직원들이 "거래를 넘어서 경험을 개인화할 수 있는 인터랙티브한 공간으로 옮겨갈 수 있게" 했다고 말했다.

쿠앙은 이렇게 지적했다.

"[디즈니는] 미키와 백설 공주가 당신을 찾게 만들 수도 있다. 공원 내의 수많은 카메라로 당신의 가족이 놀이기구를 타고 백설 공주를 만나는 자연스러운 순간을 포착하고 이를 편집하여 영화로 만들 수도 있다. 상품팀은 이를 스토리 엔진Story Engine이라고 불렀다. 그뿐 아니라 긴 줄에서 너무 오래 기다리고 있으면 이것도 파악하여 무료 아이스크림 쿠폰이나 또 다른 놀이기구 티켓을 이메일로 보낼 수도 있다. 이렇게 디즈니는 고객서비스의 어렵고도 궁극적인 목표를, 다시 말해서 부정적인 경험을 긍정적인 경험으로 바꾸는 과업을 이룬다. 이는 한 장소에 대한 기억을 다시 만드는 일이다. 카지노에서 고객이 돈을 잃으면 무료 음료와 쇼 관람권을 제공하는 것도 바로 이 때문이다."

새로운 시스템은 고객 경험을 단순화하는 효과도 있다. 선택에 대해 생각해보자. 디즈니랜드 공원은 관람객에게 'IFTTT(이럴 때는 저렇게)' 식으로 수많은 선택을 제공하고 있다. 그러나 스태그스가 《와이어드》에서 말했듯이 "선택은 무척 부담스러운 일"이다. 이를 가리켜 선택의 역설이라고 한다.

"사람들에게 더 큰 만족감을 주는 방법은 선택권을 더 많이 주는 것이 아니라, 선택지를 가능한 한 최소한으로 추려주는 것이다. 재설계한 디즈니월드 경험은 여행이 시작되기 훨씬 전부터 시작해서, 선택사항을 분산시킴으로써 선택을 최소화한다"라고 쿠앙은 정리했다. 당신도 알겠지만 휴가 계획을 세울 때는 이미 아무리 혼란스럽더라도 완수해야 할 구체적인 임무가 있다. 놀이기구 티컵과 피터팬, 스몰 월드, 캐리비안의 해적을 타야 하고, 엘사와 안나를 비롯하여 디즈니의 모든 공주와 함께 사진을 찍어야 하며, 판타즈믹 쇼 관람도 빠뜨릴 수 없고, 퍼레이드와 야간 불꽃놀이도 봐야 한다.

매직밴드는 관람객이 목표를 세우면 모든 것이 그에 맞춰 흘러가도록 도와준다. "사람들이 자연스럽게 휴가를 보내도록 하지요"라고 스태그스는 말한다. "계획을 세우고 서비스를 개인화하는 능력이 즉흥성에 자리를 내주었죠." 이는 매직밴드와 앱이 결합해 만드는 안도감이다. 관람객들이 더 짧은 시간 안에 다시 디즈니랜드를 방문하게 된 것도 바로 요금이 아니라 마찰이 줄어들었기 때문이다. 과거에 디즈니랜드에 다시 방문할 때가 되었다고 느끼기까지 더 오랜 시간이 걸렸던 것은 비용을 고려해서였지만 말이다. 다시 말하지만 완벽한 사용자 경험이 핵심이다. 디즈니는 마법이 꼭 환상에 기초할 필요가 없음을 증명해냈다. 마법은 경험을 바탕으로 할 수도 있는 것이다.

텔스트라, 공상과학을 현실로 바꾸다

영화 〈마이너리티 리포트Minority Report〉를 본 적이 있는가? 개봉 즉시 고전의 반열에 올라선 네오누아르 SF 영화로, 톰 크루즈Tom Cruise가 범죄가 발생하기도 전에 그 범죄를 차단하려고 시도하는 '프리크라임PreCrime' 전문 형사로 등장한다.[3] 이 영화에는 크루즈가 연기하는 인물이 거리를 지나가는데 인지 센서가 그를 감지하고 개인 맞춤형 광고를 쏟아내는 정신없는 장면이 등장한다.

이런 얼굴인식은 이미 존재하며, 다행인지 불행인지 어느 시점이 되면 온라인이든 오프라인이든 어디에서나 작동하게 될 것이다. 이러한 시스템이 우리가 아는 사생활의 종말을 가져올 거라고 염려하는 사람들도 있다. 그러나 어쨌든 개인화 개념은 경험 설계에서 핵심적인 도구이며, 이를 잘 활용하면 아름다운 고객 여정을 디자인할 수 있다.

이런 상황을 상상해보라. 당신이 어느 상점 앞을 지나가는데 스마트폰으로 어떤 앱을 열어보라는 문자 메시지가 온다. 앱을 열면 "오늘은 어떻게 도와드릴까요?"라는 질문이 등장한다.

그리고 몇 가지 선택권이 제시된다.

"그냥 둘러보는 거예요. 고마워요."

"~하는 걸 도와줘요. / ~찾는 걸 도와줘요."

"리워드 받으러 왔어요."

"이 신기술로 무슨 새로운 일을 할 수 있는지 알려줘요."

매장 안으로 들어가 보면 한때는 상거래(지불, 고객서비스, 반품, 정보교환)가 중심을 차지하던 경험이 완전히 다시 디자인된 것을 확인할 수 있다. 일단 이제는 어디에도 줄이 없다. 이 매장은 최고의 온라인 사이트처럼 작동하도록 디자인되었다. 이를 구현하는 기술이 이미 존재하며 한 소매업체가 아주 잘 활용하고 있다.

텔스트라는 호주에서 가장 큰 이동통신 미디어 기업이다. 이동통신 네트워크를 구축하고 운영하는 일뿐 아니라 음성과 모바일, 인터넷 접속, 유료 방송, 그 밖의 엔터테인먼트 상품과 서비스를 판매한다. 또한 이 회사는 소매업의 미래를 위한 새로운 길을 개척하고 있다.

텔스트라의 경영진을 만나러 시드니로 갔을 때 그들은 아주 특별한 행사에 나를 초대했다. 텔스트라가 1억 1,200만 달러를 들여 새로 단장한 주력 매장 개점 행사였다. 이 매장은 최첨단 테크놀로지의 시험대이자 허브 역할도 하고 있다. 텔스트라 본사와 붙어 있는 새 '디스커버리' 매장은 공간을 아름답게 사용했을 뿐 아니라 경험 설계에 바치는 헌사다. 여기서 텔스트라는 테크놀로지와 사용자 경험과 공간 디자인을, 여러 감정을 유발하고 감각을 자극하며 전혀 거래처럼 느껴지지 않으며 서로에게 이로운 거래를 촉진하는 하나의 로맨틱한 경험으로 결합했다.

당시 텔스트라에서 디지털 변환 작업을 이끌며 소매 혁신팀과 함께 일하고 있던 몬티 해밀턴Monty Hamilton이 직접 안내하며 전체 매장을 둘러보게 해주었다. 텔스트라는 어떤 모습, 어떤 느낌의 경험을 제공할까?

텔스트라의 새 디스커버리 매장

그 경험은 당신이 매장을 향해 다가갈 때 이미 시작된다. 고객이 매장으로 들어설 때 비콘Beacon[근거리위치인식 기술로 작동되는 무선 센서_옮긴이]이 고객의 텔스트라 앱을 작동시키고, 고객이 앱에서 방문 이유를 선택하면 태블릿을 통해 매장 매니저에게 전송된다.

상담원이 고객을 맞이할 수 있는 상황이면, 그 직원의 사진과 매장 내 직원이 있는 위치를 고객에게 전송한다. 애플의 소매팀도 텔스트라의 매장 내 활동에 대한 사용자 경험 접근법에서 한 수 배울 수 있을 것이다.

물론 매장은 넓고 활짝 열린 느낌이다. 게다가 놀라울 정도로 조직적으로 잘 배치되어 있다. 그러나 제일 먼저 주의를 끈 몇 가지 특징은 따로 있다. 우선 천장의 목재 널들이 눈에 띄게, 아니 살짝 달랐다. 어떤 것은 빽빽하게 모여 있고, 또 어떤 것은 뚜렷한 간격을 두고 배열되어 있다. 이에 대해 물었더니 그러한 배치는 고객을 매장 내 핵심 영역으로 은근히 이끄는 역할을 한다는 설명이 돌아왔다. 목재 널들이 더 조밀하게 모여 있는 곳이 더 중요한 구역이었다.

둘째로는 접수 창구 혹은 고객과 텔스트라 직원을 구분하는 구역이 없다는 점이 눈에 띄었다. 대신 그 매장에는 작고 개방된 연단 형태의 입식 탁자와 마치 고풍스러운 카페나 도서관에 있을 것 같은 사각형 탁자와 의자들이 놓여 있었다. 이는 사람들을 가까이 모으고 매장에서 참여하는 경험을 더 자연스럽고 친근하게 만들기 위한 것이다.

상담원들 역시 매장 내 어디에서나 태블릿을 사용하여 고객에게 서비스를 한다. 조만간 태블릿으로 고객을 위한 차나 커피도 주문할 수 있게 한다는 계획이다. 직원들은 세계적인 수준의 훈련을 받는데 그 효과는 눈으로 확인할 수 있었다. 제품을 가지러 갈 때조차도 매장 직원들이 담당 고객의 시야에서 벗어나는 것을 한 번도 보지 못했다.

텔스트라는 모든 제품을 반투명한 미닫이문 뒤에 진열하는 미묘하지만 매력적인 디자인 요소를 도입하여, 제품을 둘러보는 경험에 어떤 웅장한 느낌을 더해놓았다. 가장 마음에 들었던 '샌드박스Sandbox'는 허리 정도 높이의 커다란 탁자 모양으로 마치 거대한 아이패드처럼 작동하면서 생생한 인터랙티브 서비스를 제공한다. 고객은 여기서 디지털 디스플레이를 통해 제품 가격과 배터리 성능, 속도, 리뷰 등을 알아보면서 여러 제품을 비교한다.

텔스트라 디스커버리 매장에는 다음과 같은 특징도 있다.

• 디지털 티켓Digital Ticket: 쉽고 인터랙티브한 방법으로 고객이 제품과 서비스에 관해 더 많은 정보를 찾아볼 수 있게 해준다. 또한 직원들이 서비스 데스크로 가는 게 아니라 그 자리에서 바로 디지털 티켓을 스캔할 수 있기 때문에 고객이 물품을 구매하는 과정도 훨씬 신속하게 처리된다. 고객이 자신의 개인 티켓을 제품 옆에 지정된 위치에

샌드박스에서는 디지털 디스플레이를 통해 여러 제품 정보를 찾아볼 수 있다.

대기만 하면 투명하고 자연스럽게 핵심 정보가 저장된다. 그 자리에서 구매할 생각이 없을 경우, 나중에 온라인에서 그 티켓을 입력하면 자신이 미리 골라둔 제품을 볼 수 있다.

• 커넥티드 라이프Connected Life: 고객들이 테크놀로지로 자신의 일상 생활을 어떻게 개선할 수 있는지 탐색하고, 미래의 삶은 어떨지 생각해볼 수 있는 곳이다.

• 커넥티드 비즈니스Connected Business: 사업 전문가와 직접 대화하든

아니면 스스로 인터랙티브 스크린으로 탐색하든, 기업 고객이 텔스트라가 제공하는 비즈니스 기회에 대해 많이 배울 수 있는 장소다.

• 센터 스테이지Center Stage: 3층 건물 높이의 거대한 인터랙티브 스크린에 고객이 관심을 가질 만한 지역의 디지털 미디어 콘텐츠를 재생한다.

• 미디어 파운틴Media Fountains: 고객을 위해 영화와 음악, 스포츠 등 텔스트라의 미디어를 인터랙티브 디스플레이로 보여준다.

텔스트라의 전 최고경영자 데이비드 소디David Thodey는 텔스트라가 고객 경험에 대대적으로 투자하고 매장을 여는 것은 시작에 불과하다고 말했다.[4]

"테크놀로지는 항상 변하고 있고 고객의 욕구도 급속도로 변화한다. 고객은 우리가 더욱 개인화된 방식으로 서비스하는 것을 좋아한다고 말하고 있다. 또한 우리는 고객이 매장에서 물건을 만져보고 경험해보기를 좋아하는 동시에 디지털 채널이 제공하는 속도와 편리함, 선택 가능성을 좋아한다는 것도 알고 있다.

이 매장은 물리적 세계와 디지털 세계가 한데 만나고 고객들이 그 사이를 아주 자연스럽게 오갈 수 있는 환경에서 그 모든 것을 제공한다."

이 위대한 비전을 실행하기 위해서는 직원을 훈련하고 새로운 지원 프로세스를 정착시켜야 하며 당연히 테크놀로지가 필요하다. 이는 상당한 투자다. 그러나 그만한 성과로 돌아온다.

제품 정보를 조회하거나 저장하고 신속한 구매를 도와주는 디지털 티켓

경험 설계의 결과

- 순추천고객지수가 천문학적 수준으로 치솟는다.
- 매출이 증가한다.
- 판매 전환이 증가한다.

이는 시작일 뿐이다. 점점 더 많은 고객이 텔스트라의 경험을 공유하고 있다. 텔스트라는 마지막 진실의 순간의 무한회로(생명의 순환주기)를 만들고 있다.

2 애플의 우주

━━━

애플은 어떻게 고객을 팬으로 바꾸는가.

스티브 잡스는 현재 상황에 도전하는 일의 가치를 믿었다. 언젠가 그는 이렇게 말했다. "우리는 우주에 흔적을 하나 파놓으려고 이 세상에 왔다. 그게 아니라면 다른 어떤 이유가 있단 말인가?"[5]

우리는 혁신적인 경험 설계에 관한 여러 사례를 살펴보았다. 온라인(www.xthebook.com)에서 다른 예들도 더 살펴볼 수 있다. 그러나 앞으로 당신이 경험 설계에서 얼마나 많은 일을 해낼 수 있는지 보여주기 위해 완전한 경험 우주를 하나 소개하고 싶다.

아이패드, 애플 경험 설계의 중심

이미 많은 전문가가 브랜드와 디자인, 혁신을 다룰 때 빠뜨릴 수 없는 핵심적인 사례로 애플을 이야기해왔지만, 애플의 경험 흐름을 아주 간단하게 살펴보고자 한다.

Designed by Apple in California

중요한 건 제품이 주는 경험입니다.
거기서 누군가가 받을 느낌,
그것이 우리의 서명입니다.
그리고 그것이 모든 것입니다.

_2013년 여름, 애플 광고[6]

애플의 경험 설계를 과학적으로 분석하겠다는 것이 아니라, 태블릿을 구매하려는 일반 소비자가 되어 솔직한 느낌을 말해보겠다. 이 시점에서 한 걸음 뒤로 물러서서 보면, 이 책에서 소개된 이야기들이 어떻게 하나의 경험 생태계 전체, 즉 경험의 영역으로 살아나는지 볼 수 있을 것이다.

당신은 애플이 경험과 경험이 서로를 보완하는 인간 중심 경험에 투자하고 있다는 것을 알게 될 것이다. 이는 실제로 수월하고 마찰 없이 이루어진다. 또한 깊게 생각한 결과이며 그 뒤에 깔려 있는 복잡성은 거의 겉으로 보이지 않는다.

게다가 인간 중심 경험은 애플의 경험 설계에서 작은 한 부분을 보여주는 그저 하나의 예일 뿐이다. 그러나 이 아이패드 여정은 더 넓은 시야와 접근법에 영감을 줄 수 있는 진정한 경험 흐름이다.

크리스털 라우크는 필립스의 기본적인 경험 흐름 모델을 원형으로 삼아, 지금 우리가 검토하고자 하는 애플 아이패드 생태계를 시각화하는 일을 도와주었다. 여기서는 모두 더해져 X를 이루는 사용자 경험과 브랜드 경험, 고객 경험의 요소를 한데 모았다.

이제 실제 경험하는 사람의 관점에서 애플의 경험 설계를 둘러보면서 그 경험을 구성하는 핵심 요소들 각각에 대해 생각해보자.

사람들이 동조할 수 있고 동참하고 싶어 하는 비전

시작하기 전에, 당신은 분명 우리가 왜 애플 워치가 아니라 아이패드 에

어에 초점을 맞추는지 물을 것이다. 애플 워치에 대해서는 애플의 영광의 시절을 재현하고 있는지, 잡스 이후 애플이 제 갈 길을 제대로 찾아나가고 있다는 첫 번째 신호인지를 놓고 여전히 논쟁이 마무리되지 않았다. 이는 여기서 다룰 사안이 아니다.

새 아이패드 에어를 출시할 때 애플은 이를 특별하게 만드는 핵심을 기가 막히게 표현했다.

> 우리는 그 안에 무엇을 담을지 생각하기 전에 당신이 거기서 무엇을 꺼낼지 생각했습니다.[7]

이는 아이패드 에어의 디자인에 관한 랜딩 페이지에 들어가면 제일 먼저 방문객을 맞이하는 말이다. 애플은 자신들이 특별한 기능과 사양, 역량은 부차적인 것으로 생각한다는 것을 명백히 표현하고 있다. 고객이 우선이다. 우리는 이미 느낄 수 있다. 이는 완전히 사람을 중심에 둔 접근이라는 것을 말이다. 또한 애플은 제품 디자인에서도 복잡성은 눈

iPad Air   Features Design Built-in Apps App Store Videos Tech Specs Buy Now

Before we thought about what
goes into it, we thought about
what you'll get out of it.

에 보이지 않아야 하며, 자연스럽게 이어지는 경험을 제공하길 원한다고 분명하게 말한다.

애플은 매체주의를 근절해야 한다는 생각이 워낙 철저해서, 가장 좋은 디자인은 좀처럼 눈에 띄지 않는 것이라는 기준을 고수한다. 이것이 애플의 핵심이다. 눈에 보이지 않는 것도 보이는 것만큼 중요하다. 애플에 따르면 아이패드 에어 시리즈에서 가장 경탄스러운 부분은 사용자가 때로는 그것을 손에 들고 있다는 사실도 잊는다는 것이다. 고객과 그들이 할 수 있고, 될 수 있는 것이 아이패드 에어 디자인의 중심에 자리 잡고 있다.

물론 우아한 디자인도 주목을 끈다. 사실 그 디자인은 우리를 강력하게 끌어당긴다. 피부로 느껴질 정도다. 애플의 창조는 제품 수준에서만 이루어지는 것이 아니다. 애플은 마음뿐 아니라 감정을 얻기 위해 경쟁한다. 그들은 사람들의 꿈에 힘을 보탠다.

애플은 '포용'의 대가다.

애플 경험 흐름

애플의 웹사이트에 들어가는 것으로 애플의 경험 흐름에 뛰어들어 보자. 이 경험은 단순하지만 놀랍다. 애플닷컴을 방문하면 애플은 당신과 같은 사람들이 공유한 경험을 소개함으로써 곧바로 인간적인 경험을 안겨준다.

아이패드 페이지는 방문자에게 실제 이야기가 공유된 곳으로 갈 수 있는 링크를 소개한다.

아이패드가 사람들이 놀고 일하고 배우고 창조하고 관계 맺는 방식을 바꾸었다는 이야기는 우리에게 영감이 되었습니다. 그래서 아이패드 에어를 디자인할 때 우리는 그 용도에 대해 생각하기 시작했습니다. 당신이 그것을 어떻게 잡을지, 그것으로 무엇을 할지, 그것을 가지고 어디로 갈지 말이죠. 우리는 아이패드를 정의하는 것은 사람들이 그것을 사용하는 방식이라는 생각을 바탕으로 삼았습니다. 아이패드가 당신이 원하는 것은 무엇이든 할 수 있도록. 그리고 무엇이든 당신이 원하는 것이 되도록 말입니다.

당신은 호기심이 동한다. 이제까지 당신은 아이패드가 멋지고, 스마트폰과 노트북 사이의 뭔가가 있으면 좋기 때문에 아이패드를 갖고 싶은 거라고 생각하고 있었다. 이메일도 보낼 수 있고 인터넷 서핑, 페이스북과 트위터, 게임 등 아이패드로 하고 싶은 것이 많았다. 그런데 지금 당신은 그동안 생각해보지도 못했던 게 뭐가 있을까 궁금해지기 시작했다. 그것 말고 또 무엇을 할 수 있을까? 가능한 게 무엇일까? 다른 사람들은 그걸로 무엇을 하고 있지?

이 포용의 단계에서 애플은 강렬하게 주목을 끄는 이야기의 도입부를 제시한 것이다. 그 이야기는 당신을 주인공으로 삼고 있고, 당신이 겪게 될 모든 모험과 그 모험이 당신을 어떻게 변화시킬지 암시하고 있다. 당신이 이제 막 영웅의 여정에 오를 거라고 말하고 있는 것이다. 이는 또한 당신의 영 번째 진실의 순간을 다른 사람의 마지막 진실의 순간

애플의 경험 생태계

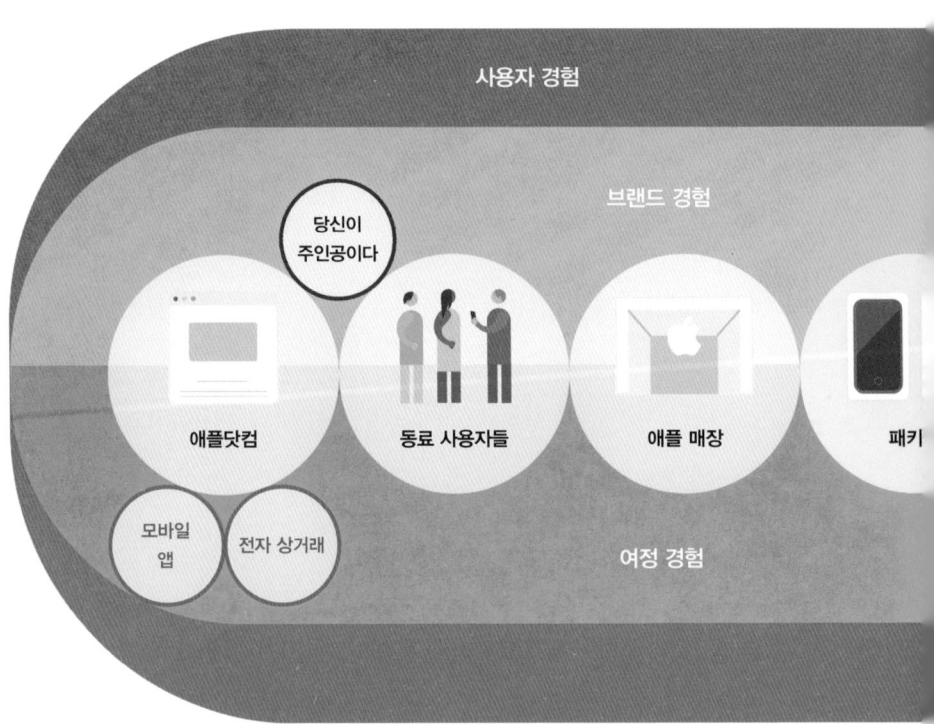

사용자 경험

브랜드 경험

당신이
주인공이다

애플닷컴   동료 사용자들   애플 매장   패키

모바일
앱   전자 상거래   여정 경험

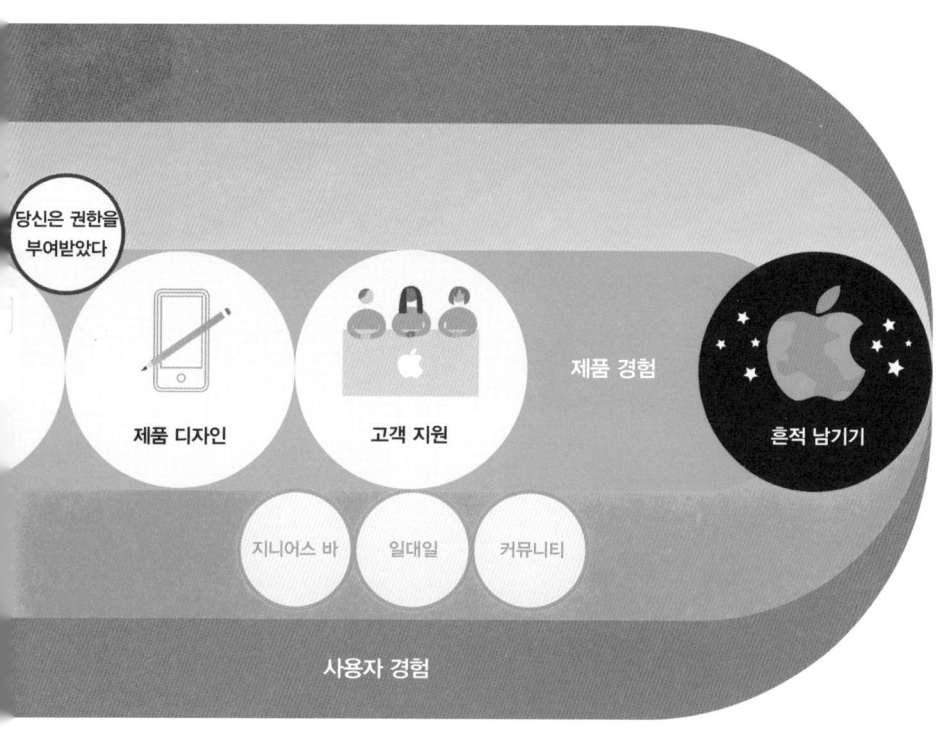

당신은 권한을
부여받았다

제품 디자인

고객 지원

제품 경험

흔적 남기기

지니어스 바   일대일   커뮤니티

사용자 경험

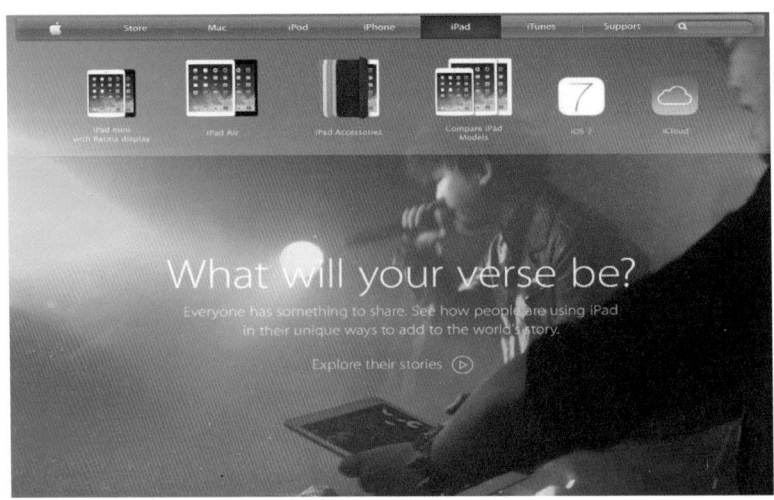

호기심을 불러일으키는 애플의 이야기 공간

과 연결하는 것이기도 하다.

애플은 연결된 서비스로 공유된 경험을 집중 조명하고, 세심하게 넓은 범위의 사람들의 경험을 포함시켰다. 모든 방문자가 특별히 공감하는 누군가를 발견할 수 있도록 다양한 페르소나를 신중하게 선별했다.

아이패드의 가치는 사용자가 정의하는 것이다. 애플은 우리에게 아이패드에 대해 어떻게 생각하라고 말하는 대신, 우리와 비슷한 사람들이 우리에게 이야기하도록, 그들이 자신들의 이야기로 말하도록 한다.

무엇이 당신의 시가 될까요

노련하게 당신을 포용한 애플은 이제 당신이 자신의 선택에 따라 계속

애플의 이야기 공간에서 '그들의 이야기를 탐색하세요'를 클릭하면 짤막한 동영상으로 이어진다.

하게 될 모험으로 이끌며 이야기를 이어간다. 이는 막혀 있는 고객 여정으로 몰아가는 것이 아니다. 애플은 묻는다. "무엇이 당신의 시가 될까요?"

모든 것이 당신에게 달렸고 주인공은 당신이다. 당신의 존재는 입증되었고 진가를 인정받았다. 애플은 우리 각자가 고유한 무언가를 갖고 있다고 말한다. 목소리, 열정, 관점 말이다. 애플은 우리가 세상에 무언가를 내놓을 것이라 믿는다고 말하고, 그래서 우리는 세계의 이야기에 우리의 짤막한 시 한 편을 덧붙이고 싶다는 느낌을 받는다.

'만약 이렇다면'의 생태계

애플의 사려 깊음은 계속된다. 그들은 우리가 'IFTTT(이럴 때는 저렇게)'

시나리오로 탐색하게 될 이야기의 공간을 만들어두었다. 여기서는 참여할 수 있는 매력적인 지점이 제공되고, 각 지점마다 하나씩 이야기가 전개되며 우리는 그 속에서 행동을 취하거나 반응을 공유하거나 단순히 거래를 하거나 하는 여러 기회를 만난다.

여정의 다음 단계에서 좀 더 배우는 것을 선택했다고 해보자. 당신은 '그들의 이야기를 탐색하세요'를 클릭한다. 그 웹페이지는 거의 텅 비어 보일 만큼 깔끔하다. 그리고 짧은 동영상이 재생된다.

활기찬 시각적인 표현과 청각적인 스토리텔링이 당신에게 참여를 선택하겠느냐며 첫 번째 도전을 내놓는다. 이 동영상의 내레이션은 이렇게 말한다.[8]

당신이 시를 읽고 쓰는 것은 시가 귀엽기 때문이 아닙니다.

우리가 시를 읽고 쓰는 것은 우리가 인류의 구성원이기 때문입니다.

그리고 인류는 열정으로 가득합니다.

의학, 법률, 비즈니스, 공학. 이 모든 것은 삶을 유지하는 데 필요한

숭고한 활동입니다.

그러나 시와 아름다움, 로맨스, 사랑. 우리를 살아 있게 하는 목적은

이것이지요.

당신도 거기에 한 편의 시를 보낼 수 있습니다.

무엇이 당신의 시가 될까요? [영화 〈죽은 시인의 사회Dead Poets Society〉에서 키팅 선생님이 학생들에게 들려주는 말_옮긴이]

'아이패드'를 클릭하면 제품군이 눈앞에 펼쳐진다.

첫 번째 진실의 순간으로 이끌려가다

영감은 당신이 제품을 구매하도록 이끈다. 이제 당신은 첫 번째 진실의
순간에 도달한다. 스토어 탭을 클릭하면 곧바로 구매로 가는 단순한 길
이 나타난다. '아이패드'를 클릭하면 아이패드 제품군이 눈앞에 펼쳐진
다. 모델을 비교하며 각 라인을 탐색할 수도 있고, 그냥 원하는 에어를
선택할 수도 있다.

　사이트의 모든 요소는 모든 과정이 수월하게 진행되고 영업이 배제
된 방식으로 구매로 이어지도록 디자인되었다. 텍스트와 디자인은 단순
하고 유용하며, 직원과도 상담할 수 있다. 단순하고 우아하면서도 인간

중심적이고 활동 중심적이다.

하지만 애플 직원과 이야기하고 싶지는 않다면? 오히려 다른 사용자에게서 이야기를 듣고 싶다면? 애플은 클릭 한 번으로 온라인 커뮤니티로 연결해준다.

디지털 세계와 실제 세계를 통합하다

아직 구매를 결정할 준비는 되지 않았다고 해보자. 당신은 실제로 아이패드를 손에 쥐어보고 사용자 인터페이스와 미적인 측면을 살펴본 다음에 결정을 내리기로 했다. 애플은 이런 경우를 위해 매혹적인 실세계의 경험도 디자인해두었다. 어떤 사람에게는 애플 매장을 묘사하는 데 성지라는 단어를 사용해도 이상할 게 없다. 애플 매장은 디자인과 창의성과 꿈을 찬양하는 대성당이다. 전체 소매 매출이 2퍼센트 정도 떨어졌던 2009년에 애플의 소매 매출이 7퍼센트 정도 상승했던 이유도 바로이 때문이다.[9]

애플 매장은 숭배의 장소일 뿐 아니라 흥미진진한 목적지이기도 하다. 이야기가 계속 진행되며 당신의 모험에 점점 더 스릴이 더해진다. 여전히 모험의 주인공은 당신이다. 당신은 이곳에 강매 당하러 온 것이 아니라 발견을 위해 온 것이다. 실제로 애플 매장의 직원들은 '판매하지 말고' 대신 안내하도록 훈련받는다.

2011년에《월스트리트 저널》은 애플의 소매 성공과 관련해 애플 내부를 분석한〈애플 지니어스 바의 비밀: 충성도 100% 부정성 0%Secrets

360

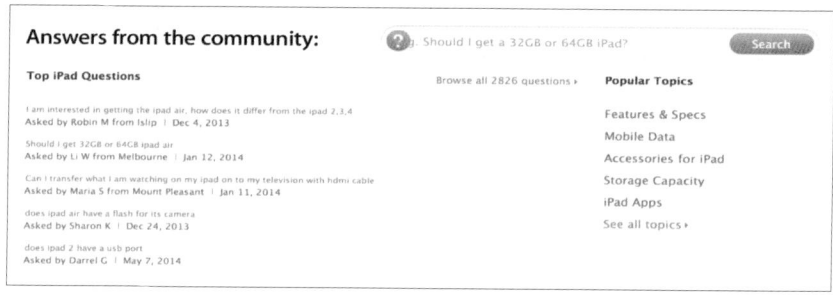

애플은 한 번의 클릭으로 온라인 커뮤니티의 도움을 얻을 수 있는 페이지를 만들었다.

from Apple's Genius Bar: Full Loyalty, No Negativity〉[10] 라는 기사를 실었다. 취재기자 유카리 이와타니 케인Yukari Iwatani Kane과 이언 셔Ian Sherr가 애플의 대외비인 직원교육 매뉴얼과 매장회의 기록을 검토하고 전현직 직원 10여 명을 인터뷰했다. 두 기자가 취재를 통해 배운 세 가지 비밀은 다음과 같다.

1 직원이 고객과 상호작용을 하는 방식에 대한 철저한 통제.

2 미리 정해진 대본을 바탕으로 현장에서 기술적으로 지원할 수 있도록 훈련함.

3 데모 기기에 미리 담아두는 사진과 음악에 이르기까지 매장의 모든 세세한 사항에 대한 고려.

직원들은 특히 고객을 설득하지 말고, 대신 고객이 문제를 해결하는 일을 돕거나 고객이 필요하거나 바라는 바를 성취하는 데 도움을 주도록 훈련받는다. "여러분이 할 일은 고객들 본인조차 깨닫지 못했을 수도 있는 것까지 포함하여 고객의 모든 필요를 이해하는 것입니다." 애플의

캘리포니아 주 팰로앨토의 애플 매장 유리천장 디자인(사진촬영: 앤드류 브래킨Andrew Brackin)11

직원교육 매뉴얼에 적혀 있는 문장이다.

실제로 제품을 판매했다고 해서 직원에게 수수료가 돌아가지도 않고 판매 할당량도 없다. 버지니아 주 알링턴 소재 애플 매장에서 2007년까지 일했던 26세의 데이비드 앰브로즈David Ambrose는 기자들에게 이렇게 말했다. "결코 제품을 판매하려고 하지 않았습니다. 고객에게 필요한 해결책과 그들에게 문제를 일으키는 지점을 찾아내는 것이 우리의 일이었지요." 이야말로 진정한 고객 중심주의다.

애플은 직원교육 매뉴얼에 APPLE을 머리글자로 써서 서비스의 단계를 제시했다.

(**A**pproach) 개인 맞춤별 따뜻한 환영 인사로 고객에게 다가간다.

(**P**robe) 고객의 모든 필요를 이해하기 위해 정중하게 묻는다.

(**P**resent) 고객이 오늘 집으로 가져갈 수 있는 해결책을 제시한다.

(**L**isten) 모든 문제나 관심사에 귀를 기울이고 해결한다.

(**E**nd) 다정한 작별 인사와 다시 오라는 초대로 마무리한다.

오프라인과 온라인 매장을 감독하는 선임부사장 앤젤라 아렌츠Angela Ahrendts는 2014년 4월에 소매 부문을 관리하기 위해 애플에 합류했다.[12] 애플에서는 최초로 오프라인과 온라인 매장을 모두 감독하는 경영진이다. 아렌츠는《패스트 컴퍼니》에 실린 기사에서 애플의 판매 철학에 대해 지지를 표명했다.[13] "나 역시 어느 매장에 들어갔을 때 직원이 반드시 물건을 팔겠다는 태도로 달려드는 것은 원치 않습니다. 매장 직원이 할 일은 훌륭한 브랜드 대사 역할입니다. 판매를 하려고 하면 안 되죠! 절대로요! 그건 고객을 불쾌하게 만드는 일이니까요. 멋진 브랜드 경험을 구축하면 판매는 자연스럽게 이루어질 겁니다." 애플은 영 번째 진실의 순간에서 첫 번째 진실의 순간으로 이음매가 느껴지지 않을 정도로 자연스럽게 우리를 인도한다.

온라인과 오프라인 매장 사이 경험의 연속성도 언급해야 한다. 그 경험 흐름은 흥미진진하고 고객에게 도움이 될 뿐 아니라 대단히 유연하게 진행된다.

모험은 계속된다. 애플이 어떻게 우리를 고객에서 팬으로 바꿔놓는지 살펴보자. 그들은 두 번째 진실의 순간에서 질 높은 경험으로 우리를 감탄시키고, 그러면 우리는 그 경험을 공유하는 마지막 진실의 순간으로 넘어가는데, 이는 다시 다른 누군가를 경험 흐름 속으로 이끄는 영 번째 진실의 순간과 미시적 경험이 된다. 이 전 과정은 포장에서 시작된다.

애플 제품의 상자를 여는 경험은 마치 마법 같다. 앞에서도 살펴보았듯이 애플의 포장은 그 자체로 이야기 곡선을 갖고 있다. 여기서 애플

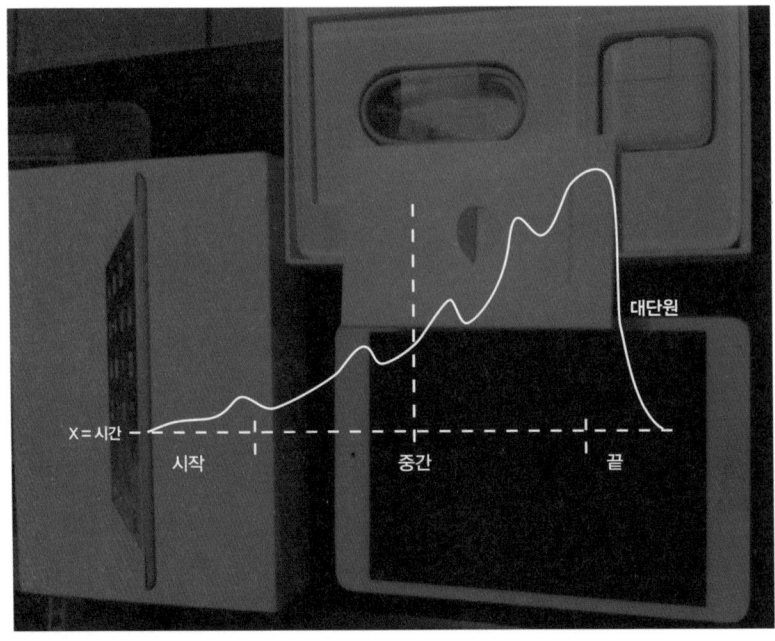

아이패드 에어를 상자에서 꺼내는 사진과 그 위에 케이트 브릭스가 그린 이야기 곡선[14]

은 이야기의 절정을 제시한다. 제품을 집으로 가져와서 포장을 푸는 일은 이 발견의 모험을 진정으로 긴장감 넘치게 마무리해준다. 상자 자체도 대단히 매력적이어서 내가 아는 사람은 대부분 다음 버전으로 기기를 업그레이드한 후 다른 사람에게 넘기게 될 경우 그 사람에게도 상자를 열 때의 마술 같은 느낌을 오롯이 전할 수 있도록 상자를 버리지 않고 보관해둔다.

제품을 담아주는 가방도 특별하다.《포브스Forbes》에서 혁신과 마케팅, 브랜드에 관한 글을 쓰는 미셸 그린월드Michelle Greenwald는 '배낭처럼 사용할 수 있게 끈을 달아둔 비닐 쇼핑백'을 칭찬했다.

애플은 제품을 구매하고 소유하는 경험이 시작될 때 어떤 감정이 생겨난다는 것을 이해하고 있다.《포브스》의 수석 편집인이자《인사이드 애플: 비밀 제국 애플 내부를 파헤치다Inside Apple: How America's Most Admired and Secretive Company Really Works》의 저자 애덤 라신스키Adam lashinsky는 애플이 상자 열어보는 일을 하는 소규모의 팀을 고용했었다고 밝혔다.[15]

이를 통해 애플의 경영진이 작은 일에도 얼마나 진지하게 심혈을 기울이는지 제대로 파악할 수 있다. 패키지 디자이너가 몇 달 동안 작업실에 틀어박혀 했던 일은 상자를 여는 평범한 일이었다.

라신스키에 따르면, 아이패드 출시를 준비하던 어느 시점에 애플의 패키징 작업실은 수백 개의 아이팟 상자 모델들로 가득했다고 한다.

디자이너는 깨끗한 아이팟 상자의 윗부분에 붙어 있는, 보이지 않는 스티커를 떼려면 어느 지점을 당겨야 하는지 소비자에게 표시해주는 작은 탭을 만들기 위해 무수한 화살표와 색색의 테이프를 하나씩 차례로 만들고 시험했다. 완벽하게 바로 이거라는 느낌이 들게 하려는 것이 그 디자이너의 고집이었다.

　게다가 이는 상자 하나에만 관련된 일이 아니었다. 애플 공장에서 매장으로 보내는 다수의 상자를 실을 때, 담당자는 포개진 상자들 사이로 자연스럽게 여백이 생기는 곳에 탭의 위치를 잡아 탭이 망가지지 않도록 했다.

아, 정말 이런 게 천재지!

제품을 집으로 가져가는 것이 이야기의 절정이기는 하지만 끝은 아니다. 애플은 고객 경험이 단절되지 않고 계속되도록 여정을 설계해왔다. 무엇보다 먼저 당신은 이제 아이패드 커뮤니티의 일원이 되었다. 아이패드 에어를 사용하면서 영감을 받은 당신의 이야기를 나눌 수 있는 것이다.

　현재 애플의 고객 경험 설계는 고객관계관리의 '구매'와 '소유' 사이에서 신중하게 균형을 맞추고 있다. 기기를 수리하거나 업그레이드 할 필요가 있을 때는 당신을 도와주는 애플의 '지니어스 바Genius Bar'[애플 매장 내부에 있는 기술지원팀_옮긴이]가 있다. 지니어스 바는 애플이 고객을 경험의 중심으로 만드는 또 하나의 방식이다.

　지니어스 바의 뒤에 있는 천재성은 이것이 고객관계를 강화하는 중추라는 점이다. 오늘날 당신이 고객서비스에 아무리 많이 투자하고 고객서비스 직원을 아무리 잘 교육해도 그것만으로는 충분하지 않다. 애플이 다른 기업보다 월등한 점은 고객 지원 담당자들이 고객을 진정으로 도울 수 있도록 그들에게 권한을 부여해왔기 때문이다. 이 직원들은 고객을 중심에 두고 싶어 하는 사람, 단순히 문제를 해결하는 사람이 아니라 관계를 맺고 싶어 하는 사람으로 신중하게 골라서 뽑는다.

지니어스 바 구인광고에 실린 직무해설의 편집본[16]을 보자. 모든 기업이 경험의 '소유'에 이렇게 투자한다면 어떨지 상상해보라.

당신이 여기서 일하는 것은 기기 관련 문제를 해결하는 것만이 아니라, 기술적인 충고와 적절한 수리를 통해 긍정적인 고객관계를 회복하기 위해서입니다.

우리가 사랑하는 지원자는,

1 고객을 세심하게 대합니다.

2 사람들과 만나고 고객과 관계를 만들어가는 것을 좋아합니다.

3 문제를 해결하겠다는 열렬한 갈망이 있습니다.

4 기술적인 개념을 비전문가가 아닌 사람도 이해할 수 있는 말로 풀어서 설명할 수 있습니다.

5 긴급함을 느끼면서도 침착함을 유지할 수 있습니다.

당신이 사랑하게 될 일은,

1 문제 해결: 어떤 일이 벌어지면 당신이 그 문제를 해결할 수 있습니다.

2 정말로 긴급하다는 의식을 갖고 고객과 제품을 오가며 문제를 노련하게 해결합니다.

3 고객서비스에 대한 열정과 기대를 넘어서겠다는 헌신이 있습니다.

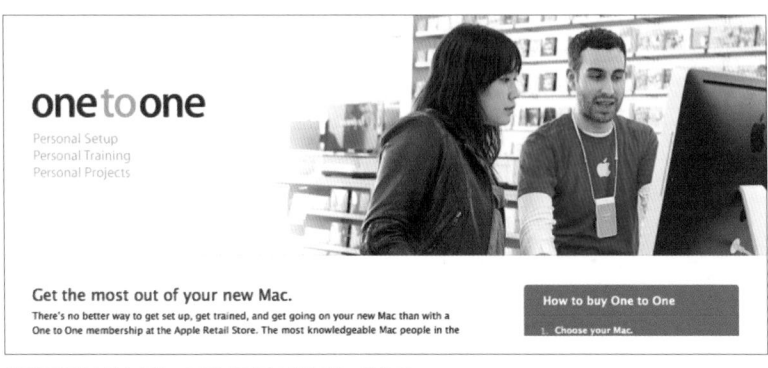

애플의 지니어스 바는 고객관계를 강화하는 중추다.

애플 매장에서 일하는 것은 당신의 손과 마음을 모두 사용할 기회입니다. 기술적인 능력으로 사람들의 삶에 의미 있는 기여를 하는 것입니다.

애플 매장에서 일한다는 것은 기쁨을 주고, 경험을 풍요롭게 하고, 특별한 인상을 심어주고, 참여하게 하고, 영감을 주는 것이다.

개인화된 트레이닝이 필요하다면? 그런 앱이 있지요!

그래도 여전히 모험은 끝나지 않았다. 당신은 지니어스 바에서 항상 친절한 숙련된 기술 서비스를 받을 수 있을 뿐 아니라, 원한다면 더욱 심층적인 서비스도 받을 수 있다. 애플의 일대일 유료 서비스는 맞춤형 교육, 설정, 훈련을 제공한다. 애플이 이러한 일대일 프로그램을 일종의 멤버십 클럽이라고 부른다는 점에 주목하자. 여기서 한 공동체에 대한 소속감이 생겨나며, 이는 신뢰의 순환 고리라고 할 수 있다.

애플은 당신이 우주에 흔적을 하나 만들도록 도와준다

애플의 경험 설계는 모든 단계에서 경험에 대한 높은 기준을 만족시키거나 이를 넘어서는 포괄적인 고객 여정을 만들어냈다. 그들이 '우주에 흔적 하나'보다 훨씬 많은 것을 남길 수 있던 것도 바로 이 때문이다.

늘 애플이 선구자였지만, 이 책에서 소개한 도구와 기술만 있다면 모든 기업이 새로운 X의 세계로 가는 모험에 동참할 수 있다.

맺음말

경험
설계자가
필요하다

맺음말 경험 설계자가 필요하다

다른 사람의 눈으로 세상을 보도록,
그들이 말하지 않는 생각을 들을 수 있도록
도와주는 게 바로 경험 설계다.

이 책과 함께하는 당신의 여정은 끝나가고 있지만, 경험 설계의 흥미진진하고도 보람찬 세계로 들어가는 또 다른 여정이 곧바로 시작되기를 바란다.

이 책에 제시된 것을 적용하기 시작한 뒤 당신의 경험을 나에게 공유해주었으면 좋겠다. 당신이 그 이야기를 공유해주면 나는 다른 사람들에게 또 그 이야기를 공유하고, 그러면 우리 모두 함께 이 여정을 이어가게 될 것이다. thebriansolis@gmail.com으로 연락주시기 바란다.

당신이 떠나기 전에 에릭 데이비스Erik Davis를 소개하고 싶다. 그는 경험 디자인에 관한 흥미로운 글을 써온 저술가이자 학자, 저널리스트, 강사다. 2001년에 데이비스는 우리가 경험 디자인의 세계로 들어가고 있다[1]고 예언하고, 경험을 "덧없이 사라지는 감각과 지각의 흐름으로, 어떤 의미에서는 우리가 가진 전부이자 우리 존재의 전부"라고 시적으로 정의했다.

쉬운 일은 아니겠지만, 다른 사람들이 느끼는 감각과 지각, 그들이 원하는 감각과 지각을 이해하고 알아보는 일에 투자한다면 어떤 일이 가능해질지 계속해서 생각해보기 바란다. 그렇게 하면 고객의 경험뿐 아니라 그들에게 서비스하고 또 그 이상의 일을 하는 당신 자신의 경험도 엄청나게 향상될 것이다. 데이비스는 이렇게 썼다.

> "지금 우리가 초점을 맞추고 있는 주제가 테크놀로지가 아니라 인간의 경험 자체라는 사실을 깨닫는다면, 우리 내면의 삶이 펼쳐질 것이다. 그리하여 공유된 감각과 재구성된 지각으로 이루어진, 수많은 존재로 뒤덮인 기이한 고원으로 한 걸음 더 다가가게 될 것이다. 스스로 벌거 벗겨진 연약한 존재로 느껴질 수도 있지만, 그곳에서 우리는 마침내 깨어날 것이다."

모든 사업은 개인적이다. 내가 이 책을 쓰는 동안 내내 붙잡고 있었던 말을 소개하면서 이 책을 조금 더 개인적으로 만들고자 한다.

> 생각하는 것을 가르치는 일에서 정말로 중요한 것은 ……사실 사고력이라기보다는 무엇을 생각할 것인지 선택하는 일이다. ……그러나 대체로 스스로 선택권을 부여할 만큼 의식이 깨어 있다면 당신은 다르게 보기를 선택할 수 있다.[2]

이 내용은 고인이 된 작가 데이비드 포스터 월리스의 2005년 케니언 대학 졸업식 연설 〈이것은 물이다This is water〉의 일부다. 이는 월리스가 인생을 바라보는 자신의 관점에 대해 공개적으로 한 유일한 말이기

진실이 당신을 자유롭게 할 것이다.
그러나 그것은 당신이 진실을
완성하고 난 뒤의 일이다.

_데이비드 포스터 월리스 David Foster Wallace 3

도 하다. 이 연설은 워낙 강한 울림을 남겨서 결국 그의 사후에 같은 제목의 책으로도 출간되었다. 그 연설에서 월리스는 물고기 두 마리에 관한 이야기를 들려주었다.

어린 물고기 두 마리가 헤엄을 치다가 반대쪽에서 다가오는 나이 든 물고기 한 마리와 마주쳤습니다. 나이 든 물고기는 둘을 향해 고개를 까딱하며 "안녕, 얘들아. 물이 어떠니?" 하고 말했지요. 어린 물고기 두 마리는 계속 헤엄쳤습니다. 잠시 후 둘 중 하나가 상대를 보며 말했습니다. "대체 그 물이라는 게 뭐지?"

월리스의 강연은 졸업식 연설이라기보다는 부모와 자식, 멘토와 제자 또는 우상과 팬 사이의 친밀한 대화 같은 느낌이 든다. 개인적인 말이었던 것이다. 그는 청중도 자신의 말을 개인적으로 받아들여 주기를 원했다. 그는 인간으로서 존재하라고, 현재 순간에 존재하라고, 그 순간을 의미 있게 만들도록 그 순간의 진가를 알아내라고 우리를 일깨웠다.

월리스는 이런 도전적인 질문을 던졌다. "어떻게 해야 우리는 생각으로 이루어진 전경에서 빠져나와 연민을 품을 수 있을까요?"

그는 인생을 보는 관점과 인생을 살아가는 방식에서 중요한 것은 선택과 인식임을 깨닫기를 바랐다. 우리 모두가 헤엄치고 있는 물을 늘 의식하려고 노력해야 한다고 말했다.

교육의 진정한 가치는 지식과는 거의 무관하고, 아주 단순한 어떤 인식과 깊은 관계가 있습니다. 이는 너무나도 실제적이고 본질적인 것입니다. 언제나 우리를 둘러싸고 있지만 잘 보이지 않게 감춰져 있어서 우리가 계속 스스로 상기해야만 하는 것에 관한 인식입니다. 이것이 물이라는 것입니다. 이것이 물입니다.

헤엄치고 있는 물을 의식하기 위해서는 우리의 시야를 넓히고 자신의 생각에서 벗어나는 방법을 찾아야 하며, 다른 사람의 소망과 두려움과 기쁨에 대한 감각을 훈련하여 자신 밖으로 나와야 한다. 윌리스는 말했다.

> 내가 직접 경험한 모든 것이 내가 이 우주의 절대적 중심이라는 나의 깊은 믿음을 뒷받침합니다. ……당신이 한 경험 중에서 당신 자신이 절대적 중심이 아닌 경험은 하나도 없습니다. 당신이 경험하는 세계는 당신 앞에 있거나 뒤에 있거나, 당신 왼쪽에 있거나 오른쪽에 있거나, 당신의 텔레비전 또는 당신의 모니터에 있습니다. ……다른 사람의 생각과 감정은 어떤 식으로든 당신에게 전달되어야만 알 수 있죠.

이것이 바로 경험 설계의 근본적인 사명이다. 우리가 다른 사람의 눈으로 세상을 보도록, 그들이 느끼는 것을 느끼도록, 그들이 말하지 않는 생각을 들을 수 있도록 도와주는 것 말이다. 실제로 이는 무척 어려운 일이기 때문에 경험 디자인에는 설계자가 필요하다. 당신이 그 설계자이기를 바란다. 당신이 경험의 우주에 흔적 하나를 만들어주었으면 좋겠다. 우리에게는 당신이 필요하다.

새로운 경험으로 한번 늘어난 정신은
결코 과거의 크기로 돌아가지 않는다.

_올리버 웬들 홈스 주니어 Oliver Wendell Holmes, Jr.

주

1부 마음을 사로잡는 경험을 설계하라

1) hbr.org/1998/07/welcome-to-the-experience-economy/ar/1

2) www.marketingprofs.com/6/duncan3.asp

3) uxmag.com/articles/proactive-experiences-and-the-future-of-ux

4) www.latimes.com/business/la-fi-attendance-at-disney-parks-up-7-review-of-magic-bracelet-strong-20150203-story.html

5) www.argodesign.com

6) about.americanexpress.com/news/docs/2014x/2014-Global-Customer-Service-Barometer-All.pdf

7) www.oracle.com/us/corporate/press/1903222

8) www.briansolis.com/2014/07/2014-state-digital-transformation/

9) 복잡한 시스템이나 흔히 전자기기를 개선하기 위해 미세한 부분을 조정하는 것.

10) online.wsj.com/article/SB10001424053111904875404576532342684923826.html

11) www.coca-colacompany.com/our-company/mission-vision-values

12) adage.com/article/global-news/drones-deliver-coke-workers-building-singapore-high-rises/293047/

13) adage.com/article/ad-review/guy-ritchie-escapes-curse-auteur-commercial-directors/126977/

2부 본성 VS 양육

1) www.cnet.com/news/1-year-old-thinks-a-magazine-is-a-broken-ipad/

2) www.youtube.com/watch?v=aXV-yaFmQNk

3) www.cisco.com/web/about/ac79/innov/IoE.html

4) 도구가 변화하고 발전하여 기존의 형태가 기능상 필요 없게 되더라도 장식적인 요소로서 형태를 의도적으로 유지하는 것.

5) www.hanselman.com/blog/TheFloppyDiskMeansSaveAnd14OtherOldPeopleIconsThatDontMakeSenseAnymore.aspx

6) aprilsbirthday.wordpress.com/television-line-up-thursday-night-jan-16-1971/

7) blogs.app.com/inthemoney/2011/06/20/new-program-guide-comes-to-comcast/

8) www.imagineeringdisney.com/blog/2012/8/20/tomorrowland-67-part-1.html

9) idsgn.org/posts/why-american-airlines-user-experience-fails/

10) 커티스의 편지 〈아메리칸 에어라인 귀하〉에서 발췌. 사건 이후 편지가 삭제됨.

11) econsultancy.com/blog/4936-american-airlines-fires-an-employee-for-customer-engagement#i.4gepu92j1e0rqm

12) www.telegraph.co.uk/travel/travelnews/6531610/American-Airlines-worker-fired-for-replying-to-web-user-complaint.html

13) www.technewsworld.com/story/72185.html, 사진출처: Photo courtesy of Fortune Live Media

14) www.fastcodesign.com/1671608/pentagram-redesigns-new-york-s-inscrutable-parking-signage

15) www.adweek.com/adfreak/pentagram-redesigns-nycs-parking-signs-twitter-size-bites-146550

16) www.nyc.gov/html/dot/html/pr2013/pr13-02.shtml

17) a841-tfpweb.nyc.gov/dotpress/2013/01/nyc-dot-commissioner-sadik-khan-city-council-speaker-quinn-and-council-member-garodnick-unveil-newly-designed-simplified-parking-signs-in-midtown

18) 니키 실리언텡의 허락을 얻어 수록함. 사진출처: nikkisylianteng.com

19) www.wired.com/2014/07/a-redesigned-parking-sign-so-simple-youll-never-get-towed-again/?mbid=social_fb

20) www.wtfbusiness.com

21) www.brafton.com/news/95-percent-of-consumers-use-google-search-youtube-to-find-relevant-web-content

22) blogs.wsj.com/cmo/2015/04/08/outside-voices-why-mobile-advertising-may-be-all-about-micro-targeting-moments/

23) twitter.com/Veronica/status/488836129919991808

24) www.linkedin.com/jobs/view/10272379

25) corporate.comcast.com/comcast-voices/comcast-statement-regarding-customer-service-call

26) www.bloomberg.com/news/articles/2014-07-18/that-comcast-customer-service-rep-wasnt-going-rogue

3부 막힘없는 경험이 답이다

1) www.scatterbrainsnotebook.com/home/2014/3/25/a-thousand-words-on-building-powerful-relationships

2) venturebeat.com/2012/06/12/starbucks-digital-strategy/

3) earlyamericanautomobiles.com/forward.htm

4) www.ce.berkeley.edu/programs/trans/

5) www.markboulton.co.uk/journal/five-simple-steps-to-designing-grid-systems-part-1

6) www.smashingmagazine.com/2007/04/14/designing-with-grid-based-approach/

7) gallery.transitq.com/v/trimet/j9gbor/3720006764_o.jpg.html?g2_imageViewsIndex=1

8) www.humantransit.org/2012/08/portland-the-grid-is-30-thank-a-planner.html

9) islandpress.org/ip/books/book/islandpress/H/bo8076012.html

10) tron.wikia.com/wiki/

11) tron.wikia.com/wiki/TRON:_Uprising

12) iamclu.deviantart.com/art/Tron-Tube-Map-190508592

13) 온라인과 오프라인, 모바일 등 모든 채널을 하나로 연결해 고객이 원하는 방식으로 원하는 곳에서 동일한 조건으로 상품을 구매할 수 있게 하는 영업 방식.

14) answers.yahoo.com/question/index?qid=20100812082111AAnSK2l

15) inception.wikia.com/wiki/Architect

4부 디지털 퍼스트

1) 스티브 잡스, 세계 개발자 컨퍼런스(1997년 5월) 기조연설. www.complex.com/pop-culture/2012/10/steve-jobs-quotes/starting-with-the-customer

2) 번트 H. 슈미트, 정해동 외 옮김, 《CRM을 넘어 CEM으로》, 한언출판사, 2004; Bernd Schmitt, *Customer Experience Management: A Revolutionary Approach to Connecting with Your Customers* (Hoboken, NJ: John Wiley & Sons, 2003, ISBN 0-471-23774-4).

3) James Allen, Frederick F. Reichheld, and Barney Hamilton, "The Three Ds of Customer Experience", *Working Knowledge for Business Leaders* (Cambridge, MA: Harvard Business School, November 7, 2005).

4) www.siriusdecisions.com/Blog/2013/Jul/Three-Myths-of-the-67-Percent-Statistic.aspx

5) www.briansolis.com/2012/09/sephora-gets-a-digital-makeover-to-attract-connected-customers/

6) www.intuit.com

7) www.intuit.com/company/press-room/press-releases/2014/SmallBusinessEmploymentTakesAnotherStepForward

8) www.reviews.com/rewards-credit-cards/discover-it/

9) www.americanbanker.com/issues/179_193/capital-one-seeks-creative-spark-with-purchase-of-design-firm-1070379-1.html

10) uxpa.org/resources/definitions-user-experience-and-usability

11) www.usabilitynet.org/management/b_overview.htm

12) cci.drexel.edu/faculty/sgasson/

13) S. Gasson, "Human-Centered vs. User-Centred Approaches to Information System Design", *Journal of Information Technology Theory and Application* (JITTA) 5, no. 2 (2003): pp.29~46.

14) www.mshanks.com/2010/01/13/on-design-and-changing-behavior/

15) www.mshanks.com/2010/01/17/design-and-behavior/

16) www.iso.org/iso/home/about.htm

17) www.nngroup.com/articles/definition-user-experience/

18) www.amazon.com/Design-Everyday-Things-Donald-Norman/dp/1452654123

19) www.nngroup.com/articles/usability-101-introduction-to-usability/

20) www.techterms.com/definition/user_interface

21) L. Alben, "Quality of Experience: Defining the Criteria for Effective Interaction Design", *Interactions* 3, no. 3 (1996): pp.11~15.

22) www.wired.com/1996/02/jobs-2/

23) www.businessinsider.com/heres-why-companies-aredesperateto hireanthropologists-2014-3

24) www.redassociates.com

25) vimeo.com/89719698

26) www.fastcompany.com/3024779/dialed/how-curiosity-cultivates-creativity

27) Christian Madsbjerg and Mikkel Rasmussen, *The Moment of Clarity: Using The Human Sciences to Solve Your Toughest Business Problems* (Boston: Harvard Review Press, 2014).

28) uxmag.com/articles/five-customer-experience-lessons-coffee-taught-me

29) www.youtube.com/watch?v=QoYzFyp3Ezk

30) www.jjg.net/ia/

31) www.jjg.net/elements/

32) www.jjg.net/ia/memphis/

33) vimeo.com/4304573

34) www.iasummit.org

35) www8.gsb.columbia.edu/sites/globalbrands/files/Brand_Experience.pdf

36) www.beyondphilosophy.com/customer-experience/

37) hbr.org/2013/09/the-truth-about-customer-experience/

38) www.briansolis.com/2008/02/social-media-is-not-final-frontier-of/

39) anametrix.com/from-data-scientist-to-data-artist

40) www.youtube.com/watch?v=x5bHIL_kK8w

41) 사진촬영: 알레시오 야코나Alessio Jacona

42) harvardpolitics.com/united-states/the-digital-economy/

5부 혁신을 부르는 경험 맵을 그려라

1) mappingexperiences.com

2) www.newscenter.philips.com/pwc_nc/main/design/resources/pdf/Inside-Innovation-Backgrounder-Experience-Flows.pdf

3) www.salesforce.com/blog/2015/01/2015-the-year-of-the-customer-journey.html

4) www.ukoug.org/what-we-offer/news/notes-from-the-oracle-crm-keynote-by-melissa-boxer-vice-president-crm-product-management-and-product-strategy

5) blogs.hbr.org/2010/11/using-customer-journey-maps-to

6) www.thinkwithgoogle.com/collections/micromoments.html

7) kerrybodine.com/?s=4+types+journey+maps

8) www.cmo.com/articles/2012/10/30/customer-journey-mapping-10-tips-for-beginners.html

9) blog.ecornell.com/major-flaws-customer-journey-mapping/

10) www.heartofthecustomer.com/customer-experience-journey-map-the-top-10-requirements/

11) www.heartofthecustomer.com/wp-content/uploads/2013/05/Creating-a-Customer-Focused-Customer-Experience-Map-White-Paper1.pdf

12) adaptivepath.org/mission/

13) adaptivepath.org/ideas/the-anatomy-of-an-experience-map/

6부 소중한 페르소나

1) popculturebrain.com/post/29583091480/the-original-character-descriptions-of-friends

2) boltpeters.com/clients/dolby/

3) www.questionablemethods.com/2011/11/scenarios-are-your-product-ideas.html

4) www.poetpainter.com/about/

5) www.poetpainter.com/thoughts/files/Fundamentals-of-Experience-Design-stephenpa.pdf

6) www.quora.com/Who-is-the-team-behind-ifttt-com

7) www.smashingmagazine.com/2010/02/11/better-user-experience-through-storytelling-part-2/

8) www.smashingmagazine.com/2010/02/11/better-user-experience-through-storytelling-part-2/

9) www.youtube.com/watch?v=BSOJiSUI0z8

10) siliconprairienews.com/2010/10/josh-cooley-gives-an-in-depth-look-at-pixar-s-creative-process/

11) www.fastcompany.com/3002813/how-snow-white-helped-airbnbs-mobile-mission

12) www.sequoiacap.com/article/visualizing-customer-experience/

13) www.hci.org/lib/airbnb-hypergrowth-recruiting-story-holistic-automation-streamline-process-and-increase

14) 신규 사용자에게 새로운 제품이나 채널을 설명하고 기능을 다루는 요령을 알리는 과정.

15) kashinterest.wordpress.com/2012/09/29/walt-disney-the-visionary-inside-the-bee-pollinating-his-workers-to-greatness/

8부 어떻게 디지털 고객을 사로잡을 것인가

1) commons.wikimedia.org/wiki/File:Disney%27s_MagicBand.jpg

2) www.wired.com/2015/03/disney-magicband/

3) www.imdb.com/title/tt0181689/plotsummary

4) www.telstra.com.au/aboutus/media/media-releases/doors-open-at-telstras-new-look-sydney-hq.xml

5) www.macworld.com/article/1162827/macs/steve-jobs-making-a-dent-in-the-universe.html

6) 'Designed by Apple in California', www.youtube.com/watch?v=170fh2mvog0

7) www.apple.com/ipad-air/design/

8) www.youtube.com/watch?v=1mYCIKTX0ug

9) www.forbes.com/sites/stevedenning/2011/06/17/apples-retail-stores-more-than-magic/#5f233b0614e4

10) www.wsj.com/news/articles/SB10001424052702304563104576364071955678908

11) www.flickr.com/photos/andrewbrackin/8982152398/

12) www.cnet.com/news/burberrys-wicked-smart-ahrendts-poised-to-make-over-apples-stores/

13) www.fastcompany.com/3023591/angela-ahrendts-a-new-season-at-apple

14) www.flickr.com/photos/bloggers/14236946487/

15) fortune.com/2012/01/18/the-secrets-apple-keeps/

16) extralast.com/2010/06/the-apple-store-genius-job-description/

맺음말 경험 설계자가 필요하다

1) www.academia.edu/11656018/Experience_Design_And_the_Design_of_Experience_

2) web.ics.purdue.edu/~drkelly/DFWKenyonAddress2005.pdf

3) 사진촬영: 스티브 로즈Steve Rhodes, www.flickr.com/photos/ari/88166765

경험은 어떻게
비즈니스가 되는가

초판 1쇄 발행 2016년 10월 15일

지은이 브라이언 솔리스
옮긴이 정지인

펴낸이 김한청
편집 김지희
마케팅 권오준
디자인 한지아
본문조판 김성인

펴낸곳 도서출판 다른
출판등록 2004년 9월 2일 제2013-000194호
주소 서울시 마포구 동교로27길 3-12(N빌딩 3층)
전화 02-3143-6478
팩스 02-3143-6479
블로그 http://blog.naver.com/darun_pub
트위터 @darunpub
페이스북 https://www.facebook.com/darunpublishers
이메일 khc15968@hanmail.net
ISBN 979-11-5633-125-4 (03320)

이 도서의 국립중앙도서관 출판시도서목록(CIP)은 서지정보유통지원시스템 홈페이지(http://seoji.nl.go.kr)와
국가자료공동목록시스템(http://www.nl.go.kr/kolisnet)에서 이용하실 수 있습니다.
(CIP제어번호: CIP2016023311)